CHANGING CITIZENSHIP:

Democracy and Inclusion in Education

全国教育科学"十一五"规划教育部青年专项课题"学生公民素养教育研究"（EEA070218）阶段性成果

北京师范大学教育学部"985"项目"中国公民教育的实践策略研究"阶段性成果

·当代德育理论译丛·

檀传宝 主编

变革中的公民身份：

教育中的民主与包容

[英] 奥德丽·奥斯勒（Audrey Osler）
休·斯塔基（Hugh Starkey） 著◎

王 啸 黄玮珊 译◎

教育科学出版社

·北京·

作者简介

奥德丽·奥斯勒（Audrey Osler），女，英国利兹大学（University of Leeds, UK）教授，公民与人权教育中心主任。

休·斯塔基（Hugh Starkey），英国伦敦大学（University of London, UK）教育学院教授。

译者简介

王啸，男，1970年出生，教育学博士。现为北京师范大学教育学部副教授，北京师范大学公民与道德教育研究中心副主任。主要研究领域为德育原理、公民教育。

黄玮珊，女，1978年出生，教育硕士。现为广东揭阳市第一中学英语教师。

总　序

多元文化时代中国德育的必然选择

（一）

　　尽管一些人对"多元化"抱有过分谨慎的态度，多元文化时代的来临在全球范围内都已经是一个不争的事实。德育是一个最具文化特性的事业，无论是德育目标、内容的确定，还是德育过程与方法的选择，全部德育活动都是一种无法脱离文化的价值存在。

　　多元文化时代给德育带来的积极意义是不言而喻的：在德育的目标和内容方面，多元价值的相遇、对话，甚或是冲突，都有利于当代德育更认真、更仔细地看待价值文化的相对与共识；在德育的过程安排、方法选择等方面，由于价值本身具有的相对性在多元文化时代的空前凸显，所有人都会发现：没有学习者的主体性就没有真正意义上的德育，古代社会所笃信的强制灌输的德育模式将彻底地无以为继。就像互联网使得信息垄断变得日益困难一样，多元化时代的来临最有价值的意味是一个前所未有的民主与科学时代的来临——其中当然也包括德育的民主化和科学化。

　　更为重要的是，文化或者价值多元会使得当代人前所未有地在价值生活上无所适从。而这一时代特征将使所有社会和个人都"被迫"关注德育，并认可它的重要性，关切其实效的提高。从德育的立场出发也许我们可以说，托多元文化之福，一个从真正意义上关心德育的时代已经来临。

当然，多元文化时代并不仅仅是一种廉价的、单方面的福利。"双刃剑"之所以成为我们经常引用的一个隐喻，最主要的原因之一是价值多元的另外一个层面——危险性或者挑战性的层面。

与德育密切相关的危险性、挑战性首先表现在：由于达至共识是如此之难，价值多元最有可能导致的危险就是虚假的价值宽容或者相对主义。价值相对主义的结果往往是价值虚无主义。而当什么都是对的之时，德育将在实际上被取消。最近二十多年时间中，西方社会之所以普遍出现德育向传统回归的趋向（比如，美国的品德教育运动正在蓬勃展开，英国已经将公民教育列入中小学的必修课程），就是因为学校德育已经走向了价值相对主义和虚无主义，或者已经被错误的"民主"、"自由"等概念所误导。当许多人宣称道德、价值的选择完全是个人的自由与权利，教育能做的就只能是帮助学生"澄清"他们已有价值观的时候，德育其实已经不再存在。我们相信，如果不对西方一些国家所经历的曲折保持理性、冷静的观察，像中国这样正在向西方学习、努力实现教育"现代化"的东方国家就极有可能重蹈他们的某些覆辙。

此外，由于多元化与"全球化"的密切关联，多元文化时代又是一个极容易被操纵、被引诱的时代。当发展中国家或者弱势文化群体宽容、膜拜某些价值观（常常属于强势文化）的时候，多元化恰恰可能变成一个文化强权、价值灌输的工具。以美国当下风头正盛的品德教育（Character Education）运动为例，当一些学者热衷于找寻价值共识或者底线，以便进行正面、直接的品德教育的时候，一些学者已经公开质疑："谁"的共识、"谁"的底线？——原来他们发现，在美国绝大多数社区通过家长投票之类方法所确定的所谓价值共识依然不过是盎格鲁-撒克逊（Anglo-Saxon）白人的"主流"价值观，少数族裔的价值观已经被无情、"合法"地边缘化了。这种"多数人的专制"将会继续下去，如果我们缺乏足够的、理性的文化批判精神的话。

多元文化时代的中国社会和中国德育的必然选择只能是：积极拥抱

多元文化时代而不是被迫生活在这样一个机遇与挑战并存的历史阶段。因此，保持中国文化与德育的主体性，批判性评价和吸收外来文化的营养，并向其他文化贡献中华民族的价值与教育智慧等都是十分必要的。但是，批判、吸收、创造的前提都是——打开窗户看世界。我们特别需要认真比较、分析、取舍外部世界的相关思想与信息，以便以比较开阔的胸怀和视野真正独立自主地去解决我们面临的现实德育问题。因此，作为一套力图全面介绍当代国外德育理论，尤其是发达国家中为国际学术界公认的、有较高研究与应用价值的德育理论著作的翻译作品系列，"当代德育理论译丛"的正式面世，应当说是正当其时的。

<h2 style="text-align:center">（二）</h2>

基于多元文化时代德育使命的分析，我们对于"当代德育理论译丛"的意义或者严肃性有充分的认识。

为了保证品质，本"译丛"将遵循从严和开放两项基本原则开展工作。所谓"从严"，首先是指入选的著作一定是经过本领域专家认真甄别并确认为一流水平的研究成果，其次是指我们将在翻译、出版的各个环节尽最大努力保证每一本译著的质量。而"开放"的意思是：本"译丛"不仅在国别上向美、英以外的国家开放，争取更广泛的国际视野，而且意味着一个适当开放但仍然严谨的"德育"概念——对作品的选择将以道德教育为主，但是适当延伸到公民教育（Citizenship Education）、品德心理研究等相关领域。

我们深信，"当代德育理论译丛"出版的现实意义（学术价值、社会效益）将是巨大的。中华民族是一个礼仪之邦，有重视德育的优良文化传统，所以中国德育一方面现实问题很多，另一方面深切关心的人也很多。从政府到民间，许多有识之士都非常关心德育实效的提高，都在积极找寻有借鉴价值的"他山之石"。在学术层面，中国本土德育理论创新更是亟须与世界各国，尤其是发达国家德育理论的最新研究成果及时地和认真地对话，并获得有益的启示。所以更多可供学习、借鉴的国外德育理论著作的翻译出版，无疑将会对中国社会文明与学校德育的进步产生积极的影响。因此，作为主编，本人要在这里真诚地向对本"译丛"出版作出重要贡献的相关人士致敬和致谢。他们是——

在筛选和确定第一批备选书目方面给予热心帮助的 Alan Lockwood 教授（University of Wisconsin-Madison）、Nel Noddings 教授（Stanford University）、Elliot Turiel 教授（University of California-Berkeley）、Larry Nucci 教授（University of Illinois-Chicago）、Marvin Berkowitz 教授（University of Missouri-St. Louis）、James S. Leming 教授（Saginaw Valley State University）、Merry Merryfield 教授（Ohio State University）、Fred Newmann 教授（University of Wisconsin-Madison）等所有美国同行，为本"译丛"提供同样帮助的伦敦大学教育学院（Institute of Education）的 Graham Haydon 博士、Hugh Starkey 博士，以及其他国外和国内的专家。

踊跃承担"译丛"的翻译，并且认真负责地完成各自任务的译者及进行认真审校，确保翻译质量的各位同仁。

热心支持本"译丛"出版的教育科学出版社领导和为"译丛"出版付出了许多心血的编辑朋友。

桃李不言，下自成蹊。也许本"译丛"出版的意义言说和由衷感谢的话实际上都没有特别的必要。最后我们所能说的也许只能是：衷心希望通过不懈努力，本"译丛"能够成为多元文化时代中国德育学术研究中一道最亮丽的风景。

檀传宝

July 26，2006

Room 202，15 Woburn Square

IOE，London

中文版序

　　《变革中的公民身份：教育中的民主与包容》（以下简称《变革中的公民身份》）一书的英文版于 2005 年问世。出版后，我们有一种特别的惊喜。因为在一般情况下，当学者发表了其著作之后，他们就很少获得来自读者的反馈。我们这本书却是个例外。世界各地的学者和学生因对这本书的阅读而和我们展开对话，这些地区不仅包括拉丁美洲、北美洲、欧洲以及大洋洲的澳大利亚和亚洲的日本，也包括中国（含台湾）和新加坡。

　　如今，我们很荣幸地看到这本书的中文版问世。借助这个中文版本，我们不仅希望能够与北京师范大学的同行在一个更为广阔的范围内进行持续而深入的对话，也希望其他地方的中国同行、教师和研究人员加入这样一个对话的行列。

　　世界在变化，《变革中的公民身份》就是要探讨这种变化对儿童和年轻人教育的影响。在与北京师范大学的同行进行对话时，我们双方都有一种自觉的历史意识和未来意识。我们所交流的主题包括那些为人们所珍视并愿意保留下来的我们这个社会与文化的核心价值，我们还深入探讨了在哪些方面需要作出改变，以及采取什么样的步骤可以更好地迈向未来。

　　当然，伴随着公民身份（citizenship）概念以及对它的理解的变化，教育本身必然发生变化，这是《变革中的公民身份》的一个关键信息。当学者和人们在世界各地工作、学习和休闲时，一个开放的世界就展现在我们面前。这一点充分体现在 2008 年北京奥运会"同一个世界，同一个梦想"的口号之中。应该说，建设一个由世界人民所组成的人类大家庭这一愿景，支撑着我们的公民学习理论，我们把这个理论称为"世界公民教育"（education for cosmopolitan citizenship）理论。这个理论建立在对我们共同人性和义务的承认基础之上——所有的人，无论我们具有怎样不同的背景、国籍、文化或生活经验。

1948 年 12 月 10 日，《世界人权宣言》诞生。这份宣言昭示了一个简单而有力的理念：所有的人生来自由，享有平等的尊严和权利。我们认为，这个为所有国家所公认的宣言所提供的标准和原则必须得到尊重、保护和实现，而这也恰恰是我们的理论的正当理据所在。一言以蔽之，我们聚焦于所有人在尊严和权利方面一律平等这一理念，这就是"世界性"（cosmopolitan）的含义。

《变革中的公民身份》把公民身份界定为情感（feeling）、社会身份（status）和实践（practice）三个维度。公民身份首先是一种归属感，同时又是一种社会身份——无论是在国家公民层面还是在世界公民层面。而为了我们作为世界公民所享有的基本自由，既需要政府也需要我们每一个人类成员，共同捍卫我们的自由和权利。在这个意义上，对公民身份而言最重要的方面在于实践。公民是"做"成的，我们与他人一起工作和斗争，以实现正义与世界和平的梦想。

在 21 世纪，公民身份这一概念如果仅仅被确定为与其本国政府相关是远远不够的。我们每一个人都拥有多重身份，这种多重身份与我们的家庭、工作、业余爱好、性别、年龄、使用的语言以及信仰密切相关。国家公民身份只是我们所拥有的多重身份中的一种。单单依靠国家公民身份，不能解释和说明纷繁复杂的民族、文化与政府问题。在《变革中的公民身份》第 6 章，一个名叫阿利亚（Alyah）的 10 岁女孩就说，她的母亲来自马来西亚，父亲来自津巴布韦，祖父母则来自印度。尽管阿利亚本人出生在英国，但"英国"这一符号却不能充分涵盖她的多重可能身份。

全球化时代的到来，使得世界各地的人们越来越意识到我们彼此之间的相互联系，越来越意识到需要通过国际合作来解决诸如环境、发展、国际贸易和金融等问题。因此，人们需要学校和教育系统来促进彼此协作与合作的技能。为了实现这一点，教师和其他成年人就需要建立一些平台，以便他们积极地倾听年轻人的声音，并创造性地应对年轻人的想法和建议。通过倾听年轻人并回应他们的需求与观点，我们就可以立足于更有利的位置，发展我们希望生活于其中的具有凝聚力的社会。

以历史的眼光来看，尽管多样性（例如，基于性别、种族、宗教、性取向和社会阶层的多样性）一直存在于我们所生活的社区之中，但只是在21世纪初，当大规模的人口迁移发生时，多样性才越来越明显。这种多样性对我们的社会和社区而言是一笔宝贵的财富，它不仅丰富了我们的个性，而且加强了民主的趋势。那种把多样性当成一个问题的看法，毫无疑问是错误的。

因此，仅仅教育年轻人成为某一个国家的公民已不再适当（如果它曾经是适当的）。当然，我们不能也不应忽视国家公民，国家公民既是一些重要的公民权利的来源，对许多人来说也是其产生强烈认同的来源。目前的挑战是，如何在世界性的和包容不同身份的架构下对国家进行再想象。

一方面，我们在许多不同国家和国际组织的文本中发现了世界公民的教育理念；另一方面，我们也得益于人们对我们工作的批评。世界公民教育既认识到国家公民的意义，并探讨它如何可以包容或排斥，同时也强调支持年轻人建设性地参与跨越社会差异的工作的重要性，以及提升年轻人为全球和本地的正义与和平而工作所必需的技能的重要性。我们的地方社区，包括我们的家庭、邻里、学校、工作场所和城镇，是最常见的练习我们的公民技能的场所。当然，同样越来越明显的是，我们也是跨国社区的成员。特别是通过互联网，我们可以和那些可能永远也不会见面的人一起工作，以解决共同关心和关切的问题。

衷心感谢王啸博士等人为翻译本书而付出的巨大心力。真诚感谢北京师范大学公民与道德教育研究中心（CCME）的檀传宝教授和王啸博士同我们所进行的深入交谈。这些对话使我们能够发展一种基于普遍人权标准的对于公民和道德教育的新理解。

我们怀着极大的喜悦期待这个中文版的问世。希望《变革中的公民身份》可以使我们的学术研究更易于为广大的中国学者、教师和研究生所了解，也希望本书能在通过教育促进全球和平文化和人权方面尽绵薄之力。

奥德丽·奥斯勒（Audrey Osler）

休·斯塔基（Hugh Starkey）

2011 年 11 月

目 录

致　谢

我们要衷心感谢在本书撰写过程中给予我们支持和帮助的所有同事和朋友。

我们特别要感谢莱斯特大学公民教育研究中心（Centre for Citizenship Studies in Education at the University of Leicester）的同事，尤其是肯·弗尔格曼（Ken Fogelman）教授、特迈纳·巴西特（Tehmina Basit）博士、芭芭拉·霍尔（Barbara Hall）、塔斯妮姆·伊卜拉辛（Tasneem Ibrahim）和克里斯·威尔金斯（Chris Wilkins）博士。另外，我们还要感谢哲学博士生、经验丰富的同事科尔姆·奥库纳臣（Colm ó Cuanacháin）与安妮·赫德森（Anne Hudson）关于公民身份和人权教育的想法及思考。特别要感谢英国利兹大学公民和人权教育中心（Centre for Citizenship and Human Rights Education at the University of Leeds）的海伦·梅（Helen May）博士，她在打印书稿最后阶段给予的宝贵援助，确保了本书的按时出版。

我们衷心感谢开放大学出版社（Open University Press）的菲奥娜·里奇曼（Fiona Richman），感谢她对我们在写作过程中所经历的各种动荡特别是对我们两人工作调动的宽容和理解。

本书作者和出版商还要感谢下述诸位，他们同意我们使用之前在别处发表过的材料。《教育评论》（*Educational Review*）的主编，将改编自《国际化公民身份的学习：理论辩论和年轻人的经验》（Learning for cosmopolitan citizenship: theoretical debates and young people's experiences）（见该杂志第 55 卷第 3 期，第 243—254 页）的材料提供给我们在第 5 章和第 6 章使用。蔡·奥斯勒（Chay Osler）与《学习困难和行为困难》（*Learning and Behavioural Difficulties*）的主编，将个人关于排斥的经验陈述提供给我们在第 4 章使用。《欧洲教育杂志》（*European Journal of Education*）的主编则为我们提供了用于第 7 章的文章《公民教育：反种族主义斗争主流化?》（Education for citizenship: mainstreaming the fight against racism?）（见该杂志第 33 卷第 2 期，第 143—159 页）。

我们也要感谢联合国人权事务高级专员署（Office of the United Nations High Commissioner for Human Rights, OHCHR）提供了取自其网站的《世界人权宣言》文本，并感谢联合国儿童基金会（United Nations Children's Fund, UNICEF）英国办事处允许我们使用其关于联合国《儿童权利公约》的非官方摘要。

引　言

在使我们能够应对全球化进程方面，教育发挥着关键作用。它的重要性在于，人们有机会从全球和本地两个不同的视野去理解自身与其他人生活之间的联系。在世界各地已经民主化和新近民主化的国家里，公民教育和人权教育重新得到了关注。课程规划者、学校领导和教师所面临的挑战是：向年轻人传授适当的经验，使他们能够理解国际政治秩序和相互依存的关系，同时使他们感到他们能够参与塑造我们共同的未来并且发挥作用。

无论是明确还是含蓄，民主国家的教育一直都是关于如何加强民主的。教育，已经被视为一种培养年轻人了解他们所居住社会的职能并且以各种方式投身于其建设的方式，换句话说，教育一直是培养年轻人成为未来公民的一种方式。其重点在于，培养年轻人以负责任的态度行使民主权利，包括投票权。学校的"公民"课程对那些不被期待履行责任或者掌握权力的人强调责任和尊重执政者，目的是鼓励盲目的爱国主义。与此相反，精英教育相当强调培养年轻人承担未来领导人的职责。从现在开始所有人都能够投身于塑造社会未来，民主公民教育就建立在这个前提的基础之上。

公民身份正在发生变化。一方面，国家公民教育不足以应对日益增长的全球相互依存关系；另一方面，培养每个人参与日益全球化的世界正变得日益重要。这些都成为越来越多人的共识。当很多人感到无能为力以及我们无法确定如何设定未来的议程时，如何使公民参与其中，这就是目前教育遇到的挑战。这种无能为力感和无助感，在我们日益认识到的世界各地的不平等和不公正之中被夸大了。

《变革中的公民身份》应对的正是对教育的这种挑战。在今天这个以全球化和多元文化为特点的社会中，公民身份的概念是关键的。教育家、政治家和媒体正在新的背景下使用这一概念，并且赋予它新的含义。尽管不想否认它的复杂性，但是我们认为公民身份的基本含义是最为紧要的，那就是准备与其他人一起追求美好社会。

我们不仅仅关注公民身份的地位，而且也关注其归属感。尽管公民身份能够团结多元化的人口，但是这个术语常常被用于排斥性方式方面。例如，在许多国家，民众和政治话语将难民与移民看成是公民的对立群体。我们感兴趣的是，在各种促进人权和平等的情况之下，如何实践公民身份。我们提出将世界公民教育（education for cosmopolitan citizenship）的概念作为理解公民身份的一种手段，因为它在不同的社区，在不论是地方、国家还是全球性的多元文化环境之中被实践。我们认为，基于人权的世界公民教育适合于所有学校，无论这些学校所在的社区是否具有明显的多样性。这种教育可以增强民主，并且有助于推动社会进步和正义的全球化进程。

本书第一部分阐述的是全球化进程及其对于公民教育的影响。公民身份是一个位于许多理论框架交叉点上的概念，因此，本书借鉴了包括社会学、政治学、哲学和人权法在内的一系列学科。第1章审视了公民身份的各种概念及其优点和不足，探讨了公民身份与国籍、世界主义、身份和归属感之间的关系。在第2章里，我们研究了支撑民主和发展的人权原则，探索了在实现这些目标时教育的作用。第3章审视了作为公民的儿童的地位和权利，认真探讨了儿童在关于教育的辩论和改进学校教育方面可以做出的贡献。

在第二部分，我们首先在第4章研究了受教育权利，以及存在并贯穿于教育领域的相关权利概念。利用我们在学校进行的有关开除学生的研究，我们探讨了如何使学校变得对不同的儿童群体来说都更易得到（accessible）、更可接受（acceptable）和适应性（adaptable）更强。第5章将世界公民身份的学习，看成是一种使年轻公民能够承认他们的共同人性和建立一个更加包容的社会的方式。我们提出了公民身份学习的一种模式，确认了世界公民教育方案的特征，并批判性地审视了英格兰的公民教育计划。如果要使学校课程有效，就需要了解青少年在家庭和社区中的学习情况，并把课程建立在这一基础之上。第6章使用了我们与青少年一起探讨他们的身份以及在学校以外的公民身份学习场所的研究。在第7章，我们讨论了为何反种族主义是包容性民主的要素，审视了欧洲的政策框架，以及如何在英国和瑞典的国家层面上应用这些框架。

本书第三部分研究如何将学校作为一个需要改变的机构，以确保公民教育和民主。第8章着眼于民主学习的特点，提供了若干小学和中学的研究案例，这些学校已经采取步骤以建立基于人权和民主参与的学校社区。案例中，教师往往表达了对这样一种状况的关注，即强调儿童的权利却很少考虑到赋予儿童义务。在第9章，我们研究了权利和责任的关系，总结了一套教学原则。在最后一章，我们研究了不断变化的学校领导权话语，通过校长的声音来思考他们在公民教育和多样性教育之中的作用，以及他们作为公民的作用。那些承诺平等和多样性的学校领导，为我们提供了作为公民和为了公民身份的有价值的领导模式。

第一部分

变革中的公民身份

1. 世界公民身份

乌干达反政府武装火烧难民营

臭名昭著的乌干达反政府武装"圣灵抵抗军"（Lord's Resistance Army，LRA）突然袭击了乌干达北部地区利拉城（Lira）附近的一座难民营，造成300多人死亡。"圣灵抵抗军"在黄昏时突然包围了这座难民营，使用手榴弹和大杀伤力的武器突破了难民营的防御，致使许多在家中的居民被活活烧死。"他们冲进来包围了难民营，然后就开始放火烧屋子"，已经有三个孩子的26岁母亲莫莉·奥玛（Molly Auma）这样描述当时的情景。她自己被子弹击中，右手的手指也被手榴弹炸掉了。30岁的店主塞缪尔·奥奇旺（Samuel Ogwang）告诉法新社记者，他的妻子被杀死了，三个儿子也受了伤。他说："我父母在一个小棚屋里被活活烧死。昨天我在带孩子们上医院之前，埋葬了 10 个亲人。"

(www. bbc. co. uk, 22 February 2004；*The Guardian*, 23 February 2004；

Mail and Guardian online, 16 March 2004)

这次袭击事件发生在 2004 年 2 月 21 日，那是一个星期六。还不到 24 小时，包括英国广播公司（BBC）和法新社（AFP）在内的许多国际通讯社就赶到了现场，拍摄难民营现场，收集住进当地医院的幸存者所提供的证据。到星期天晚上，全世界都播报了这次暴行。

变革中的公民身份

毫无疑问，包括英国在内的世界各国许多公民对来自乌干达利拉城难民营的报道，既感到震惊又感到担忧，原先公民们关注的通常是发生在本地和本国的事情。在本国和本地的媒体报道了那起先前发生在偏远地区的事件后，公民们关心的事情范围扩大了。从某种意义上说，新闻媒体的报道使公民们感到他们与事件中人物的生活有直接关系，全球化暗示着需要重新考虑公民身份实现的途径。由于公民在新的国际背景下有更多参与的机会，公民身份正在不断变革。公民身份需要在我们个体的身份地位和其他与我们共同分享着社区感的个体的生活，以及他们所关注的事情之间建立起联系。我们已逐渐能够与社区、国家、宗教（例如欧洲的宗教团体）甚至全球范围内的其他公民建立起联系并团结在一起。现在，成为公民的途径也许已经远远超出了人们先前的认识程度。

关于乌干达利拉城事件，英国广播公司的报道强调了许多特点，这些特点都揭示了有关公民身份和教育的争论得以展开的背景。第一，它证明了在全球化背景之下，世界正变得越来越小。在利拉城事件发生几个小时后，英国广播公司的一个记者团就赶到了这个偏远的难民营，开始发回带有图片并经过编辑的报道，这些报道迅速在英国主要电视台的晚间新闻中播出。英国广播公司的网站和英国广播电台也对这起事件进行了报道，报道包括了目击者的陈述、政治背景和视频等。英国广播公司不是唯一赶到现场进行报道的媒体，法新社和美联社（AP）同样也在收集相关材料进行报道。电子新闻媒体图文并茂的报道使这起骇人听闻的事件传播到了全世界各个家庭，报纸和网页为所有关心这起事件的公民提供了更为充足的图片及背景细节。

第二，新闻编辑们相信，英国广播公司的观众一定会对这起发生在另一个大陆的大屠杀和难民营事件感兴趣。那些幸存的目击者在报道中都以真实姓名出现，他们个人的不幸对关心着他们的人来说非常重要，即使关心他们的人目前生活在不同的国家之中，又没有直接接触这些事件。这就意味着，作为人，我们当中有很多人对于无论身在何处的其他人，都能够感到他们的痛苦或者欢乐与自己息息相关。感同身受、怜悯同情和政治活动不再受到国界的限制，我们梦想着成为世界公民，因此对生活在遥远国度的人感到忧虑并且关心其处境。

第三，这起事件的背景阐明了人道主义法律和人权的争论点，这些争论点正是本书所涉及的内容。乌干达政府和北部叛乱组织之间的内战已导致一百多万民众流离失所，像这样为逃避战火而大规模迁徙，已经成为近几十年来世界的一个特征。一些战争的受害者成了难民，背井离乡来到其他国家，其中，只有相对少数的人能够到达像英国这样比较富裕的国家，在那里也许能够寻找到新住所或者避难所。在乌干达，由私人和政府提供基金设立的各种援助机构为这些流离失所的难民提供必要的食物与帐篷，乌干达的无政府组织（NGOs）也正在努力调解各方矛盾。马克里尔大学（Makerere University）所做的难民法项目（Refugee Law Project），已经采访了数以百计的目击者，试图了解这场冲突的原因（Refugee Law Project 2004），海牙国际刑事法庭（International Criminal Court in The Hague）也着手调查乌干达圣灵抵抗军的战争罪行。

有报道说，圣灵抵抗军绑架了大约 2 万名儿童，并野蛮地强迫他们沦为儿童军或性奴隶。

因此，从更长远的观点来看，发生在遥远的非洲大陆难民营里的事件，完全有可能影响到生活在英国的人们。由内战引起的不稳定影响了全球的政治秩序，阻碍着全球经济和社会的发展，也直接导致了大规模的人口迁徙。这种迁徙起初只是在一定的区域里，但是很快就超出了这个区域，因为工人们和一些家庭在诸如欧洲这样更为稳定、发达的地区能够寻找到安全的栖身之地。

第四，公民们有能力采取行动，也可能希望对乌干达北部的大屠杀和人道主义现状做出回应。当他们这样做时，就展现出了一种世界性的思维方式，显示出了对其人类伙伴的关心。对于在行动上和在精神上给予其人类伙伴以支持，公民们有着很高的自由选择度。他们可以了解更多的事件细节和分析，或者根据自己所得到的信息对媒体、当选代表或乌干达政府表达自己的观点；也可以为乌干达的援助机构服务，或者积极参加为了发展与和平的运动。年轻人和年长的公民们一样拥有选择的自由，例如，加拿大年轻人莱恩·赫杰克（Ryan Hreljac）创办了私人慈善机构"莱恩的井"（Ryan's well）基金会，发动了一场声势浩大的全球性运动，为生活在乌干达、津巴布韦、肯尼亚、马拉维、埃塞俄比亚、坦桑尼亚和尼日利亚的平民提供饮用纯净水（Greenfield 2004：8）。

最后，发生在乌干达的整个武装冲突事件（包括圣灵抵抗军把未成年人沦为儿童军和性奴隶的做法）严重违背了国际人权标准，尤其是违背了联合国（United Nations 1989）《儿童权利公约》（*Convention on the Rights of Child*，*CRC*）的精神。本书的一个重要主题就是阐明这些标准对理解公民身份的重要性。

理解公民身份

公民身份是政治斗争中的一个焦点，通常被认为有两个必不可少的方面，首先是一种社会身份和一整套义务，其次是一种实践和一种应得权利。虽然这些无疑都是关键因素，但却没有考虑到公民身份可能是人们最有切身感受的归属感这样一个事实。因此，我们认为公民身份由三个必不可少、相辅相成的部分组成，那就是社会身份（status）、归属感（feeling）和实践（practice）。

作为社会身份的公民身份（Citizenship as status）

公民身份可能最常被理解为社会身份。世界建立在国家的基础之上，世界上几乎所有的居民都是国家的合法公民，不管这个国家的人口数量是多（例如中国和印度）还是少（例如瓦努阿图［Vanuatu］和伯利兹［Belize］），也不管这个国家的政治体制是什么，其国民都有一个得到国际认可的合法公民身份，这个身份也赋予了公民相应的权利和义务。公民从独裁国家或者专制政府那里得到的包括政治权利在内的各种权利很可能受到很大的限制，而像服兵役这样的义务却可能非常繁重。在自由民主国家里，履行法定义务可能仅仅是要求如果被挑选出来就坐在陪审席上。在这种意义上，公民身份只不过是成为公民的一种身份地位，体现的是个体与国家之间的关系。国家通过制定法律和政策保护公民，并且提供如安全保护、司法制度、教育系统、卫生保健和交通设施等公益事业。作为回报，公民通过交税，也可能通过服兵役等方式，来分担公共事业的成本。

在大量的例子中，作为与压迫性的政治控制进行斗争的成果，"公民"的身份已经得以实现。例如在法国，通过 1789 年大革命的斗争，专制君主的臣民们取得了公民的身份。在 20 世纪我们看到了世界上许多成功的斗争运动，这些斗争使人们脱离了殖民统治而得到了自由。在这些背景中，"公民身份"这一概念与自由、平等、团结等联系在一起，有了积极的内涵。通过认识自我身份，公民被界定为不再是被动臣服于强权统治者或者政府的臣民，而是能够挑战其统治者并且最终有所作为的个体。

然而，英国民众对自己作为公民的法定身份的自信心有大幅下降的趋势，因为他们是通过法规而不是斗争转变为公民的。到底英国人是可以真正自称为公民，还是仅仅置于王权之下的臣民，对此仍然存在争议，但是这种臣民的普遍意识已被带进了 21 世纪。实际上，在英国，"联合王国和殖民地的公民"身份的历史并不久远，它是经由 1948 年《英国国籍法》（British Nationality Act）而确立起来的。公民身份的这种归属是带有限制性的新移民政策的关键因素，这种归属源于工党（Labour）政府要区分两类人国籍问题的决心，这两类人即居住在英国本土的英籍人士和居住在英属殖民地但是又无法自由进入英国的臣民。也就是说，这种机制是区分英国臣民（大部分居住在英国本土以外）和英国公民（大部分居住在英国国内）的制度。

"英国公民"这一术语最早在 1981 年《移民法》（Immigration Act）中被采用，并且被作为阻止英联邦公民自由进入英国本土的一种手段。由于公民这一术语的法定概念含混不清，因此在英国，它既没有得到积极响应又无法被清晰地理解也就不足为奇了。例如，尽管发展公民身份是为了剥夺某些类别的人在英国的居住权，但是选举权并不只是英国公民才拥有，"既然英国公民身份的权利和义务不局限于英国国民，那么它的法律概念就无法明确定义。例如，居住在英国本土的联邦公民和爱尔兰人都享有本地和全国选举的投票权"（Smith 1997：xi）。

在任何国家，民主制度的实现与公民身份的取得，都是一个不断斗争的过程。在此意义上，所有人充分实现公民权利、政治权利和社会权利，取得自由和平等之间的平衡，与其说是一个事实，倒不如说可能只是一种美好的愿望。在英国出现了很多为了获得权利和享有权利的斗争，但是这些斗争却很少被吸收进公民身份这一概念之中。的确，在国家主义者一贯以来的著述中，公民身份与国籍之间的联系总是习惯性地被排除在外。在一个典型的例子中，这种状况虽然有所改变，其实也只是英国大众传媒的伪装形式，英国国家党（British National Party，BNP）仍然提出要清楚区分高尚的英国人与卑劣的难民、寻求庇护者和移民。

仇外的政治集团利用了国家主义情感，强化了我们和他们、本国公民和外国人之间的矛盾，并且使之变得尖锐。这种国家主义的观点，建立在地位和特权要依附于国家公民身份这一观点的基础之上，例如，移民不应该享有居住、工作和健康等得到尊重的权利。在自由主义民主政体之中，这些具有限制性的国家主义观点可能得到广泛传播，并且对当选代表造成压力。在大多数情况下，这些当选代表都会以支持更有限制性的移民政策和公民身份界定当作回应。因此，作为社会地位或社会身份的公民身份取决于政治和法律上的界定，在这样的背景之下，它处于所有民主政体斗争的一个中心位置。

作为归属感的公民身份（Citizenship as feeling）

公民身份是公民对于社区的一种归属感。然而，即使个人拥有公民的身份地位，他们仍可能或多或少会觉得这种身份与某个特定国家有联系。虽然政府、社区和新闻媒体可以通过国家节假日、体育比赛、大型庆典、花车巡游和公共广播服务来促进国家认同感，但是，不同的个体对国家的认同感却有很大的差异。

尽管民主国家渴望平等对待每个公民，但是，个人和团体在获取服务时却可能会遇到困难。例如，在英国，特殊教育需求（special educational needs，SEN）儿童的家长反映，在确保他们子女的受教育权利方面存在困难，其他团体也反映了他们不能平等地获取服务。举个例子，英国一些黑人社区团体表达了他们对不同社区儿童所获得的成就差异的关注。总体来说，2000 年普通中学毕业考试中，有 48% 的学生获得了 5 个或以上的 A* 到 C 等级，但是加勒比裔黑人学生取得的成绩远低于此，只有 27% 的学生通过了同样的国家等级考试。这个全国性统计掩盖了巨大的局部差异（Tikly *et al.* 2002）。如果个体不能平等地获取服务，不管这种不平等是客观事实还是主观想象，他们很可能会感到被排斥在外。被歧视的感受必然破坏归属感，而归属感是参与型公民身份的先决条件。如果它缺失了，也就意味着公民身份意识的缺失，而这会影响那些感到被忽略的人和宽泛的利益群体及其被推选出来的代表。

大多数公民可能更容易认同自己是属于某一特定地方或者地区的人；个体可能会宣称："我觉得我的家在伯明翰"或者"我对自己来自约克郡感到很自豪"。个人对其身份及公民身份的感觉往往与其所处的社区有密切关系，我们对青少年的研究支持这样一种看法，这一研究的结果将在本书第 6 章详细叙述。教育，尤其是正式的国家课程，是促进对国家的认同及积极情感的一种手段。随着全球化和人口迁移，越来越多的公民在多个国家接受教育，而学生流动和国际交流等项目也推动着这一趋势，其产生的一个结果是个体可能拥有一个以上的国民身份。

此外，通过教育促进国家认同会有压力也会受到抵制，很多拥有公民身份的人（包括教师）发现，要认同国家或者国家标志并不是一件容易的事。我们注意到英国的专职教师和兼职教师都讨厌使用国家标志，例如在校园里设置国旗，他们可能认为这些标志代表着轻率的爱国主义、可耻的帝国主义或者排他性的国家主义。

一些正在寻求归属感的公民依然被排除在外。20 世纪 60 年代，小说《带着爱献给老师》（*To Sir, With Love*）的作者布雷斯韦特（E. R. Braithwaite）归纳了他获得公民身份所遇到的各种障碍。

不管在英国居住了多少年，不管我在战争时期还是和平时期为社会提供了多少服务，不管我已经做出或者希望做出多少贡献，不管我对英国和英国人抱有什么样的感情，我——像其他在英国的有色人种一样——总被认为是一个"移民"。虽然这个词表明我们已经获准进入英国，但是，它同时也说明在以后相当长的时间里，过渡到完全公民身份的强烈愿望不可能有真正实现的希望。

（Braithwaite 1967，引自 Fryer 1984：382）

布雷斯韦特提醒我们，某些公民甚至连认同自己属于某一特定群体的选择权也可能被否定了。作为归属感的公民身份常常被认为是身份问题，但身份的选择权利也可能被否定。自我认定的身份可能被一个排外的社会所拒绝。直到现在，某些弱势群体依然对布雷斯韦特所认为的黑人定居者仍被排斥于"完全公民身份"之外这一观点产生一定的共鸣。许多英国公民仍然被视为外国人，这一点，我们可以从最近关于英国穆斯林忠诚程度的辩论中观察到（Commission on British Muslims and Islamophobia 1997，2004；Jawad and Benn 2003）。

建立在性别和/或种族基础之上的对完全公民身份的各种障碍，依然以正式和非正式的方式继续存在于许多社会中，美国的文献中有确凿的记录。

对于有色族群和所有种族、民族、文化组织的女性来说，成为美国联邦的公民比主流男性更加困难。有色族群要成为美国公民有三大难题：第一，他们被法律排除在公民身份之外；第二，当公民身份法律上的障碍消除以后，他们往往被剥夺了受教育机会，而受教育可以让他们掌握在主流社会之中被有效运用的文化和语言；第三，即使他们拥有以上这些，他们还是常常得不到充分参与主流社会的机会，原因就是……歧视。

（Banks 1997：xi）

根据这些分析，获取公民身份仅仅有法律地位还不够，虽然这是重要的第一步。为进一步证实这个论断，班克斯（Banks 2004：5）这样论述：

> 成为一个国家的合法公民并不必然意味着这个人能够融入主流社会及其机构，或者被国家统治阶层的大多数成员看成是一个公民。公民的种族、文化、语言和宗教特征，往往会对她能否被看成是其所处社会中的公民产生重大影响。

显然，强势群体的态度和行为可以决定少数群体是否感觉到自己融入国家之中，因此，获取公民身份要求国家承担相应的义务以确保全体公民的教育，包括对民主和人权原则的理解，以及不妥协地反对一切形式的种族主义。

一项对英籍南亚裔年轻人的研究提供了进一步的证据，尽管有正式的，也许还是法律上的保证，公民个体不一定能够感到自己融入国家中或者受到重视。作者得出的结论是：

> 亚裔年轻人普遍认为他们没有受到平等对待，实际上只是二等公民。他们还认为总体上他们的父母已经容忍了偏见、歧视和侵扰，尤其是在父辈们努力融入教育、商业和其他领域的时候。与20世纪70年代相比，90年代的亚裔年轻人坚持他们的英国公民身份（Britishness），并对社会制度造成的不公正待遇有更明确和更积极的办法。

（Anwar 1998：191）

显然，安瓦尔（Anwar）研究的这些年轻人已经对公民身份有了清晰的认识，他们知道平等和公平是公民身份的标志，当其被拒绝给予时，他们的公民权利也就必然受到了侵害，他们觉得自己并没有像其他多数公民那样获得可行使的全部权利。为了维护英国公民身份，他们要求其他人尊重他们作为权利拥有者和英国公民的地位。然而，个人和制度可能会抵制包容与变革，并且对充分参与设置障碍，这反过来又必然导致为争取平等权利的更坚定的斗争。社会将会出现冲突和紧张的局势，而这些是实现公民身份的合法、必要的教育课程，因此这不可避免地引发了争议。

作为实践的公民身份（Citizenship as practice）

界定公民身份也在与民主和人权相联系的实践范畴内进行。公民身份指的是个体认识到自己的生活与他人相联系，能自由参与社会并为了政治、社会、文化或经济等目的与他人相联合。积极的公民身份是由人权意识和人权获取所推动的，它不归属于某个特定的国家，尽管它可能被国家成员的身份所推动或者限制。个体可以作为人权拥有者实践公民身份，可能是独自工作，但通常是和他人一起推动事情的发展。正是这种身份意识影响了整个世界，有时也被认为是让公民尽力帮助他人的一种力量感。

从这个角度来看，公民身份并不仅限于一个国家的正式身份，也不仅限于为那些能够行使投票权的人所拥有。当新的团体要求加入那些决定他们生活的组织时，公民身份的范围扩大了。享有政治权或投票权的正式身份往往被认为不足以使个体感受到公民身份，或者不足以提供实践公民身份的权利。只有开展实现真正平等的运动，妇女投票权才能够落实。少数族裔可能会获得正式的和法定的平等权利，但是这不足以保证实践中的平等，为了实现真正的平等还需要发起进一步的运动。

尽管如此，权利仍是公民身份的基本出发点，提供了实践公民身份和感受归属感的可能性。正如我们在本书第3章将要阐述的，儿童和年轻人凭借其享有的权利和实践公民身份的能力而成为公民。他们可能很少参加政党组织的各种活动，诸如拉票、发传单或者参与正式政策辩论，但是他们很可能加入竞选团体及参加游行或示威，也许是与父母或朋友一起参加。他们也常常为公益事业筹集资金，并得到学校或媒体的鼓励。

在最成熟的民主国家里，公民身份实践性的某些方面似乎正在衰退，最明显的表现就是选民参加选举的积极性。21 世纪初，老牌民主国家的民主出现了危机，美国、英国和法国在 21 世纪第一次全国大选中创下了最高的弃票率，这很值得关注。2000 年美国总统大选没有产生一个确凿无疑的公平结果，整个国家都在等待着重新清点"争议票"（hanging chads）。2002 年法国总统大选变成了对于民主的全民公决，极右翼势力（far right）的候选人获得了更多的选票，超过了左翼社会主义挑战者并且进入了最后一轮的投票。

一个种族歧视者和仇外的反民主候选人居然进入了 2002 年最后一轮总统选举，这是一个令人震惊的事件，作为对此的回应，法国出版商制作了一本类似于旅游指南的特殊公民身份指南。这本指南表明，公民可以产生一定的影响力，例如成为深思熟虑的消费者、理智的选民和活动家。它试图以此唤醒麻木不仁的公众。

所以，

让我们不再忽视践踏人权或者环境的行为，

让我们不再允许世界的未来在我们没有参与的情况下就已经被决定或者强加给我们。

让我们反抗到底！

让我们通过意识到我们要买什么来行使我们的"消费者力量"；

让我们通过投票以及密切关注权利的使用方式来行使我们的"公民力量"；

让我们在权利被滥用或者受威胁时组织动员起来行使我们的

"活跃分子力量"。

——这些其实都是为了扩展权利的范围。

(*Le Guide du Routard* 2002：13，笔者译)

该指南的作者对欧洲自由民主国家中作为实践的公民身份有三重设想：经济公民权、政治公民权和积极公民权。具体来说，通过成为负责任的消费者行使经济公民权，这种权利可能表现为购买公平贸易的产品或者那些不太可能损害环境的产品。政治公民权包括投票，也包括不断了解、质问官员，这种权利依赖于各种免费提供的信息，包括报刊和互联网。积极公民权包括与其他人一起捍卫或者促进人权以及改善环境。

作为社会身份的公民身份和作为实践的公民身份之间有一种动态关系。公民拥有人权机制，他们认为自己能够有所作为；他们采取行动行使自己的权利，也在捍卫他人权利方面发挥着作用；他们认为公民身份具有包容性，因为它基于多样性和平等性（Lister 1997）。实践公民身份包括了与他人团结一致。

不断发展的公民权利

在欧洲，公民身份是一个历史性的、渐进的过程，这个过程与历次争取权利的政治斗争息息相关（Marshall 1950；Klug 2000）。国家内部的权利发展与为了争取平等及自由，也就是为了争取公民身份的斗争密切相关。在其演变过程中，公民身份采用了不同形式，并且在不同程度上强调了权利、义务和社群意识。

根据马歇尔（Marshall）的分析，公民在第一阶段获得了能够保障民事权利（civil rights）的身份地位，也就是说，法律条文提供保护，避免个人被任意逮捕、拘留及被限制某些自由。第二阶段是在形式上提供进一步的保障，这些形式就是选出领导人的规定。公民权利

（citizenship rights）的第三次浪潮与提高生活水准、获取教育和保健服务的权利有关。

通过确保个人良知、宗教和行动的自由，确保公正的司法系统建立在法律的基础上，民事权利和法律权利使公民感到相对安全。公民权利的第二次浪潮——政治权利可以防止不受宪法约束的独裁统治者和种族主义政权的故意破坏。拥有政治权利的公民有权通过选举选择自己的领导人。在自由民主国家中，人们设想那些没有得到权力的少数派将同意接受管辖，而多数派将保障少数派的权利。为了获取政治权利的斗争实际上包括投票权和民主的普及。

第三次浪潮的基本原则是：人格尊严的权利能够有效改善赤贫、文盲和疾病人群的处境。然而，在平等基础上提供一种应得的社会权利，已经被证明是有政治争议的和有问题的。

关于公民身份的叙事

大量关于公民身份的叙事有助于形成政治性辩论。贝纳（Beiner 1995）把公民身份区分为自由主义的（liberal）、社群主义的（communitarian）和公民共和主义的（civic republican）三个主要传统或者组成部分。每种模式都有其长处和局限，因此，我们主张在全球化背景下，既要审慎评估这些传统又要发展新模式。我们提议，20 世纪大部分时间里并不流行的世界主义（cosmopolitanism）概念，应该有更多的出场机会并得到重新审视。我们认为一种新的叙事正在获得力量，世界公民身份（cosmopolitan citizenship）就是这样一个值得期待的、很有价值的愿景。

公民身份的自由主义叙事强调了通过摆脱社会地位、传统角色与传统角色以及传统所赋予的固定身份等局限，权利和自由在帮助个人发展其潜力上的重要性。换言之，它强调公民身份是一种潜力。公民有选择自己的身份和忠诚的潜在自由，他们可以不用顾忌家庭或者文化压力而实现对自己命运的选择。《2000 年国家课程》（*National Curriculum 2000*）可以被认为是建立在自由原则的基础之上的，它提供了一种让学生带着目的去学习并获得成就感的权利。学习者应该"提升知识水平、理解力、技能和态度，这些都是自我实现和成长为积极的、负责任的公民所必需的"（DfEE/QCA 1999a：12）。

公民身份的自由主义传统强调公民权利。权利是一种资格，普世人权是普遍性权利，从这种意义上来说任何人都能要求拥有它们。自1948 年以来，公民权利、政治权利与社会权利已被列举和详细界定，编纂成了《世界人权宣言》（*Universal Declaration of Human Rights*，*UDHR*）（UN 1948；见附录 1）。在 30 条权利中，前 20 条是广泛的公民权利（civil rights），第 21 条强化了政治权利（political rights），而第22—30 条列举的是基本的社会权利（social rights）。

然而，为了确保权利得到保障，需要通过法律框架与司法系统来使权利得到确认并强制实施。目前，这些保障基本都是在国家层面上，当然也有国际层面上的，比如欧洲法庭和国际法庭等。宪法制度可能会明确地将国际人权文献当作国内法律和制度的基础，例如《1998 年人权法案》（Human Rights Act 1998）中融入了《欧洲人权公约》（*European Convention on Human Rights*，*ECHR*）（Council of Europe 1950）并成为英国国家法律。当然，法律保障虽然有用，但并不足以确保彻底清除人权和公民权的障碍，也不足以确保社会正义获胜。

民间的政治压力对保障权利很重要，教育也同样重要。正如诺贝尔和平奖得主勒内·卡森（René Cassin）在一次面向教师的讲话中所指出的，教育工作者提高了公众的理解力，法律和人权就能由此得到有效的补充（Alliance Israélite Universelle 1961）。

自由主义观点强调个体人权，但是也有其局限性。它并不能够确保对平等予以充分考虑，更不用说获得平等了；它甚至表示，社会只不过是个体的集合。

社群主义强调群体团结而不是个人主义，强调由文化或者种族群体赋予的身份优越感。这在民族主义运动和斗争中十分流行，因此，强调民族身份的公民教育方案可能被视为社群主义。社群主义的局限性在于，它可能把个体限制在预先设定的种族或者文化身份之中，而拥有这种种族或者文化身份的人未必觉得舒心自在。这就很有可能剥夺了公民决定自己在世界上的生活方式以及成为拥有多重身份和忠诚的世界公民的自由。

公民共和主义传统强调将政治共同体当成一个体制框架，这个框架能够和平遏制并解决人类社会中不可避免的冲突。它一方面强调了对在国家管理之下作为公共领域的社区的责任，另一方面则力图将阶级、种族、宗教或者文化等身份，限定在国家不限制其自由的私人领域之内。公民共和主义的一个重大缺陷是，在实践中区分公共领域和私人领域的做法是不能持久的，现实中人们往往期望国家能够根据维护人权和保护弱势群体的义务，干预家庭、宗教或者文化团体的内政，例如，人们总是期望政府能够禁止和惩治家庭暴力、保护儿童以及规范大众传媒。

很显然，我们需要利用并综合所有这些描述公民身份的要素，以便提出一个全球化背景下的公民教育的方案。建立世界社区（world community）的梦想需要设定一个普遍标准，在世界社区中，国家、种族和文化界限模糊或疏松，种族混合逐渐成为常事，而这种梦想在对人权的共同理解之中是可能实现的。即使民主公民身份的教育是国家课程的一个要素，我们也必须认识到国家特征不是固定的，而是动态的。正规教育在帮助青年公民设想全国性社区甚至全球性社区中起着重要作用。

公民身份和国家主义（nationalism）

在著于第一次世界大战期间的《民主主义与教育》一书中，哲学家约翰·杜威（John Dewey）就认识到，通过国家教育调整的国家主义，已在很大程度上消除了以往立足于世界主义的启蒙运动传统。

> 就欧洲来说，历史情况把国家支持的教育运动和政治生活中的民族主义运动合为一件事。这个事实，对于后来的运动有着不可估量的意义，特别是在德国思想的影响下，教育变成一种公民训练的职能，而公民训练的职能就是民族国家理想的实现。于是用"国家"代替人类，世界主义让位于国家主义。①
>
> （Dewey［1916］2002：108）

杜威主张，欧洲文艺复兴和启蒙运动为人类互联性意识的发展提供了基础。他认为这一国际性的世界观在 19 世纪国家主义的意识形态逐渐突显之前是普遍存在的，这种国家主义的意识形态，也许受到他所生活的那个时代高涨的德国国家主义的启发，在这种国家主义意识形态的形塑下，人们对国家保持忠诚，而不再对世界保持忠诚。至关重要的是，杜威指出，19 世纪末整个欧洲的教育都在国有化，国家打破了宗教和慈善基金会对教育的控制，教育成为国家的义务。教师的角色被重新界定，教师变成了民族国家的代言人，并且被期望忠诚于国家进而弘扬爱国主义。由此，着眼于使年轻人了解人文课程的教育目标，成为了更具工具性的国家课程的从属。用杜威的话来说就是："国家"代替人类，世界主义让位于国家主义。

杜威的分析有助于解释在 20 世纪的大部分时间里，教育在促进国家主义作为主导意识形态方面所起的作用。在多数情况下，世界主义总是作为爱国和国家主义的反面而出现。的确，在不同时代，学校教育和

---

① 此处采用的是王承绪先生的译文。参见：杜威. 民主主义与教育［M］. 王承绪，译. 北京：人民教育出版社，2001：104. ——译者注

正规教育对基于国家主义议程的公民身份理念的传播，发挥了关键性的作用。

反对世界主义的意识形态仍然非常活跃。无论如何表述，国家主义政党都推动了将公民身份与情感依附于单一民族国家，将公民身份与对于特定国家及其成员的责任感画上等号。国家主义话语助长了对外国人的憎恨，因为这些话语明确区分了本国公民和外国人。

世界公民身份（Cosmopolitan citizenship）

尽管如此，流传下来的世界主义足以强有力地为国家主义提供一种替代性的伟大叙述，尤其是在导致两次世界大战的极端国家主义失去民心以后。世界性理想为 1945 年签署《联合国宪章》（*Charter of the United Nations*）打下了基础，联合国（UN）是一个由独立国家构成的组织，但其理想无疑是人本主义。《联合国宪章》在序言中宣告："重申基本人权，人格尊严与价值，以及男女与大小各国平等权利之信念。"（UN 1945）从根本上讲，这是两种世界观之间的对立：一种是立足于正义与平等之上的和平世界这一世界观，另一种是基于人们之间的支配或对抗的世界观。

世界主义是一种哲学观，它是在启蒙运动期间特别是在伊曼努尔·康德（Immanuel Kant，1724—1804）的影响之下发展起来的。作为自由主义的延伸，世界主义是自由民主的道德哲学基础，而这种道德哲学是关于"维护个人尊严和个人固有权利，这些是普遍人性的体现"（Beiner 1995：2）。正如我们所指出的，公民身份的自由主义叙事强调的是在尊重所有人的权利方面一律平等。世界主义公民则从根本上把自己"看成基于人类共同价值观的世界社区中的一个公民"（Anderson-Gold 2001：1）。

这是对强调国家社区首位的纯粹国家主义的公民身份观念的挑战，它表明社区概念可以被拓展，其极限是一个由全人类所共同组成的社区。对于这一社区，可以从宗教或者人文主义的角度进行观察。

虽然如此，这个简单的表述回避了问题的实质：世界社区如何理解以及人类共同价值观应包含什么。我们认为，国际法律文献中所规定的人权，构成了一个源自人类共同价值的标准。

> 作为教师，我们可能会发现，如果我们有坚定的原则并且把它们作为我们判断和决定的基础，我们的日常职业生活将会更加容易管理。在价值观的问题上，如果我们所说的是至高无上的价值观，例如由国际组织和国际社会所阐述的价值观，那么不管我们个人的宗教、哲学信仰或者家庭出身如何，都有可能与我们绝大多数的学生及其家庭找到共同点，而这些至高无上的价值观则体现在关于人权的宣言和公约之中。
>
> （Osler and Starkey 1996：14）

人类享有平等权利并尊重其基本尊严，这种主张是人权的基础。人权意识作为普遍权利，其必然结果是认识到世界社区包含着一切人类。世界社区也有制度，特别是联合国所制定的那些制度。

世界公民身份并不否认国家前途的合法性和事实上的重要性，只不过，它首先承认的是把普世价值作为包括国家体系在内的所有体系的标准。它强调人类的团结而不是分裂，集中体现了这样一种全球前景："世界主义的理想是对人本原则和规范的承诺，在这样一种设想中，它把人类平等与承认差别以及实际上对多样性的颂扬结合在一起"（Kaldor 2003：19）。

公民身份正在发生变化，狭隘地将公民身份理解为一种国籍属性功能已经远远不够了，这里面的理由有很多，其中之一就是全球化已使人们的多重身份意识得到了发展。换言之，个人身份已经远远超出了国家主义者所提出的单一概念，狭隘地将公民定义为仅仅与国籍相关，正变得越来越不符合现实。全球化和国际移民已经产生了跨国社区和多元文化社会。

20世纪80年代中期以来，难民和寻求庇护者已经成为欧洲内部一个非常值得关注的移民群体。1992年南斯拉夫战争最激烈的时候，西欧国家收到了69.5万份避难申请（Castles and Davidson 2000）。这个数字在1996年下降到23.3万份，但是由于科索沃战争，1999年又上升到近40万份。甚至在2003年持续不断的车臣冲突中，西欧国家又接收了28.8万份避难申请，其中约5万人准备前往英国（news.bbc.co.uk，2004年2月24日）。

与此同时，还有大量的人为了寻求更好的工作或教育而自愿迁移。事实上，欧盟（European Union，EU）的基本原则之一，就是劳工流动及鼓励学生流动。越来越多的欧盟公民在退休时迁移到气候更温和的国家。全世界有许多人已经拥有多国公民身份，并且可能拥有两个或两个以上的护照。所有这些发生在世界各地的移民趋势使社会文化趋于多样化，社会也不得不进行变革并适应新的人口统计情况。

社会上同时也存在着移民带来的人口变迁的阻力、对移民的敌对反应，以及由于暗中破坏或者削弱民主而产生的文化变化。国家主义话语并不限于国家主义政党，主流的左翼和右翼政党也可能通过主张或者暗示某些公民因为有共同文化背景而更具归属感，以及通过主张或者暗示那些分享这种（国家）文化的人可以比其他人拥有更多社会利益，从而获得公众的认可。倡导这种不公平观点是极不民主的，因为它将身份强加在应享有的权利之上。

个人身份在21世纪不再必然带有政治色彩并从属于单一国家，而人的身份具有多样性，这就需要重新定义公民身份。公民身份在全球化世界中正变得越来越国际化和多层次（Lister 1997：196）。一个突出例子是作家爱德华·赛义德（Edward Said），《纽约时报》（*The New York Times*）上刊登的关于他的讣告中写道：

赛义德先生，出生在英国委任统治巴勒斯坦期间的耶路撒冷，十多岁时移居美国……是美国多元文化的一个典型，他在家庭中同时使用阿拉伯语和英语。但是，正如他曾经说过的那样，他是"一个活在两种相当独立的生活之中的人"，一边是作为美国的大学教授，另一边是作为强烈批评美国和以色列的政策以及强烈支持巴勒斯坦人事业的号召者。虽然捍卫着伊斯兰文明，赛义德先生却是圣公会教徒，并且与一个贵格会教徒结婚……从 1977 年到 1991 年，他是流亡国会——巴勒斯坦国民大会的一名独立成员。

（Bernstein 2003）

赛义德先生能力卓绝，成就斐然，他的多重身份只能算是一个特例。如果承认我们所有人都可以声称拥有复杂的身份，那么就可推得公民身份"需要有一个能够发挥自我的政治环境，这样的政治环境处于从睦邻社区到国家乃至世界整体的多样性环境之中"（Sandel 1996：351）。公民必须能够思考并且担当多重环境中的自我角色，而在这一进程中，教育发挥了至关重要的作用。

世界公民身份和教育

世界公民（身份）教育（education for cosmopolitan citizenship）是本书的一个关键概念。自由民主国家中的世界公民身份与国家公民身份既不是替代关系，也不是敌对关系。无论在地方、国家、区域或者全球哪一个层面，它都是成为公民的一种方式。世界公民身份建立在人类同胞无论身处何地都团结一致的情感基础之上，它扩大了公民身份的视域，反对对公民身份进行一种狭隘和排他性的定义：

世界公民（身份）教育必然是关于如何使学习者在他们当前

的环境和全球环境之间建立起联系，它将包括公民（身份）学习在内的一切作为一个整体。这意味着对国民身份认同有更广泛的理解，我们需要认识到，对于身份，比如说英国国民身份，不同的人可能会有不同的体会。这也意味着承认我们共同的人性以及与他人团结的意识。但是如果我们不能在自己的社区里树立团结他人尤其是与我们意见相左者的意识，那么仅仅感受到并表达对其他地方的人的团结意识则是远远不够的。

(Osler and Vincent 2002：124)

世界公民推进着他们的多重身份。换句话说，他们正积极考虑着他们所属的那些社区以及加入这些社区的方式。在这样做的过程中，世界公民认为其他人与他们自己有着相同的人性，并在人类意识而不是效忠于某个国家的基础之上达成某种意义上的公民身份意识。

在他人中承认自我的过程不可避免地导致世界公民身份的产生。这种独立于政治结构和体制的公民身份加深了每一个人的理解，使他们认识到每个人的文化是多方面的、混杂的，并使他们认识到每个人的经验和存在应该归于与他人的联系，这些人在现实中就像是每个自己。

(Cuccioletta 2002：9)

这说明，我们正在进行的公民教育是在世界主义理想与国家主义话语相互冲突、竞争以引起人们注意，以及由此导致的动荡、冲突和混乱的背景之下进行的。世界主义和国家主义共存于国家之中，也共存于公民意识之中，而这些公民受到了媒体和其他事物的影响与支配，可能变得不太宽容。本章开头所讲到的乌干达大屠杀事件被报道的当日，英国媒体也正在刊登旨在制造仇外情绪特别是针对难民和寻求庇护者的报道。

　　移民和寻求庇护者的问题当然是一个全球性问题，它深刻揭示了那些受到最自由国家立法保护的公民身份概念的局限性。这同时也是个非常有争议的领域，因为人们认为，关于人权的自由主义观点难以证明，在一个国家政体中照顾本国同胞的需要，能够超过其他国家中人类同胞客观上的更大需要（Nussbaum 1996）。世界公民既关心本国公民的生活质量，也关心在其他任何地方发生的侵犯人权的行为或压迫，因此他们可能会担心，国家出入境管制和接受寻求庇护者的规例实际上可能剥夺了新移民的尊严权。

　　民族国家依然是公民可以产生直接影响的主要政治空间。但实事求是地讲，公民对依靠公民选票来赢取连任的政府产生的影响，可能超过了对外国政府或者国际组织的影响。这说明，公民既能够在国内又能够越过国界参与活动。人们确实能坚决认为"国家公民身份和国家政府对我们很重要，在很大程度上是因为，它们变成了我们可以对国家中的国际性社区施加影响的手段"（Ignatieff 1995：76）。

　　世界主义是颂扬人类多样性的一种世界观。这种世界观认可所有人在尊严和权利方面一律平等，世界各地的人们都享有被认可和受尊重的平等权利。世界公民身份是公民思考、感觉和行动的一种方式，世界公民的行动在当地、国家和全球层面上进行。他们在所有层面上的问题、事件和挑战之间都建立起联系，在多元文化背景之下进行评论和评估。他们觉得要和被剥夺了全部人权的人保持团结，无论这些人是在本地社区还是在遥远地区。他们接受为了人类共同未来的普遍责任，对于自身的多重身份充满信心，而且在遇到其他文化组织的人并与之和睦相处时发展自身的新身份。

　　世界公民认识到公民同胞都享有相同的平等权利，不论他们是否来自同一街区或邻近街区，也不论他们是否来自同一城市或国家，甚至来自世界任何地方。然而，对社区和共同人性的感情是必须去体验和学习的东西，它需要人们理解：当这种感情扩展到整个世界时，社区可能意味着什么。世界公民需要学习判断哪些是特定的文化价值观，哪些是普遍价值观，此外，他们必须发展参与技能和乐于接受多样性的思想倾向。简言之，世界公民不是与生俱来的，是正式和非正式的教育使人们变成了世界公民。

2. 人权、民主和发展

世界上的不平等

联合国秘书长科菲·安南（Kofi Annan）在他的千禧年报告中，请读者把世界想象成一个居住着 1 000 名居民的村庄。他生动地描述了今天人类种群的一些特征：

> 这些居民中约 150 人生活在这个村庄的富裕地区，约 780 人生活在较贫穷地区，其余大约 70 人生活在一个过渡地区。人均年收入是 6 000 美元，和过去相比有了更多中等收入的家庭。仅 200 人就占据了所有财富的 86%，而将近一半的村民们每天用不足 2 美元勉强维持生活。

（Annan 2000：14）

显而易见，世界是一个非常不平等的地方，只占 20% 的人口（安南报告中的 200 名村民）控制着绝大多数的财富，而将近一半的世界人口却遭受着极度贫困。财富和收入的巨大差距相应地造成了生活机会的极端不平等，国家内部和国家之间都是如此。回到联合国秘书长的类比村，我们发现：

富裕地区的人均寿命为近 78 岁，较贫困地区为 64 岁，而在最贫困地区却仅为 52 岁。每一个数字都标志着超越前人的进步，但是为什么最贫穷地区会远远滞后呢？因为这里的传染病发病率、营养不良概率要比其他地区高得多，此外，安全饮用水、环境卫生、医疗保健、适当住房、教育和工作等也严重匮乏。

(Annan 2000：14)

世界严重的不公平是紧张局势的一个起因，这种不公平诱发了可能引发强烈政治冲突的社会危机，而且这种情况在越来越多的国家内部以及国家之间产生。当平民逃离战区，不稳定也随之影响到世界各地；此外，持续不断的内战和国家间冲突，也让这些地区缺少促进经济和社会发展的机会。安南接着评述："没有可以借鉴的方式来维持这个地球村的和平。一些地区相对安全而另一些地区则被有组织的暴力所破坏。"(Annan 2000：15)

正趋失控和已经失控的无政府状态日益增多（Gray 2001），准备组织及实施种族灭绝的国家政府崛起（Chua 2003），这些似乎是全球化的副产品。在那些政府几乎不存在的地区，冷酷无情的组织（如第 1 章中所列举的圣灵抵抗军）可能剥削儿童和当地平民，恐吓国内外的人类同胞，并以此作为其政治战略的一部分。贫穷和不平等是公民身份的障碍，也是导致不稳定的因素。事实上，考虑到目前世界不公正和不平等的状况，我们很难对全球社区的未来感到乐观。

安南（Annan 2000：15）呼吁国际社会采取行动以确保地球村继续存在："如果不采取措施确保所有居民免受饥饿和暴力，能饮用洁净水和呼吸清新空气，确保他们的孩子们能够在生活中拥有真正的机会，那么在此种状态之下，我们中有谁不会对这个村庄到底能存在多长时间而感到疑惑呢？"正如安南所说，促进和平、发展和民主是为了所有国家及民族的利益，是为了确保我们人类的生存。我们必须保护和促进基于自由与人权的社会，毕竟这是所有人从《联合国宪章》中所感受到的强烈愿望。和平、民主与人权在世界一些地区被确认，而在其他一些地区则因不稳定而受到威胁。

全球化及其结果

全球化产生了赢家和输家：赢家获得就业、消费品、服务以及赚钱的良机；而输家则沦为牺牲品，遭到社会淘汰。新自由主义经济议程蓄意破坏工会为其成员所赢得的社会保护机制，也蓄意破坏由国家实施的保护脆弱经济部门的措施。从这个意义上说，全球化在许多情况下大大增加了社会排斥的形式和范围（Robertson 2003）。

如果全球化使国家政府采取新自由主义经济议程成为必然，全球化就是有争议的。国际货币基金组织（International Monetary Fund，IMF）对那些迫切需要国际投资的国家施加了巨大的私有化压力。新自由主义在公民权利和福利方面给宏观经济效益以特权，这往往伴随着国家经济体的结构性调整，这些调整关闭或改造了重要经济部门，导致了失业或工人状况的恶化。伴随着新自由主义经济方案的管制解除措施，使工会在 20 世纪所取得的安全措施及保护化为乌有，不平等也随之增加。经济实力最强大的公民们寻找增加财富和收入的新途径。这些不平等成为不稳定和冲突的一个根源。因而，全球化可能被看作一个"涉及联合与排斥、融合与分裂、单一化与多样性的轻率过程"（Kaldor 2002）。

全球化这种新自由主义模式并非是不可避免的，但它一直占据着主导地位。虽然根据定义，全球化仅仅"指将压缩世界和强化世界意识作为一个整体"（Robertson 1992：8），但这一严肃定义并没有公正地对待全球化之于人们生活的激发效应。

自由民主社会的公民有真正影响和改变政府的力量，负有推动联合国在正义、和平和社会进步方面达成共识的根本责任。但是在全球化背景下，国家政府不是唯一强有力的实体，跨国机构尤其是金融企业可以向政府施加经济压力并限制其行动自由。这是否意味着国家的重要性已逐渐减弱？对此，目前仍有相当多的学术争议。例如，坚持国家权力被削弱这一观点的理由是，"各种各样的社交圈子、交流网络、市场关系、生活方式，没有一样是某一地区所特有的，它们现在都超越了国家界限。这一点在国家主权的每一个支柱，如税收、治安、外交政策和军事安全中都体现得很明显"（Beck 2000：4）。

国家的重要性正在逐渐减弱这一说法有时被夸大了，因为各国政府仍在经济和社会的大多数方面行使着控制权并负有责任。诚然，欧盟各国的共享统治权正在不断增加，但是各国政府在税收、治安、外交政策以及军事部署上仍有最终决定权。2003 年伊拉克战争爆发时，尽管欧洲各国是联合国、欧盟和北约（North Atlantic Treaty Organization，NATO）的成员国，但各国政府仍可以自主地决定是否参加战争，这也清楚地说明了国家所拥有的决定权。

贝克（Beck）是坚信全球化削弱了民主和人权的评论家之一，坚持这一观点的评论家们认为，这是由于跨国公司减少或消除了国家向公民传递社会进步的权力而造成的。活跃甚至激进的新的跨国形式的公民身份，在反对跨国实体的现代权力和影响力之中不断成长。他们认为，绝大多数跨国公司快速使世界趋同，摧毁世界的多样性并威胁前几代人经由斗争所取得的民主和福利（Robertson 2003）。

面对显然是势不可当的经济冲击，挑战不公正和不平等现象的意识是一个自由空间，新的民主形式甚至新的公民身份形式正在这样的空间中得到发展。于 2001 年在巴西阿雷格里港（Porto Alegre）设立的世界社会论坛（World Social Forum，WSF），吸引了来自众多社会团体成千上万的代表参加它的以"另一个世界是可能的"（Another World is Possible）为口号的年会。该论坛旨在提供一个可替代新自由主义全球化的发展空间，其成员加入独立于政党而进行的政治运动之中。从个人意图行使真正影响决定的权利这一意义上说，21 世纪的积极公民身份可能比历史上任何时候都更为广泛。确实有人曾认为，全球化需要或者产生民主化以作为副产品（Robertson 2003）。

全球化和民主化并列发展是有事实支持的。联合国开发计划署（United Nations Development Programme，UNDP）的报告说，世界各地进行了一项运动，其目的是使政府更负责任，使选举更自由更公正，使人权得到更好保护，使民间组织发挥更大作用（UNDP 2002：10）。1980—2001 年，81 个国家采取了实现民主的重大举措，包括 33 个军事政权被改组为平民政府。

民主化的另一个重要指标，是 1990—2001 年承认关于人权的公约和契约的国家数目明显增加。联合国 1989 年的《儿童权利公约》已得到普遍承认，而认可《经济、社会与文化权利国际公约》（*International Covenant on Economic Social and Cultural Rights*，ICESCR）和《公民权利与政治权利国际公约》（*International Covenant on Civil and Political Rights*，ICCPR）的国家数目也从 90 个增加到近 150 个（UNDP 2002）。

这些都是令人鼓舞的迹象，显示出人们逐渐认可了尊重人权的重要性，也逐渐认可了民主作为最有可能维护自由和促进平等的政治体系的重要性。然而事实并非如此，世界各地建立民主政府的进程并不顺利。民主面临许多威胁，尽忠职守的公民们只有联合起来共同努力方能确保其存在，就更不用说取得什么进展了。

另一种可供选择的全球化运动（如 WSF）既有可能重建民主和公

民身份，又有可能破坏它们。讽刺和攻击跨国经济公司而不是政府阻止了社会进步，这种话语方式冒着降低当选政府权力的风险。揭示基于国民议会各种形式的民主的无关痛痒，这只不过是跨出了一小步。因此，反全球化的抗议者，即 21 世纪初期最原始和最积极的民主政治运动的成员，也许共谋了一种全球化话语，这种话语实际上可能说服人们宿命般地接受他们自己的命运（Hirst 2002）。

对于民主和建立公正和平的世界社会这一憧憬而言，宿命论无疑是最大的威胁（Keane 2003），无能为力感和乏力感为独裁运动提供了政治空间。基于斗争和权利的积极公民身份反对冷漠，认为公民有机会行使支持和平、正义和社会进步的权力并对其产生影响。而追求这些目标首先需要理解它们，教育在其中起到了至关重要的作用。

冷漠和宿命论并不是建立民主制度的唯一威胁。在西方大学接受教育的激进主义分子利用活动、通信和联系的自由，于 2001 年 9 月 11 日发动了对纽约世界贸易中心（World Trade Centre）的袭击，这是"一次对自由、民主、法治和正义等基本原则的攻击"（Held 2001）。

也许"9·11"事件的主要教训是，边界和地理距离不再能够保护北半球享有特权的人们。响应麦克卢汉（McLuhan）的看法，普力斯曲认为"地球村已经缩小成地球大道"（Plesch 2002：8），换言之，世界上那些为寻求人权而致力于正义与和平的人，已经与那些将恐怖活动作为政治武器的人为邻了。这使民主和文明变得非常脆弱。民主的最大挑战之一就是继续将重点放在人权方面，同时构建保护平民免遭恐怖主义伤害的体系。

这一挑战适用于地区、国家及全球，所带来的机会和威胁并存。

许多人希望"9·11"恐怖袭击事件将促使全球同心协力地正视国家统治和国际管理所受到的挑战……但这次攻击及其后果可能

将进一步削弱全球机构、破坏人权并加剧社会和经济的分裂。

（UNDP 2002：9）

事实上，对民主和人权的威胁是非常实际的问题。在一项以 155 个国家为对象的研究中，国际特赦组织（Amnesty International 2004）已经确认了一些强大的武装势力，是如何反对联合国通过人权来保障正义与和平的议程的。以下为发生在 2003 年的若干事实。

- 47 个国家实施了法外处决；
- 132 个国家报告了安全部队、警察及其他国家权力机关刑讯和虐待受害者的事件；
- 44 个国家关押了政治犯；
- 58 个国家未经起诉或审判任意逮捕和拘禁人民。

（Amnesty International 2004）

实际上，为作为自由民主国家而感到自豪的许多国家（诸如以色列、英国和美国），也是国际特赦组织确认的那些破坏人权的国家，这些国家不仅未能控制这种暴行，而且还将它们当作对付恐怖主义的战略的一部分而加以纵容。对自由民主的威胁是全球性的，旨在促进安全的政策也可能包含在这些威胁中。公民必须提高警惕，保护人权和公民自由免受来自政府及外部机构的不法行为的侵犯。

人权、和平、民主和发展

西方民主国家的媒体和公众，常常将"人权"一词与侵犯公民权、政治权的行为联系在一起，这些行为由诸如国际特赦组织或人权观察组织等所揭露。我们认为，这种立场没有公正地对待《世界人权宣言》

（见附录1）30 条中所涵盖的基于人权的文化力量。人权是不可分割、相互依存的，宣称某一权利优先于其他权利是错误的。认可人权是任何社会相互作用的前提，这些相互作用不受虐待或专制等暴力的压力所支配。只有接受法治以及个人和团体宣布放弃暴力胁迫，关于商业或日常生活的谈判才能进行。

人权是普遍原则，这是世界各国政府的一致看法。1993 年在维也纳召开的世界人权会议上，代表世界上98% 的人口的171 个国家签署了《维也纳宣言和行动纲领》（*Declaration and Programme of Action*），其第1 条重申：

> 所有国家庄严承诺依照《联合国宪章》、有关人权的其他国际文书和国际法履行其促进普遍尊重、遵守和保护所有人的一切人权和基本自由的义务。这些权利和自由的普遍性质不容置疑。
>
> （UNCHR 1994：194）

这也是世界各地成千上万非政府组织的观点，在所谓的"全球公民社会"（global civil society）（Keane 2003）中，这些非政府组织在与各国政府及联合国的合作中扮演着重要角色。超过 1 000 个非政府组织出席了世界人权会议，在非政府组织论坛上与各国政府进行会谈。2000名代表通过了许多提议，并像政府一样首先在声明中重申了人权的普遍性："我们坚定、明确地声明：所有人权都是普遍的，都同样适用于不同的社会、文化和法律传统。相对性的主张在任何情况下绝不能为侵犯人权的行为辩护。"（UNCHR 1994：230）联合国因此能够合法地宣称，写入《世界人权宣言》的权利"作为得到普遍认可的一套规范和标准已经变得很重要了，并在社区内部和国家之间越来越多地影响着我们作为个人和作为集体成员的关系的各个方面"（UN 1998）。

联合国在其宪章中所制定的这些目标，为世界公民提供了指导性原则。

> 我联合国人民同兹决心：
> - 欲免后世再遭今代人类两度身历惨不堪言之战祸，
> - 重申基本人权，人格尊严与价值，以及男女与大小各国平等权利之信念，
> - 创造适当环境，俾克维持正义，尊重由条约与国际法其他渊源而起之义务，久而弗懈，
> - 促成大自由中之社会进步及较善之民生。
>
> （United Nations 1945）

因此，联合国的四个目标是：避免战争，获得和平；人权和平等；普遍尊重国际法；社会进步。这些目标近来更被表述为全球三大优先事项：和平、民主与发展（UN 1998）。和平（包括尊重国际法）、民主和人权以及社会的进步和发展，都需要国家对人权的承诺以及个人对人权的理解。联合国 1986 年的《发展权利宣言》（*Declaration on the Right to Development*）认识到了这种经济和社会集体权利的重要性，1993 年的世界人权会议重申了这一点，并将其与最有可能确保《联合国宪章》的第三个目标（即社会进步）实现的民主联系在一起："民主、发展、尊重人权和基本自由是相互依存、相辅相成的。民主建立在人民意愿自由表达的基础上，人民可以决定自己的政治、经济、社会和文化制度，以及充分参与生活的各个方面。"（UNCHR 1994：195）

实现和平、发展和民主需要一种人权文化，教育可以有力地促进这种文化的形成。《世界宣言》（*Universal Declaration*）的起草者之一勒内·卡森，在一次面向教师的讲话中表达了这一观点：

> 当教师讲授人权并把他们自己关于作为公民和作为人的权利、

尊严及责任的观念传播给学生时，其实他们正在对我们所进行的这项工作做出最高级别的补充……法律效力本身只是一个次要的安全保障：正是对年轻人也是对成年人的教育，才是对少数族裔首要和真正的保障，这些少数族裔常常面对极易导致暴力和谋杀的种族仇恨。

（以色列世界联合会［Alliance Israélite Universelle］1961：123，笔者译）

卡森的论点有两层含义：第一，权利只有在人们了解、理解之后才有意义；第二，人权是社会文化，而不是为民主和社会和平创造条件的法律本身，但法律反过来有助于创造这种文化。例如，英国的反歧视立法，尤其是《1976 年种族关系法》（Race Relations Act 1976），直接或间接地取缔种族歧视并赋予种族平等委员会权力，促成了争取种族正义斗争的社会氛围的形成（Parekh 1991a；Blackstone et al. 1998）。尽管仍然有其局限和缺陷，但是，这一法案可能已促成了一种社会氛围，使直接歧视和公开表现的种族主义不再是日常生活的一般特征。

联合国早期的任务之一就是草拟基本人权的定义，这一任务在三年内就完成了。1948 年 12 月 10 日，《世界人权宣言》提出了"人类大家庭"（human family）也就是全球社区的梦想。其序言声明，这个星球上的所有人享有同等尊严及同等权利，并坚持认为认可这种平等是"世界自由、正义与和平"的基础。

联合国的创建并没有禁止国家主义，但是，它确实开创了一种向国家主义意识形态提出挑战的氛围。基于种族主义、排外主义、殖民主义及侵犯人权的国家主义意识形态，违反了《世界人权宣言》中体现的国际公认原则。通过承认所有人的基本尊严和平等享有的权利，人权提供了一套原则，使多元化社会迅速发展而不是四分五裂。随着人权文化在世界各地得到发展，随着全球化媒体揭露以前隐藏的不公、压迫、剥削和任意使用暴力，要求正义和社会进步也就不再局限于仅仅关注本国的同胞了。

承认人权是所有国家的基本标准，已经对政治制度产生了影响。人权最有可能在多元自由民主社会之中得到保障，而民主实际上是《世界人权宣言》第21条中所规定的一种权利，它致力于建设以"依据普选权和平等选举权而举行的定期和真正的选举"为基础的参与型政府。许多国家仍然未能举行自由公正选举的事实，并不能贬抑公民有权参加真正选举的普遍原则。

在欧洲，《欧洲人权公约》（Council of Europe 1950）使人权得到了法律上的保障，截至2004年，该公约得到了欧洲委员会（Council of Europe）44个成员国包括欧盟25个成员国的认可。

《欧洲人权公约》的正式名称将人权和"基本自由"联系在一起。美国总统富兰克林·罗斯福（Franklin Roosevelt）在1941年1月面向国会的演讲中，第一次公开发表了关于"四大自由"的讲话：我们期待着世界各国建立四项人类基本自由。第一是在全世界任何地方发表言论和表达意见的自由；第二是在全世界任何地方，每个人都有以自己的方式来尊崇上帝的自由；第三是免于匮乏的自由……第四是免于恐惧的自由……（Roosevelt 1941）《世界人权宣言》序言中宣告"享有言论和信仰自由并免于恐惧和匮乏"（Freedom of speech and belief and Freedom from any fear and want）是"普通人民的最高愿望"，这是对此讲话作出的回应（UN 1948，见附录1）。

《世界人权宣言》声称这些自由是实现我们所说的美好社会梦想（"普通人民的最高愿望"）所必需的。前两种自由——言论自由和信仰自由——是作为民主国家要素的公民自由；免于恐惧的自由是安全和法律制度方面的权利，诸如不受任意逮捕、非法酷刑、不人道和有辱人格的对待；免于匮乏的自由则意味着关于基本需求的福利制度，如得到清洁饮用水、食品、住房和医疗护理等。

《欧洲人权公约》（Council of Europe 1950）保障了发展民主社会和公民社会所必需的基本政治自由，特别是：

- 思想、良心和宗教的自由（第9条）；
- 言论自由（第10条）；
- 和平集会和与他人结社的自由（第11条）。

这些自由一起构成了基于正义与和平愿望的社会和世界秩序的基础。

教育和全球人权文化

自由民主国家可能是脆弱的，尤其是那些因冷漠和宿命论而使国家主义者或仇外政党获得强势政治控制权的国家，如德国1932—1933年声名狼藉的历史。矫正这种威胁的一种方法是教育，这为《世界人权宣言》所公认，它呼吁各国政府、学校和个人"通过教诲和教育促进对这些权利和自由的尊重"。教育、公民身份和人权是不可分割、相辅相成的系统中的一部分，该系统旨在通过司法系统和基本自由来促进和平。

《欧洲人权公约》序言强调民主、人权和教育的相互依赖性，公约认为基本自由"得以最有效地维持，一方面要通过有效的政治民主，另一方面要通过共同理解、遵守政治民主所依赖的人权"（Council of Europe 1950）。"共同理解和遵守"人权很大程度上取决于教育，国家教育体系的主要宗旨之一就是传播共同价值观和原则。在自由民主国家中，这些价值观和原则包括民主制度所依赖的基本权利和自由。

联合国教科文组织（United Nations Educational, Scientific and Cultural Organization, UNESCO）是联合国促进教育和人权文化的专门机构，其

总干事松浦晃一郎（Koichiro Matsuura）既反思了教育促进人权的潜在性，也反思了教育支持那些与联合国相对立的目标的可能性。教育成了国家政策的一种工具，仇外或者穷兵黩武的政府用其来促进自己的目的。

> 令人遗憾的是，教育并不是任何时候、任何情况下都能使各族人民从无知的壁垒中解放出来。它既非必然帮助他们认识到自己的尊严，也并非必然帮助他们自由地安排自己的命运；它常常并将继续为支持统治精英、排外甚至酝酿冲突服务。这正是因为教育不仅是获取知识的一种手段，而且是为任何社会组织提供道德和意识形态培训的途径。
>
> （Matsuura 2000，笔者译）

松浦晃一郎还质疑，本着联合国精神的教育，是否与社区自由确定自己文化的同样强有力的主张相一致。他指出，追求国际准则所提供的参考框架以外的文化特殊性要求时，妇女和女童的人权通常被剥夺了，特别是当资源有限时，她们可能被剥夺接受教育或者得到最好教育的机会。学校的其他歧视性做法（例如对女学生的低期望以及强化性别刻板印象的教科书的使用），有时会因符合社会规范和文化习俗而合法化。这种对学龄女童的直接歧视（特别是在较穷的国家），与富裕和贫穷国家中少数派所经历的歧视是一样的，这些少数派的文化也许不被占统治地位的多数派考虑在内。

松浦晃一郎强调平等权利与文化表达之间的冲突，重申承认人权普遍性的重要性，他指出：

> 纵使价值体系众多，其中肯定就有一个能得到《世界人权宣言》的承认吗？任何情况下所有人类社区都尊重这一宣言，这将决

定人类是否可以控制自己的命运。而这也恰恰是联合国教科文组织开展的改革运动。

(Matsuura 2000)

人权原则也许不可能直接解决冲突，但是，它们确实提供了一个可以就冲突进行谈判的框架。表达文化权利的主张很可能是由一种不认可平等权利的看法所引发的，人权框架坚称这种平等是互动的基础。解决权利冲突可能需要那些拥有文化评价技能的人进行干预，或在万不得已的情况下交由法院判决。

建立全球人权文化似乎是和平、发展与民主等普遍目标实现的唯一手段，虽人们已尝试过采用其他激进的解决办法，但这些办法依然未能提供发展和自由。教育在促进人权文化的建立中扮演着至关重要的角色，反过来，这种文化对教育结构和教育重点也具有深远影响。

对建立全球人权文化的关注具有国际性，但它同样适用于国家和地方。例如，英国政府通过了《1998年人权法案》，寻求促进基于"共享的理解"（shared understanding）的权利文化。一位政府部长作出如下表示：

我们要建设的新文化，是一种立足于《人权法案》理解什么是根本上正确和错误的文化，是一种人们认识到公民对于彼此及社区具有职责并愿意努力履行这些职责的文化——也是一种公共权力机关正确理解《人权法案》所规定的基本权利的文化。

(Hansard［英国国会上议院］2000a)

在国家层面建设这种文化可能是政府和非政府组织的责任，而在学校层面建立这种微型文化，则是校长和学校管理机构的主要责任。本书的第二部分和第三部分将探讨如何促进这种文化的建立，并且关注采取这种做法给学校带来的好处。

　　全球化意味着当下民主正在不同层面上运作。从全球到地方各级，公民都参与了民主进程，国家已不再是建设民主的唯一场所。换句话说，公民身份既是地方性和国家性的，同时也是全球性的。正如我们所探讨的，特别是在本书第6章中将探讨的，包括年轻人在内的所有个体在当地环境中（例如居民区和学校）实践公民身份，也可能参与到国际问题的运动和活动之中。这种全球环境中的公民身份，支持把民主和人权作为可持续发展、社会进步与和平的必要条件。

3. 作为公民的儿童

引 言

关于公民身份变革性质的辩论通常将超过世界人口 40% 的儿童排除在外。[1] 当政治理论家考虑民主化进程，或者当决策者讨论振兴民主时，他们几乎没有考虑到儿童和青年的利益及其所关注的事情。政治家可能感觉不到有压力要去优先考虑那些没有投票权的公民的利益，即使作为加强民主的一种手段的公民教育被提上议事日程，他们也很少征询儿童和青年的需求。正如我们在第二部分将要探讨的，年轻人仅仅被简单地看成公民教育的消费者，而不是加强民主项目中的合作伙伴。

---

① 联合国《儿童权利公约》适用于 18 岁以下的任何儿童。在这一章将我们审视这个年龄段的儿童的身份特征和权利，有时会使用"儿童"和"儿童们"来表示适用《儿童权利公约》的所有年轻人。

这并不表明儿童和青年被决策者或评论家忽略了，将年轻人特别是青少年与反社会行为及犯罪联系在一起的新闻报道时常在媒体上出现。事实上，年轻人被假定的缺陷通常是检测国家总体健康状况的替代指标（Griffin 1993；Osler and Vincent 2003），年轻人也常常被描述为具有威胁性的甚至政治冷漠的，随之，年轻人的这一缺陷模式被应用到教育之中，特别是公民教育项目的建构之中（Osler 2000c；Starkey 2000；Osler and Starkey 2000）。青少年学生是需要被顾及的伙伴，这一点仍未得到广泛承认，他们充其量只是被视为等待成为公民的人，需要引导才能了解自己的未来角色。他们仍时常被视为有需求的个体，需要解决其无行为能力的问题。

正如我们在第 2 章中已经说明的，尝试发展和加强公民教育，使公共机构民主化并具有活力，在许多极度不民主的环境中举步维艰。贫穷、战争和冲突结合在一起，增加了全球各地的不平等，正在学习正义、平等和人权的儿童与青年，敏锐地察觉到在当地社区和更广阔世界之中的不公正和不平等。重要的是，教育方案认识到民主理想和学生日常生活之间的差距，它面临的挑战是鼓励学生作为公民来承担解决民主理想与社会现实之间差距的责任。公民教育是加强和振兴民主计划的一个重要因素，但该计划成功与否，取决于政府、政治家与公民社会解决不平等和不公正的决心。我们不能期待年轻人能够解决世界上所有的问题，但是这些对帮助他们塑造未来将有重大贡献。

本章将讨论儿童作为公民的地位、他们享有的权利，以及确定如果我们要确保教育中更大程度的民主和包容的话，我们需要解决的问题。我们研究联合国 1989 年《儿童权利公约》中教育政策的含义，既关心作为政府人权义务的《儿童权利公约》的执行情况，也关心运用公约来拓宽与延伸对人权和儿童公民身份的共同理解。

我们关注教育政策的重要性，也关注认可儿童作为公民的实践，并利用关于儿童参与学校决策的调查及调查报告中所使用的儿童意见，论证了儿童如何对教育政策和实践做出大的贡献。我们认为，通过承认儿童是公民以及了解学生意见，教育家、政策制定者和研究人员可以增强对教学过程以及构建成功的学习型社区的要素的理解。此外，把《儿童权利公约》作为一个框架，可以确保包容性和非歧视性原则被纳入议程。

本章结尾将讨论近几十年来童年观念的变化，检视现在的儿童在多大程度上被认为是拥有自己权利的公民，而不是正在等待成为公民（citizens-in-waiting）。我们还将反思《儿童权利公约》中有助于改变儿童身份、法律框架和教育政策框架的方式，并考虑这些改变对我们理解童年的影响。

适合儿童生长的世界?

1990 年 9 月，即《儿童权利公约》获得通过的同一个月，第一次世界儿童高峰会议（World Summit for Children）在纽约举行，来自 70 多个国家的领导人会聚一堂；《非洲儿童权利和福利宪章》（*African Charter on the Rights and Welfare of the Child*）（Organization of African Union 1990）也在同一年获得通过。1996 年 1 月，《欧洲儿童权利行使公约》（*European Convention on the Exercise of Children's Rights*，*ECECR*）（Council of European 1996）开始签署，公约关注程序性权利、寻求支持，以及帮助《儿童权利公约》在欧委会的成员国中得到落实（Jeleff 1996）；2000 年 7 月《欧洲儿童权利行使公约》开始生效，到 2004 年 7 月，已经有 24 个国家签署公约，并且公约已在其中 9 个国家正式生效。《儿童权利公约》已经有效地将儿童权利添加进国家和国际政策议程中（见附录 2《儿童权利公约》简化版）。

2002 年，联合国举行了儿童问题特别会议（Special Session on Children），世界各国领导人在《适合儿童生长的世界》（*A World fit for*

Children）行动计划中对儿童权利做出了进一步的承诺。这份文件强调十个关键原则和承诺。

- 儿童利益最大原则（把儿童放在第一位）。
- 减少贫穷（增加对儿童的投入和解决童工问题）。
- 终止歧视，无论女孩和男孩，所有儿童生来自由和平等。
- 所有儿童得到发展：有保护性的、健康和适当的营养是人类发展必不可少的；政府承诺与疾病、饥饿作斗争，并提供安全的环境。
- 为所有儿童提供教育：所有儿童应该得到免费、义务和优质的初等教育。
- 保护儿童不受伤害和剥削。
- 保护儿童免受战争影响。
- 防治艾滋病毒/艾滋病。
- 尊重儿童表达意见的权利，倾听他们的声音，确保他们的参与。
- 保护自然环境；保护儿童免受灾害和环境问题的影响。

上述原则和承诺既强调公民权利和政治权利，也强调社会、经济和文化权利，并提醒我们这些权利都是相互依存的。儿童无法要求自己的公民权利和政治权利（例如表达意见的自由、免受歧视），除非我们采取行动确保他们的基本需求及社会、经济和文化权利（卫生的、充足的营养，基本的安全）。发达国家的政府都承诺在国内及全球范围内实现儿童权利。这个议程由联合国提出，但是它的实施需要各国政府、非政府组织和公民个体采取行动。这些原则适用于所有的儿童，无论他们生活在发达国家还是在发展中国家。尤其在优先考虑儿童利益、消除歧视并聆听学生意见等方面，教师扮演着关键的角色。

联合国《儿童权利公约》

《儿童权利公约》现已得到普遍认可，它已在192个国家正式生效，其余的2个国家（索马里和美国）也已经签署，表明它们准备正式批准。尽管10年前波兰就提出正式建议并且为此启动了起草程序，但是直到1989年《儿童权利公约》才正式形成。从1983年起，非政府组织在这一过程中发挥了非常重要的作用。尽管该公约的整个起草过程过多地代表了发达工业化国家的立场，但这个偏向还是被大量发展中国家特别是阿尔及利亚、阿根廷、塞内加尔和委内瑞拉异乎寻常的积极参与所抵消了（Cantwell 1992）。

在基层，人权是反对政府滥用权力的保障，但是其作用显然远不止于此，它也为我们提供了一个可以评估政策发展的标准。我们感兴趣的是，《儿童权利公约》中的权利可能会以何种方式来提供一个框架，在该框架中我们能够评估政策以及这些政策对作为世界性公民的儿童和青年发展的影响。比如说，《儿童权利公约》第28条详述了受教育权利，第29条阐明了教育应当依据的原则和价值观（这些条款的全文见本书附录3），这两个条款为我们确立公民教育提供了明确的指导方针。《儿童权利公约》是被普遍认可和接受的标准，它的规定在任何国家都是有效的。

一些发出政治或道义议程的压力集团可能会对某些教育方案提出争议，符合第29条所规定的原则的儿童受教育权利使这些教育方案具有合法性。这些原则为国家课程开发提供了一个共同标准，以确保儿童愿意共同生活，尊重平等和多样性，认识到人们在本地、国家和国际等层面上相互依存的关系。

同样，因为《儿童权利公约》规定的权利适用于所有儿童和18岁以下的年轻人，它被当作消除歧视的一种工具，而且，国家有义务保护儿童免受歧视，并采取行动推动这些权利的实现（第2条）。一般来说，权利不是绝对的，任何个人的权利都可能会与其他人的权利紧紧联在一起。《儿童权利公约》承认特殊儿童群体的特殊需求，例如残疾儿童（第23条）、慈善机构收养的儿童（第20条）和难民（第22条）。负责提供教育和其他服务的政府部门，需要评估其所采取的措施效果如何，这些措施被用来确保特殊儿童群体的平等权利以及避免导致歧视性结果。《儿童权利公约》第3条要求学校和其他机构在采取任何行动时，都要首先考虑儿童的最大利益。实际上，《儿童权利公约》可以被看成一个授权所有人行使平等人权的政策工具。

与之前的《儿童权利宣言》（*Declaration on the Rights of the Child*）不同，《儿童权利公约》对批准该公约的所有国家都具有法律约束力，所以，它标志着国际法关于儿童权利的一个重要发展，而设立一个特别条约机构——联合国儿童权利委员会，是为了支持其执行的进程。缔约国在《儿童权利公约》生效两年后和之后每隔五年，都必须向委员会报告为落实公约而采取的措施（第44条）。委员会可要求那些不能提供足够资料的国家提供补充资料，根据第45条，委员会可以把来自非政府组织和其他称职机构的报告作为参考。这些规定非常重要，因为根据这两个条款，委员会可以依据收到的报告提出意见和建议。非政府组织递交给联合国儿童权利委员会的报告可能也因此而影响非常大，因为没有哪个政府希望收到联合国委员会记录其保障儿童人权不力的报告。

在英国，非政府组织已经合作完成了一份提交给联合国儿童权利委员会的综合报告，汇报了英国的法律、政策与行动遵循《儿童权利公约》原则和标准的程度（Lansdown and Newell 1994；CRAE 2002）。这些举措为说明公民如何采取行动促进儿童权利提供了有力证据，引发了关于儿童社会状况的辩论。例如，英国非政府组织的第一个报告认为："首要的和最紧迫的任务必须是确保整个英国的法律不再容忍对儿童身体或精神上的暴力。第19条坚持，必须保护儿童免受'所有形式的身

体或精神暴力'。"（Lansdown and Newell 1994：56）

2004年，当《儿童法案》（Children Bill）在英国国会通过时，为争取儿童福利及儿童权利的团体和相当数量的国会议员所支持的"儿童是无与伦比的"（Children are Unbeatable）运动指出，现行法律为儿童提供的免受暴力的保护少于为成年人所提供的保护。因为法院已经允许普通法为父母"合理的惩罚"辩护，并宣告殴打、虐待儿童，甚至使用皮带或棍棒造成儿童严重受伤的父母无罪。有趣的是，"儿童是无与伦比的"运动所引发的辩论已提出，至少是部分地提出了不仅要保护儿童的需要，而且还应明确规定儿童所拥有的人权尤其是他们的尊严权。推动该运动的人已经注意到，英国法律不符合国际标准，也落后于已制定法律禁止父母经常殴打儿童的其他欧洲国家。

联合儿童权利委员会主席霍达·伯丹（Hoda Badran），称赞英国非政府组织第一份报告的起草过程是一个创造性的过程，它开发了一个网络，提供了咨询文件，并让儿童和青年参与进来：

> 非政府组织在这一进程中扮演着至关重要的作用，这是第45条明确规定的；第45条强调儿童权利委员会有权在执行《儿童权利公约》过程中寻求非政府组织专业性的帮助……（这一过程）在个别国家监测儿童权利状况的方法论中是一项重大创新性贡献，而且这一点可能会引起国际社会很大的兴趣。
>
> （Lansdown and Newell 1994：v）

教育研究人员在宣传他们的研究结果方面也起着关键作用，因此非政府组织能够使用关于在教育中儿童权利实施情况的证据。

《儿童权利公约》为儿童提供了一套国际公认的最低标准，这套标准是为所有未满18岁的儿童制定的，儿童现在被公认为是适用人权法的一个群体。《儿童权利公约》既是一个行动纲领，又是儿童权利得到公众理解和儿童权利教育得以发展的一种手段。正是《儿童权利公约》的存在提高了儿童权利在国际上的地位，并增加了公众对这些权利的认识。自冷战结束以后，各国已经增加了在儿童权利方面的合作。新兴民主国家在解决人权问题上面临着巨大的内外压力，而国际合作已经促成了一种优先保护儿童权利的社会风气。

《儿童权利公约》的特色之一，是使经济权利、社会权利与公民权利、政治权利成为一个整体，并且认识到它们之间相互依存和不可分割的关系。《儿童权利公约》中包含的儿童权利可以用三个"P"概括：保护（protection）、提供（provision）（服务、物质利益）和参与（participation）。《儿童权利公约》认识到儿童尤其是处在极度困难条件下的儿童需要受到特别保护，同时也认识到儿童可能有集体需要，对这样的需要必须做出具体的规定。此外，儿童有表达意见的权利（见附录3第12条），有知情权，有能够使他们自己决定自己的生活和未来的受教育权利。儿童是公民，而不是等待成为公民的人。"尊重儿童为'人'，意味着他们不再仅仅被视为受保护的客体，而是作为主体，像所有人一样拥有人权。这一新观念既适用于作为个体的儿童，也适用于作为一种社会类别的儿童。"（Verhellen 2000：34）

有些国家由于普遍的贫穷而使大多数儿童无法有效地要求自己的权利，对这些国家来说，《儿童权利公约》所确立的权利不可分割原则也许是特别重要的。在实践中，经济权利和社会权利不能从政治权利和文化权利之中分割出来。例如，依据第28条，签署《儿童权利公约》的国家需要开展国际合作以保证儿童拥有受教育权利、获得科技知识和现代教学方法，该条款指出"特别要考虑到发展中国家的需要"。又如，涉及开展国际合作以确保《儿童权利公约》实行的第45条，允许委员会把缔约国要求和需要技术咨询或援助的报告提交给联合国儿童基金会及其他主管机关，并加入委员会对这些要求的意见和建议。依据《儿童权利公约》，由于社会或经济原因无法履行义务的缔约国，可以要求其他缔约国支持和合作以确保儿童的权利。

儿童权利、教育政策和研究

在英国，相对而言很少有人关注主流教育政策或者学术研究中的儿童权利概念。例如，教育与技能部（Department of Education and Skills, DfES）很少在英格兰教育中提及权利（Tomaševski 1999），这与英国政府在国际援助政策背景下所推动的以权利为基础的教育方式刚好相反（DFID 2000）。换言之，尽管以权利为基础的方式被英国政府认为是政策发展的基础，但在英格兰，人权原则并没有被系统地运用于教育政策的发展。

尽管有证据表明，教育研究人员和教师通过咨询年轻人可以提高教与学的成效，但是目前英格兰政府仍然很少考虑咨询儿童的意见。而官方报告《学会聆听》（Learning to Listen）（DfES 2003）则显示了一种不同于上述趋势的进展，令人鼓舞。该报告列举了政府就一系列问题的磋商，包括年轻人在公共服务方面的需要、财政部儿童信托基金的政策发展、儿童和家庭法院咨询服务有效宣传的发展、农村地区优先发展事项（如改善住房、交通和地方服务）等。

不幸的是，迄今为止，教育政策发展过程中仍然没有任何咨询儿童的法定义务。白皮书《学校：获取成功》（Schools: Achieving Success）（DfES 2001b）表明，政府将就英语学校中的学校教育质量咨询儿童。

> 我们将鼓励学生积极参与影响到他们的学习方面和更广泛范围的决策。学校委员会可能是鼓励学生们参与决策的一个重要方式……国家健康学校标准（National Healthy School Standard）让学生参与政策开发，让他们有机会对学校生活和学校环境的某些方面承担责任。此外，作为其检查的一部分，教育标准局（Ofsted）督察员现在将

系统地征求一所学校学生的意见。我们在制定和评估政策时，也将了解儿童和青年的看法。

（DfES 2001：28）

这里的重点在于鼓励而不是义务，例如，没有任何学校理事会或者其他学生咨询机构的提案是强制制定的。

让年轻人参与制定学校政策及学习检查程序与让年轻人参与学校管理，这两种承诺不能相提并论。学校管理机构的立法改革是为了在领导者的任命上有更大的灵活性以适应学校的具体情况，但是却没有促进学生的代表性。同样地，英格兰有关学校开除学生和相应的申诉委员会的立法，没有给学生提供申诉的权利，这种权利仍然归属于父母或者监护人所有。事实上，自 2000 年以来，英格兰政府已经放松了学校开除学生的程序，使得校长开除学生更加简便而父母提出上诉更加困难。我们认为需要修改这些法规以使其符合《儿童权利公约》第 12 条的规定，并确保受到纪律处分的学习者有权申诉（Osler and Vincent 2003）。由于儿童特派员提出了建议，威尔士的议会已经修改了学校开除学生的程序，从 2004 年开始，中学生就有了上诉的权利（Shaw 2003）。

关注给主流学校儿童发言权的研究人员倾向于用事实说明，无论是在决策过程中还是在教学过程中，促进儿童的参与将使学校教育更加有效。《儿童权利公约》规定的儿童参与要求和政府保障儿童的义务很少得到落实，的确，在一份根据经济和社会研究理事会（Economic and Social Research Council，ESRC）"就教与学咨询学生"（Consulting Pupils about Teaching and Learning）项目（隶属于教与学研究方案［Teaching and Learning Research Programme，TLRP］）而撰写的重要出版物中，也仅仅只是罗列了一堆咨询学生及给学生发言权的实用主义论点。研究人员用证据表明，学习者的参与可以改进学校的组织、纪律和行政等程序，可以促进个人学习、动机和同伴间的相互学习。该出版物简略地谈及了儿童权利和联合国《儿童权利公约》，但却建议因贯彻《儿童权利公约》的要求而引起的政策议题应该"倾向于凭借强制性"（tend to rely on coercion）和"可表面化"（can be superficial）的方式来处理（Rudduck and Flutter 2004：101）。我们要争辩说，在某种程度上，将权利扩大到处境不利，或者遭受歧视群体的进程，通常依赖于法律规定。例如，学校中女童和妇女的特殊权利（包括为女教师提供同等的报酬）作为法律"强制"的结果已经得到实现，法律规定所带来的往往是长期和广泛的文化变迁。

我们认可经济和社会研究理事会（ESRC）在教与学研究方案（TLRP）中咨询学生的重要研究，但我们认为，这个研究淡化了儿童参与的人权原则所具有的更为普遍的国家和国际意义，进而导致研究人员错过了使其研究更具权威性的机会。还有一种危险，那就是由于忽略作为国际标准的《儿童权利公约》的重要性，研究人员可能对那些在学校里更易遭受排斥的孩子（包括来自特殊黑人社区和少数族裔社区的孩子、残疾的孩子和被公共机构收养的孩子）的特殊意见和利益不予认可或不给予足够的重视。我们认为，能够回应这些年轻人的不同需求的学校，也有可能满足那些主流学习者的需求。研究证据表明，除非这些年轻人被明确地作为目标，否则改善学校的全部努力将只会延续现有的不平等，从而在效果上大打折扣（Osler and Hill 1999；Gillborn and Mirza 2000；Tikly *et al.* 2002）。

为何关于儿童的看法和观点需要特别集中在关于公民身份与公民教育的研究及政策研制上？有三个关键原因。第一，《儿童权利公约》为儿童和青年的参与权设置了一个重要的国际标准，并且对教育政策和实践产生了广泛影响（例见：Newell 1991；Lansdown and Newell 1994；Osler and Starkey 1996；Verhellen 2000）。正如我们所阐述的，《儿童权利公约》承认了儿童的实际公民权利。尽管 18 岁以下的年轻人没有投票权，但他们仍然是公民，是关于公民资格、公民教育的咨询过程中的关键利益相关者。①

第二，一些研究项目借鉴了被边缘化的年轻人群体的意见（例如有特殊教育需求的儿童或者特殊少数族裔群体女童的意见），有时会质疑教育专业人员论及这些群体时所作的假设（Osler 1989；Tisdall and Dawson 1994；Osler *et al.* 2002；Osler and Vincent 2003）。这种方式可为决策者提供机会，听取和考虑在其他方面受到排斥的年轻人的意见，在某种意义上我们甚至可以声称，这些年轻人有效地影响了政策和实践。通过找出儿童包括幼儿的意见，研究人员可能会发现社会进程和教育实践是如何在排斥或歧视某些群体上起作用的（Troyna and Hatcher 1992；Connolly 1998）。

第三，研究和咨询儿童也可以促使教师寻求切实可行的办法，以解决学校所面临的日常挑战。研究人员已经发现了这些咨询过程如何影响和加强有关学校改善的战略，以及如何支持学校处理纪律问题（Rudduck *et al.* 1996；Osler 2000a）。

以权利为基础的教育观念，使得我们能够从包括儿童在内的一系列行动者的角度来审查教育过程，并反思权利、自由和责任。总体而言，在那些可能会影响他们的决定上，个别儿童表达自己意见的权利通常得不到英国教育法的保障。关于有特殊教育需求的儿童教育的《操作守则》（*Code of Practice*），要求考虑儿童的意见，并试图使儿童和青年变成"学校或相关服务机构所提干预方案的积极参与者"。《儿童权利公约》第12条和第13条指出："儿童……都拥有接受和传达信息、发表意见的权利，而在任何影响他们的问题或程序上，这些意见都应该受到考虑。根据儿童的年龄、成熟度和能力，对于他们的意见应该给予应有的重视。"（DfES 2001a：Section 3，27）然而，由于《操作守则》没有

---

① 尽管选举权是一种重要的民主权利，但是，它本身并不是公民权的一个标志。例如，在英国拥有爱尔兰公民身份或者公民资格的居民有特殊的选举权。

法定地位，有特殊教育需求的儿童的参与权，仍然有可能被剥夺（Sinclair Taylor 2000）。一旦儿童的最大利益与既定做法和程序相互冲突，他们的意见就可能被忽视，这样一来，就教育问题咨询年轻人的原则就只能是一张空头支票了。这一点在我们最近的一项调查研究中得到了证明，这项调查试图给一名因患有阿斯佩格综合征（Asperger Syndrome，即幼儿孤独症）而被学校非法开除的 15 岁学生表达意见的权利（Osler and Osler 2002）。① 它说明了学生考试成绩良好的"成功"学校，是如何忽视有特殊教育需求的学生甚至否定个体的受教育权利却不被予以追究的。该学生正在经受由心理压力引起的癫痫发作，该病症部分地是由遭受欺凌而导致的，这个学生对于他需要怎样的支持以应对欺凌的威胁以及营造安全的学习环境，有着清晰的了解，他更没有违反任何纪律守则。然而，学校没有考虑学生的意见，而是选择将他的问题定性为医学问题，以学校不具备应付癫痫的设备为由将他拒之门外，这种做法违反了法定准则。法律框架是必要的，儿童在其权利被剥夺时需要有上诉的权利，然而，这些法律框架需要得到文化的支持，这样的文化承认儿童参与的权利。

我们在《儿童权利公约》原则支撑下进行的许多研究项目，考虑了学生的看法并且将其作为数据收集的一个主要方面，学生意见是我们研究报告中的一个显著特点。该项目解决了有关民主和包容方面许多实质且相互关联的问题：学校开除学生、种族平等、师生关系的质量、校园暴力和冲突管理、女孩被排斥的经历、公民身份的学习。我们感兴趣的不仅在于教室的学习环境及校风的相关问题，而且在于"非正式的"社区学习及其对学校教学的影响。在这里我们采用了两份以很不相同的方法进行研究后写出的报告：第一份报告利用了两个地方教育局辖下五

---

① 本书第 4 章将通过研究这名患阿斯佩格综合征的学生受到排斥的案例，对学校排斥学生的问题进行更详细的剖析。

所学校的经验，考察了学校开除学生问题和更广泛的学校纪律问题（LEAs）；第二份报告是关于一所学校中由一位教师发起的一个行动研究项目，探究学生如何共同努力解决有关人际关系、冲突和敌视情绪的问题。

学生意见、学习和纪律

在包容和排斥方面，学生对于是什么营造了积极学习环境的看法，已经成为贯穿我们许多工作的一个共同主题，这些学生不仅仅是那些能够建议如何改进学习环境以支持教学过程的有特殊教育需求的学生。学校和各地教育局已经采取了减少学校开除学生的做法，作为一项力图减少开除学生策略的项目的一部分，我们向市中心、旧城区中小学生询问了关于校内人际关系、学校奖励和制裁的制度，以及他们所面对的具体问题和可能的有效解决方法。

这项研究包括一个教育局所做的一项关于开除学生的统计分析，也包括从一些教育局收集到的定性资料以及在五所学校进行的个案研究（Osler 1997a，2000a；Osler and Hill 1999）。我们发现那些成功降低学生开除率的学校，曾让学生和家长参与关于良好行为和纪律的讨论。就指导学校发展包容性和公平性学习环境所得到的调查结果，得到了当时教育部长埃斯特尔·莫里斯（Estelle Morris 1997）的认可，并在英格兰所有的中学和教育主管部门推广（CRE 1997）。一则强调这些学校设有让儿童参与决策的有效机构（如学校和班级委员会）的新闻报道（Osler 1997b），引发了英国学校委员会进行更深入的研究，以探索学校委员会和低开除率之间的联系（Davies 1998）。

五所中小学的 158 名学生回答了我们的问卷（Osler 2000a），学生们对学校纪律提出了若干建议。他们建议教师应该做到：

- 对好的行为给予表扬；

- 倾听学生意见；

- 尽力解决争端的根源，而不只是处理暴力行为的直接影响；

- 认识到恐吓、种族和性别辱骂是实际问题；

- 更关心学生；

- 惩罚学生之前要调查；

- 尊重学生。

他们认为校长或学校管理者应该做到：

- 通过意见箱、学校委员会、学生报纸、问卷调查和集会等方式想方设法听取学生意见；

- 留出课堂时间来讨论学校委员会事务并做好会议准备；

- 邀请家长参加课程；

- 每学期为所有学生留出组织个别辅导的时间；

- 在解决非暴力冲突和同龄人调解技能方面为学生提供培训；

- 为那些完成工作有困难的学生提供支持，包括上门辅导；

- 处罚持种族歧视观点的教师；

- 确保学校董事会中的学生代表人数；

- 培养学生作为朋辈辅导员。

这些回答表明，学生们把纪律、行为和学习联系在一起。正是由于这个原因，他们主张对那些遇到困难的学生提供额外支持。他们还把学生参与和纪律良好的学习环境联系在一起，建议教师如果想要改善学校纪律的话，应该听取及征询学生的意见，为学校委员会提供更大的支持，以及确保同伴间互相提出意见。他们期望教师能够打破这样的行为标准：受支配事实上是受到纪律程序支配。因此，学生的发言权和参与权、学习和纪律被看成是相互关联的。

在进行个案研究的五所学校之中，学校在鼓励学生发表意见并参与决策的正式机构的设立方面，程度有所不同，其中三所中学和一所小学成立了学校或班级委员会，尽管其中一所中学的委员会没有按照计划定期举行会议。学生参与学校决策的经历也各不相同，这与他们所在学校的类型、有无合适的正式机构以及学生自己的参与程度有关。尽管如此，似乎学生们重视学校委员会是因为它能够保证解决影响他们的问题，正如有一个学生曾经满怀信心地说，"我们很重要"，换言之，这种机制似乎给了学生力量感，也给了学生一种能够促进变革的方式（见Hudson 2005 以及本书第 9 章）。学生们认为，参与决策增强了进取的动力，并使他们感受到自己是学校的一分子。学校委员会是一个重要的象征性标志，表明学校是一所"善于倾听的学校"（Thorne 1996），它们也在确保学生实现转变和取得民主权利的技能方面发挥了实际作用，如宣传、聆听和解决冲突等。

课程、冲突和学生意见

一项在一所男童学校进行的寻求解决师生冲突和学生冲突的行动研究项目中，人权被作为一个框架，通过它学生可以得到发言权并找到一系列的社会身份（Carter and Osler 2000）。有研究者对学校通过课程组织和权威模式形成及控制男性认同的途径，表达了相当程度的关注（Wolpe 1988；Connell 1989）。强调学校中显而易见的男孩"成绩不良"的研究，使这种关注得到了进一步加强（Arnot *et al.* 1996）。这些探讨论证了男孩的学业表现、动机和社会行为之间的关系。性别与学习成绩之间有无关联的争议是复杂的，在不同方式和不同程度上影响了某些特定小团体中的男孩和女孩（Arnot *et al.* 1998）。

在样本学校中，男孩之间的攻击性行为和相互辱骂已经司空见惯，全体教员将其当成是阻碍了教学过程的令人愤怒的不良行为，教员们认为学校中许多男孩的行为都是有问题的。我们希望更多地了解学生认知上的困难。为查明攻击性行为的根源并思考攻击性行为是如何产生影响的，10 名自荐学生被编成一组，与研究型教师一起进行了超过 6 个月的研究，这项研究反过来也受到更广泛的学校社区的影响。研究者发现，对于别人攻击的反应通常有两种类型：不敢反抗或者进行反击。男孩们努力发展自己的技能并找到各种各样标新立异的对策，学校也向男孩们介绍人权原则并鼓励他们在集体中将其付诸实践。在小组讨论中，有一个学生这样评估自己的变化："我想我已经平静下来，如果有人惹恼我，我也不会像以前那样打他。有时我会叫他们的绰号作为还击，但是在还击之前我会考虑……我知道我并不是最佳听众，但我已经尝试改进，而且还需要继续努力下去。我想我在学校会得到更多的信任和幸福。"（引自 Carter and Osler 2000：343）

该研究项目后来扩大了范围，允许第二位教师（即一位采用类似技巧管理有 30 名学生的班级的班主任教师）参加。这位教师使用一套由研究型教师所设计的材料，这套材料允许男孩使用问题解决和小组工作（group work）的方法，考察彼此之间的关系。导师和研究型教师定期会面，计划和讨论这项研究工作，规划并设计出了一个供小组使用各种既定活动的方案。学生从制定班规开始，进行了一系列比赛，借以发展积极倾听、合作、团队精神和解决问题的技能。在几个月时间里，尽管学生在这个小组里学习相互尊重对方的权利，但是在这个有 30 名学生的班级为期四个星期的研究项目之中，权利往往只有在教师强调的时候才得以维持。学生轮流观察彼此的行为，最后完成了评价表，还与其他教师进行了访谈。这些教师指导这个小组，看看他们能否确实识别学生态度和行为的分歧。

许多学生对这个班级方案的评价是积极的："我真的感觉非常好，当我们在小组中谈论想法时，我说出了自己的沮丧和其他感觉……假如说错了什么也不会被嘲笑，其他人还会帮着解释……很高兴听到关于自己的正面评价……它使我逐渐增强信心。"（引自 Carter and Osler 2000：345）有些教员批判学生在掌握如何采取适当行动或要求得到应有权利方面缺乏判断。大多数学生对于从来没有人完全信任他们能够做好每件事情做出了回应："他们不相信我们能够做正确的事情，他们对待我们就像对待婴儿一样，甚至不让我们尝试一下。他们不想我们取得成功，这样，他们就可以正确地指导我们。"（引自 Carter and Osler 2000：347）在因不被教员所接受的行为而被指控时，另一名学生写道，"这所学校的主要缺点之一就是学生缺乏发言权……一些教师害怕给学生解释的机会"（引自 Carter and Osler 2000：347）。

该项目的局限之一是，它是在一个学校管理依然存在独裁模式、教师和学生之间很少信任的较宽泛的学校环境之中进行的。学生们必须遵守规则，必须接受制裁和接受没有多少发言权的现实。同样，教职员工中也很少有人能够适应这种制度，他们似乎缺乏信心和技能去影响变革。尽管如此，这个项目表明，给学生发言权的举措有可能解决冲突和攻击性行为的问题，可以让学生获得更为广泛的认同，并帮助建立一种合作的氛围，从而促进教学工作更有效地开展。

变革中的童年观念

成年人和儿童之间的关系正在改变，因为我们不断发展出对儿童期的新理解。这是学生们可能看到的情况："一些教师忘记了我们正在成长，还以为我们会去做那些只有小孩子才会做的幼稚事情。"（Carter and Osler 2000：347）《儿童权利公约》标志着我们在变革童年观念方面向前迈出了重要一步，儿童被视为公民和权利的独立持有人。然而，普遍承认儿童是公民的社会氛围显然尚未形成。

在欧洲，直到 19 世纪，儿童都没有被当成一个区别于成人的独立阶层；他们被视为父母的财产，并被期望能尽到一些特殊职责。幼童往往扮演重要的经济角色，有助于家庭工作并在父母年老时赡养他们，但是他们只有微不足道的法律权利。作为工业化的结果以及儿童在家庭以外工作的增加，为了保护穷困家庭的儿童，人们在 19 世纪采取了一系列措施。童工被当作一种社会事实而不是一个社会问题；有人主张，保护儿童是保护社会的一种手段，可以使社会免遭虐待导致的反社会行为所带来的失稳效应（Hart 1991）。

在 20 世纪，很多西方国家开始出现了把儿童的地位从财产变成人的转变。编订儿童权利的第一次国际性尝试是在 1924 年，那一年，国际联盟大会（Assembly of the League of Nations）认可了非政府组织拯救儿童国际联盟（NGO Save the Children International Union）正式宣布的《日内瓦儿童权利宣言》（*Geneva Declaration of the Rights of the Child*）。这一文件于 1948 年被修订和扩展，在此基础上，形成了 1959 年联合国《儿童权利宣言》。这是一份关于儿童福利及保护儿童的一般性原则的声明。

20 世纪 60 年代和 70 年代，关于儿童和童年期的辩论，反映了许多西方国家在态度上发生的更为广泛而迅速的变化。这个时期，人们进一步摆脱了儿童是父母财产的传统观念。一些儿童权利的拥护者主张应该给予儿童与成年人同等的权利，而另一些人则把儿童与包括家长和教师在内的成年人相比较，对儿童自主权的可能性界线提出了质疑（Archard 1993）。主流人权话语开始被越来越多地应用到儿童身上，集中在自主决定、参与以及对弱势群体的保护方面："有些人宣称儿童状况只有通过给予儿童更多的保护才能得到彻底改善，解放派运动（liberationist movement）对此提出了挑战。强调的重点从保护转向自主，从抚育转向自决，从福利转向正义。"（Freeman 1992：3）实际上，关于儿童政治权利的辩论已经拉开了序幕。

法律背景和儿童权利

任何关于儿童公民身份的讨论都要求我们考虑儿童的法律地位和权利。当然，《世界人权宣言》适用于儿童也同样适用于成年人，承认所有人都享有人权。正如我们所看到的，《儿童权利公约》明确了这样一个事实：儿童不仅享有法定权利（如足够的食物、医疗保健和教育）和受到特殊保护的权利，而且也享有参与的权利。换句话说，它承认儿童是拥有政治权利的公民。尽管现在《儿童权利公约》已经得到普遍批准，但是，儿童权利往往没有被以适当的方式纳入国家的法律框架之中。大约在 30 年以前，希拉里·克林顿（Hillary Clinton）这样写道：

> "儿童权利"一词是一个正在寻找定义的口号。它被援引来支持根本不同的理想，例如世界和平、为违法者提供宪法保障、对婴儿的关爱之情以及降低投票年龄，但是它并没有反映任何将儿童当作政治人的前后一致的学说。宣称儿童被赋予权利并列举他们的身份地位，并不能阐明围绕着儿童法律地位的一些难题。
>
> （Rodham 1973：487）

尽管 20 世纪 60 年代和 70 年代有很多关于儿童权利的讨论及激进行为，但是，这几十年来对"儿童权利"这一概念的内涵几乎没有达成共识。与传统大相径庭的强调教育的非专制性并注重合作的学校教育模式试验（Illich 1972；Lister 1974；Watts 1977），正响应着解放儿童的理想。虽然这有时也被表述为儿童权利，但是，1959 年联合国《儿童权利宣言》却很少引用这种表述。儿童权利确实是"一个正在寻找定义的口号"。

《儿童权利公约》标志着向全面界定儿童权利迈出了重要一步。此外，它承认儿童的政治权利并提供了一个框架，在这个框架之中，儿童被视为政治人的前后一致的学说能够得到辩护。《儿童权利公约》对参与的强调，是认识到儿童有权影响那些与自己有关的决策，这是一个明确的民主观点，它使儿童参与政治的问题得到承认并合法化。

尽管《儿童权利公约》提供了一套重要的儿童权利原则和标准，但是，我们需要警惕，不要把《儿童权利公约》的存在等同于这些权利的现实存在。《儿童权利公约》的有效性，首先取决于提高公众对其各项规定的认识。尽管《儿童权利公约》合法地约束了所有缔约国，但是这个公约却不能像国内法那样被强制执行。由于这个原因，说服各国政府认识到确保适当立法的重要性是非常关键的，因为目前各国法律尚未能实现《儿童权利公约》中确定的最低标准。

在希拉里发表上述看法大约 30 年后，尽管有了《儿童权利公约》，儿童利益和儿童作为公民的权利在国际上仍未得到适当保障，儿童的法律地位仍然存在着许多棘手的问题。实际上，决策者并没有普遍认可儿童是政治人或者有能力并准备参与政治进程的观点。

《儿童权利公约》的基本原则是要求所有涉及儿童的行动"应首要考虑儿童的最大利益"（第 3 条）。这个基本原则非常重要，因为作为一个关于抚养子女的约定国际标准，它超越了许多国家法律制度的基本要求。按照这种方式，确保和促进儿童权利的一项措施，是为儿童任命一名督察专员或特派员，这位官员的作用是持续评估变革中的社会对儿童成长的影响并促进儿童利益。苏格兰、北爱尔兰、威尔士和伦敦已经设立了儿童专员，发表了绿皮书《每个孩子都很重要》（*Every Child Matters*）（HM Treasury 2003），其中包括政府恪守设立英格兰儿童专员的承诺。这一职务的地位通过《2004 年儿童法案》（Children Act 2004）得以确立。

这份绿皮书的耐人寻味之处在于，它强调了官方对儿童利益和身份地位的理解。它通过一系列预防战略，将重点放在对儿童的保护和规定方面，而不是放在儿童和青年的参与权利方面。政府仍在就绿皮书的内容努力咨询年轻人的意见。在前言中，首相强调拟议改革的起源，是对一个名叫维多利亚·克里比（Victory Climbié）的孩子的死亡情况进行的正式调查，这个孩子是在受到虐待和摧残之后死在其家庭成员手里的，而这种情况当局从未发现。首相强调必须"采取措施，改革和完善对儿童的监护"（HM Treasury 2003：1）。负责该报告的政府部长保罗·博滕（Paul Boateng）强调了保护儿童的一个重点，他在前言中指出：

> 我们必须做得更多，既要保护儿童也要确保每个孩子都能发挥自己的潜能。保障和机会必须齐头并进。在所有公共、私人和志愿者组织中，保护儿童必须有一个基本要素。同样，我们必须为所有儿童费心劳力，无论他们是谁，无论他们住在哪里。
>
> （HM Treasury 2003：3）

部长强调重点在于监护，而不是权利或儿童对自己未来决策的参与方面。年轻人为了实现其潜力必须参与的事实没有得到承认，人们也没有认识到参与本身是一种防止虐待儿童和发展儿童保护的手段。绿皮书中没有提及《儿童权利公约》，也仅仅只有一次提及权利。通过确保儿童参与并让其发表意见可以使儿童得到保护的看法被丢掉了。

英国非政府组织联盟递交给联合国儿童权利委员会（UN Committee on Children's Rights）的报告（CARE 2002），重申了弗里曼（Freeman）1988年为监察《儿童权利公约》执行情况而发出号召——提交一份儿童声明。这将需要所有在诸如税收、社会保障、住房、社会服务、环境和教育等领域起草法案、政策和实践措施的人，对其关于儿童及《儿童权利公约》中各种权利实施情况的提案进行影响力作用评估。

在英国，正如纽厄尔（Newell 1991）强调的，并不是所有与儿童有关的法院都采用"儿童利益最大"原则。他指出，尽管《1989年儿童法案》（Children Act 1989）确保英格兰和威尔士的社会福利机构按照儿童利益最大原则采取行动已经有很长一段时间了，但是在教育中这一原则一般得不到保障。他还指出，"教育立法没有义务遵守儿童利益最大原则"（1991：9）。继《1989 年儿童法案》出台之后，大量出版物（例如：Gallagher and Cross 1990；Lindsay 1990；Rodway 1993）认为它对学校和地方教育局产生了影响，但这种分析一般局限于有特殊教育需求的儿童和那些在固定环境下受教育的儿童。儿童对影响他们生活和未来的决定有知情权和参与权，这一需要尽管得到了重视，但是大部分的教育指导都是非立案通过的，政府当局也没有因此受到约束。所以，这些儿童和其他儿童，在与学校教育相关的影响他们的进程中（第 12 条）使自己的意见被加以考虑的权利往往被剥夺了（Osler and Osler 2002）。

儿童的政治权利和公民权利

本章把《儿童权利公约》作为探索儿童政治权利和公民权利的一个框架，并试图证明《儿童权利公约》的价值——它是决策者和研究者的工作指导，说明《儿童权利公约》所阐明的研究议程可能有助于提升儿童的公民地位的相关政策研究。

尽管作为政治人的儿童的身份和支持其公民权利的法律框架仍需要进一步发展，《儿童权利公约》已经为我们围绕一个共同议程进行辩论和讨论提供了一个起点，并且有可能进一步影响教育政策、法律和实践，为建立重视人权的学校提供明确措施。

将《儿童权利公约》作为国际人权法使用的优点在于，它全面描绘了禁止歧视的根据并描绘了政府相应的义务。《儿童权利公约》把歧视既看成结构性的又看成人际间的，为机构与个人对促进平等和包容作出反应留有余地。本章所呈现的这一研究项目表明，增加学生在学校中的参与和民主，能够在许多方面改善教和学的进程。

在本章的开头，我们介绍了贯穿《儿童权利公约》的三个"P"——保护、供给和参与。考虑到作为公民的儿童，我们把重点放在参与方面。在本章的最后，我们将为那些把儿童当作公民对待的教育工作者提供另外三个"P"——原则（principle）、教学法（pedagogy）和政策（policy），以此来结束这一章。

确保学生参与的原则符合《儿童权利公约》的精神，可能需要一些坚实的法律框架。正如其他领域的社会政策一样，教育中儿童的参与权必须在法律上得到承认，法律有可能影响职业文化，从而使儿童权利成为日常生活的一部分。

通过让年轻人发表意见，我们可以了解教学法。学生无疑都很重视就影响他们的决定咨询他们的机会，让学生发表意见的学校委员会或者其他机构的发展，既有象征意义又有实际效益。研究表明，越民主的学校可能越具有包容性和纪律性。无论是通过具体课程的倡议还是通过更广泛的学校机构，让年轻人在学校里发表意见，可以确保他们解决身份、权利和参与的问题，也可以确保他们解决冲突和攻击性行为的问题。

使用学生意见的研究人员可能支持儿童参加政策辩论。研究表明，促进学生发表意见不仅对学习环境产生积极的影响，而且也可能为决策者提供新的视野。

上面的这6个"P"结合在一起，既是研究议程又是行动纲领。这些对儿童友好的议程得到了国际公认，同时也正在接受政治挑战。一旦儿童和青年的政治（参与）权得到确认，那么，他们也就可以开始要求作为公民而行动以及对社区、学校及其他机构做出有价值的贡献。

第二部分

认识包容

4. 受教育权利

引 言

受教育权利在像英国那样学校充足的国家里通常能得到保障，然而，学校本身并不能保障每个儿童都享受到受教育权利。我们在第3章提到的《儿童权利公约》不仅确认了受教育权利，而且概述了在教育中儿童可得到的特定权利，这些权利应该是不带歧视地提供给所有儿童的。受教育权利使政府必须履行其人权义务，以使学校教育变成可获得的（accessible）、可接受的（acceptable）和能适应的（adaptable）（Tomaševski 1999）。

在这一章，我们将探讨教育中涉及人权的包容和排斥概念。无法主张自己受教育权利的年轻人也许也无法获得一些额外的权利，例如他们要获取适当信息或参与文化艺术活动可能很困难，同时，他们可能会无法获得能确保他们享受未来经济权利和参与的技能。我们借鉴了一些研究，这些研究通过调查学校排斥来分析儿童和青年如何体验受教育权利。我们考虑了受教育权利及教育中的和通过教育（in and through education）的权利的相关概念，还探讨了剥夺受教育权利的各种不同的教育排斥方式。

我们认为作为教育机构的学校，为了保障所有人都能获得受教育权利必须适应学习者。我们借鉴了年轻人的意见，更好地了解他们所获得的学校经验，尤其是学校如何才能保障全体学生获得平等的受教育权利。正是通过维护这些权利，学校才会真正具有包容性、尊重差异和促进平等。

排斥、歧视和权利

社会包容和社会排斥的概念经常被用于教育领域中关于不公正和不平等的讨论。在欧盟内部，"社会排斥"（social exclusion）一词是指因为经济劣势而被社会边缘化的个人和团体的遭遇，包括低收入者和失业者。这个词在英国的用法也类似于此，着重于经济贫困或边缘化。据说，遭遇了社会排斥的个人或社区，往往作为弱势群体出现，他们的匮乏看上去往往是多种多样的，涉及住房、卫生、教育和其他服务。尽管社会排斥的话语扩大到覆盖了别样繁荣区域的小范围赤贫人口，有时扩大到农村人口，社会排斥却更容易被等同于市中心旧城区的人口，继而由此被等同于族群多样性。社会排斥的表达方式不是人权的表达方式，因此排斥既不被表达为社会权利的剥夺，一般也不被界定为歧视。

英国政府 1997 年成立的社会排斥小组（Social Exclusion Unit, SEU），就"社会排斥"给出了一个官方定义："当人或地区遭遇如失业、技能差、收入低、住房条件差、犯罪率高、健康状况差、贫困和家庭破裂等一系列相互联系的问题，并且这些问题同时出现时，对可能发

生的事情进行的简略表述"（SEU 2001：10）。然而，教育与就业部
（DfEE）虽然在其最重要的政策文件中，明确了教育排斥和长期的社会
排斥之间的联系，却未能准确界定社会排斥（DfEE 1999a，1999b）。这份
题为《社会排斥：地方教育局在支持学生上的作用》（*Social Exclusion*：
The LEA Role in Pupil Support）的文件，首次收集了行为管理策略以及这
些策略无效时可能要采取的措施，但是却没有提及教育权利中的儿童
问题。

随着"斯蒂芬·劳伦斯调查报告"（Stephen Lawrence Inquiry）的
出版（Macpherson 1999），社会排斥小组在一份题为《社会排斥中少数
民族问题和邻里重建》（*Minority Ethnic Issues in Social Exclusion and
Neighbourhood Renewal*）的报告中，认识到由于过度集中在贫困地区以
及"遭受种族歧视的后果"，"少数民族社区的人们冒着受到社会排斥
的极大风险"（SEU 2000：7 - 8）。这里提及歧视是个例外。尽管实行
了《2000 年种族关系法（修正案）》（Race Relations［Amendment］
（Act 2000）——该法要求公共机构不仅要避免歧视，而且要促进种族
平等，但是英国政府解决社会排斥现象的倡议，并没有引起人们对种族
歧视问题的极大关注，也没有制定能够明显促进多元文化共融社会梦想
的具体举措（Alibhai-Brown 1999；Osler 2002）。

虽然社会排斥小组的报告还承认少数族裔儿童不太可能在学校学得
好，同时他们遭受学校排斥的比例很大，但这并不是说教育系统内部有
任何歧视性的进程可能在起作用，英国教育部也不承认社会排斥和歧视
之间存在着联系。尽管社会普遍承认种族歧视是由政府体制所导致的，
但教育部长们通常避免在教育部门里提及种族主义（Osler 2002）。正如
我们将在第 7 章所讨论的，教育中反种族主义的苗头确实已经存在。政
府"公民教育和学校民主教学"（Education for Citizenship and the Teaching
of Democracy in Schools）咨询顾问团主席伯纳德·克里克（Bernard
Crick）认为，赞同在学校中开展反种族主义的英国内政大臣们，"也许

不完全精通……课堂实际教学的良好做法"（Crick 2000：143）。他认为教育部长们不坚持明确的反种族主义立场很聪明。

社会排斥显然仍是一个中性词，它并没有将重点放在国家的角色上。政府有责任维护个人权利，事实上是为了防止歧视，但是社会排斥的定义中并没有提及权利，因此也没有提及国家。引用社会排斥小组的话，"相联系"的社会问题（如缺少技能、低收入、健康状况差和家庭破裂）不必将责任强加于国家之上也可以得到解释。使用"排斥"这个词语表明社会政策可能不具有包容性，但是与权利的表述不同，这个词语的表述没有赋予国家采取措施确保提供足够的医疗保健、住房等直接义务。

有时人们依据社会差异来解释社会排斥。例如，"克里克报告"（Crick Report）认为排斥可能是自我强加的或者受排斥经历所导致的自我排斥，认为课程"应该让学生认识到这些排斥可能对个人和社会造成的困难，并让学生认识到为什么有些人'决定退出'道德社会组织"（QCA 1998：3.19，19）。我们认识到个人和团体有时会选择自愿退出或自我排斥，但是，这不应掩盖在社会排斥进程中有时出现的歧视性因素。假如大部分排斥的出现是因为生活方式的选择，或者排斥的歧视性因素被忽视的话，就会产生一种危险，即人们对排斥的复杂性认识不足，而且解决这一问题所采取的措施还远远不够。在了解排斥的过程中，认识诸如维护既得利益、性别不平等以及结构性和体制性的种族主义等问题是很重要的。我们认为，要深入了解社会包容以及对社会包容有所影响的歧视过程，就需要分析其结构性水平上的原因。

英国内政大臣戴维·布伦基特（David Blunkett）在"挑战21世纪种族平等"（Challenges for Race Equality in the 21st Century）研讨会上的发言，承认了种族多样性的积极作用和优势，提到了来自少数族裔社区的个人贡献、公共机构特别是警察和刑事司法系统为所有人提供公平服

务所受到的限制等。尽管如此，他把种族多样性而不是种族平等作为
挑战：

> 人们跨越种族或文化鸿沟建立起联系是有障碍的，特别是在这
> 一变化迅速的时代背景下，但我们绝不能忽视打破这些障碍所带来
> 的好处。作为一个国家，我们的力量始终来自自身的认同感和归属
> 感所带来的自信心，以及我们对相互依存和相互联系的接受。
>
> （Blunkett 2004）

内政大臣将重点放在政府的责任上，强调政府在实现"种族融合多样
性"（diversity with integration）方面发挥着领导作用。然而，"种族和文
化鸿沟"（ethnic and cultural divides）这一术语以及假定多样性必然是
人际关系建设的一个屏障本身都是有问题的。该假设是指不同种族的人
之间的差异比同一种族的人之间的差异更大，然而，那些来自不同种族
但职业相同的人或有着相同运动爱好的人，比那些来自同一个种族但职
业或某些兴趣爱好完全不同的人有着更多共同点。他的发言还特别强调
了身份和归属感，其中挑战之一是使政治领导人和评论家认识到众多个
体分属于众多社区，他们的个人生活和家庭生活已经牵涉到不同文化及
种族背景的人。他们的这种身份是建立在假设人们可以在不同社区之间
迁移的基础之上的，而内政大臣指出的所谓障碍实际上是指一些易变的
障碍，这些障碍是个人日常生活和职业生活的一部分。

有关包容和排斥的社会政策与教育政策，往往是在简单化和理想化
地理解普通孩子或普通学习者的框架之内实施的。举例来说，像英国内
政大臣假定"种族和文化鸿沟"那样，一些教师也假定儿童的正式身
份带有某种文化或种族的色彩，而其他一些团体、社区和个人则反对这
种不容置疑的标准。研究表明，许多教师认为混合血统儿童的家庭背景
支离破碎并有着"混乱"的身份（Tikly *et al.* 2004）。这些儿童遭遇了

来自教师和同龄人对其混合血统的种族歧视，而且这种族歧视也是他们取得成就的一个障碍，特别是教师的成见导致了对他们的低期望值。这些儿童对种族歧视的反应以及不愿意接受他人对自己身份的刻板理解，可能会导致极富叛逆性和挑战性的行为。

过于简单化地理解"普通"学习者产生的更大危险在于，它强调群体和社区之间的差别，而淡化了个人在"普通"群体和在其他团体、社区中的差别。为了提供特定的群体经验和独特的个人经验，考虑种族、阶级、性别和其他种类相交叉的复杂方式是重要的。

民主、包容和权利

在讨论多元文化国家通过教育促进团结和多样性来面对紧张局势时，艾米·古特曼（Amy Gutmann）认为民主教育的一个主要目标是"既展示又发展所有儿童的能力，使他们成为平等公民"（2004：71）。她以美国为例，关注了少数族裔为实现公民平等这一民主理想而在教育体系中提出的特别要求。她研究了各个群体的需要和要求，包括土著居民、已定居的和新近的移民群体、使用小语种的少数族群和曾被压迫的公民。过去和现在的不平等需要通过课程设计来解决，使所有社会成员都意识到曾被压迫的公民群体所受的压迫以及他们（过去和现在）所做出的贡献。她认为民主教育必须包括这种出于尊重个体及其作为公民应享有的平等权利的"政治认可"。忽视这些公民的经历和贡献，无论在知识上还是在道德上都是一种失败。

美国宪法的优势之一是拥有弹性，这种弹性使原本仅限于白人男性产权人的有限和特殊的公民身份概念已经扩展至其他群体。非裔美国人、美洲印第安人、没有财产的男性白人、所有种族和族裔的妇女以及新近移民，多年来已经得到了扩大化的权利（Banks 1997）。正如我们在本书第 3 章中所看到的，全球社区所面临的挑战之一在于，承认儿童是可以胜任的公民以及将公民身份概念扩大到包括儿童和青年。其他群体（例如少数族裔和妇女）已经取得了扩大化的权利并拥有了这些通过法律机制来保障的权利，孩子们也一定是如此。这已在许多政策领域产生了影响，我们关注的是教育以及儿童权利怎样才能得到保障。

英格兰政府内部关于咨询年轻人必要性的虚华辞藻在逐渐增加。正如我们在第 3 章所强调的，年轻人被期望"在校园生活和学校环境的某些方面承担责任"（DfES 2001b：28），这似乎暗示着学校中民主进程的发展，但是，与欧洲其他一些国家相比，英格兰的教育立法并不能保证学生能在学校决策过程中发表意见（Davies and Kirkpatrick 2000；Osler and Vincent 2002）。在实践中，法律框架强调了父母的权利，而教育专业人员中的主流观点表达了对孩子们参与决策过程能力的担心。为特殊教育需求儿童所制定的《操作守则》虽然不是法定的，但它建议，应该在决策过程中给这些儿童以发言权，它还直接提及《儿童权利公约》并强调儿童在评估自己的需要中能够做的贡献。目前还没有为非特殊教育需求儿童设立的相应程序，然而，《操作守则》引用《1989 年儿童法案》的官方指导，告诫人们"在给儿童发言权、鼓励他们做出明智决定，与让他们在决策过程中做出适当判断，却因缺乏经验、知识和得不到额外支持而使他们负担过重两者之间，要有很好的平衡"（DfES 2001a：27）。官方指导的措辞假定了儿童是不能胜任的。专家告诫，不论其理解水平如何，不要让 19 岁以下的儿童和青年负担过重。在认为专业人员在认识儿童能力上可能需要得到支持的主流看法之下，成年人和儿童的合作实际上进一步阻碍了人们认识到，许多年轻人有足够的经验和知识做出适当判断。重点在于儿童的经验不足，而不在于教师确保儿童和青年得到适当支持以便参与决策的专业责任，这些专业责任是符合《儿童权利公约》精神的。

认为自身的受教育权利得不到国家保障的儿童不能直接提出申诉，必须是其父母或者监护人才能提出。政府声称儿童能够通过父母行使他们的权利，这就意味着：第一，父母应该拥有能代表儿童利益行事的知识和才智；第二，父母与孩子之间不存在利益冲突。例如在决定孩子是否需要住宿学校以保证受教育机会时，家长的角度和喜好不一定就符合儿童的最大利益。由于其他一些因素（如当地的规定、专业偏好和受资源限制等），地方当局的决定也不可能完全参照儿童的最佳利益作出。当儿童由地方当局照顾时，如果被认为是符合儿童最大利益的解决方案使当地财政负担加大的话，决策者可能会直接遇到利害冲突。儿童仍需要有独立主张的权利，例如为了使其能更有效地主张自己的受教育权利，可以通过儿童委员会的办事专员提供给儿童这样的权利。

强调父母的权利对由国家照顾的儿童产生了严重的不利影响。凡由地方当局照顾的儿童，当局就作为其法定监护人，在这种情况下，监护人面临利益冲突的机会有所增加；我们知道在这种情况下，儿童特别容易受到过早辍学和纪律排斥的影响。对许多由地方当局照顾的儿童来说，他们的受教育权利被剥夺或被严格限制：四分之三的儿童没有获得任何资格就在义务教育阶段辍学了（DfEE 1999a）。现在需要的是一个全面的法律框架和有效的程序来保护儿童的权利。由国家照顾的儿童是一个受限制的实例：假如法律和程序能够保障最易受伤害的年轻公民的权利，那么它们也可能会保护更大范围的儿童的权利。

对学校开除学生的界定

在英格兰，无论是在定期的还是在永久的基础上，"学校开除学生"（exclusion from school）这一术语一般被理解为惩戒性开除。从1995年或1996年起，当被开除学生的官方数字高达12 467人时，官方统计表明每年被永久开除的学生数量呈减少的趋势，而我们的研究表明，当学校按照政府目标减少永久开除的学生数量时，临时和未记录（非法）的被开除的学生数量却在增加（Osler *et al.* 2000）。

一份名为《学生逃学和学校开除学生》（*Truancy and School Exclusion*）的报告（SEU 1998 年），强调了政府希望通过削减开除学生的数量来解决社会排斥问题的愿望，学校开除学生和长期的社会排斥之间的联系正在日益明确地建立起来。重要的是，政府认识到惩戒性开除和其他形式的学校开除，对儿童教育和儿童在学校取得的成绩也有类似的影响。然而，从 2000 年开始，政府放宽了学校开除学生的相关规章制度。关于学校开除学生的政府话语开始改变，而且学校开除学生越来越多地与校园暴力事件联系在一起。官方关于学校开除学生的数量下降趋势的记录在 2000 年、2001 年出现扭转现象，当时永久开除学生的数量上升到超过 9 200 人，与上一年相比增加了 11%。

政府计划用来对抗社会排斥的手段的一个主要特点，已经由削减学校开除学生的数量转为越来越关注解决年轻人暴力和犯罪行为的需要。当官方话语聚焦于解决暴力和破坏性行为时，官方关于开除学生的数字开始上升。这一官方话语的变化，从某种程度上可以被解释为来自教师联盟尤其是全国校长会暨女教师工会联盟（National Association of Schoolmasters Union of Women Teachers，NASUWT）的压力。该联盟 2004 年整版标题为"全国校长会暨女教师工会联盟发挥作用——学生缺乏管理"（NASUWT making a difference-pupil indiscipline）的招聘公告突出了 6 个联盟主张，其中 4 个直接涉及开除学生，而且有一个提到"学生虚假、夸大和恶意的指控"。公告指出，全国校长会暨女教师工会联盟：

- 承诺保护成员免受调皮捣蛋学生和暴力学生的伤害，而且平均每周至少有一次投票表决来支持其成员拒绝教这样的学生；
- 保证上议院授权教师拒绝教调皮捣蛋学生和暴力学生取得阶段性的胜利；
- 实现教育与技能部支持学校更多开除学生的规章和指导的变化；

● 成功发起去除为学校和地方教育局设置的削减国家排斥目标的运动。

(*Times Educational Supplement*，27 February 2004：20)

聚焦于"调皮捣蛋和暴力"的学生、投票拒绝教那些被学校开除的学生，这个被独立陪审小组推翻的焦点，强调和加强了这样一种文化：学生是棘手问题，而且教师利益和学生利益相对立。尽管破坏纪律是导致学生被开除的一个普遍原因，但是对教师施行暴力的事件还是相对少见的。我们在伯明翰的研究表明，学生被开除有据可查的最常见原因，是干扰课堂和违反纪律（占被开除学生的37%），其次是对其他学生使用暴力（占30%），还有相对较少的几个例子是暴力侵犯学校的教职人员（占5%）（Osler 1997；Osler and Hill 1999）。

惩戒性开除是个重点，其他形式尤其是由欺凌、照料责任、逃学和怀孕等因素导致的开除也因此变得不重要（Osler and Vincent 2003）。当由于这些因素被开除的年轻人不打算把矛头直接指向教师时，他们的需求往往会被忽视。一位教育心理学家在接受我们关于开除学生的研究项目采访时，生动地讲述了一个女孩在没有得到必要支持的情况下可能会陷入困境并极端自我排斥的情形，而攻击性行为（在男孩中更普遍）需要教师迅速反应和干预："目前我正在接触的就有这样一个人……她情绪非常不安，表现为哭泣、焦虑、拒绝做功课和做各种事情。学校很关心她，但这种关心远不如要处理一个乱扔桌椅的六英尺高的学生那么迫切。"这位被调查者还认为，学生在学校里的自我排斥，如不积极学习，必须被看成是行为问题并引起人们的关注和行动："最后是安静内向不对教师提任何要求的学生。他们不仅没有进入课程学习，也没有制造任何行为上的麻烦。对我来说这是一个行为问题，他们的需求正在被忽视"（引自 Osler and Vincent 2003：77，78）。

这个例子说明了开除学生的某种特定形式怎样因剥夺了个体的受教

育权利，而可能得不到足够支持。它例证了教师和学校确定问题的方法，这种方法将影响资源和支持的分配。资源分配的不公平不仅可能导致歧视，而且也可能最终导致受教育权利的剥夺。

学校开除学生和特殊教育需求

以权利为基础看待残疾儿童和特殊教育需求儿童接受学校教育的方式，不仅要看学校教育是否是可得到的，而且要看它是否是易得到的、可接受的和适应性强的；以权利为基础看待包容的方式，要认识到实际存在的或潜在的歧视。根据《儿童权利公约》，残疾儿童和特殊教育需求儿童不仅有受教育的权利，而且像其他孩子一样可以在教育过程中和通过教育要求得到应有的权利。《2001 年特殊教育需求和残疾法》（Special and Educational Needs and Disability Act 2001）对学校和地方当局设置了预料之中的非常"合理的调节义务"。换言之，学校必须调整它们的做法和程序以及某些条件下的设施，以确保残疾儿童或特殊教育需求儿童可以接受学校教育。正如当时的教育部长特莎·布莱克斯通（Tessa Blackstone）在促使议会通过该议案时所解释的：

> 苏格兰学校、地方教育局或地方当局只是单纯地等待残疾儿童自动上学是不够的。这种方式必须被提前考虑——在议程上应一直使残疾儿童拥有权利……例如，也许应该命令学校或地方教育局改变不允许视力受损学生进入科学实验室的政策。此外，应该命令学校或地方教育局提供额外的学费，使孩子能够弥补自己可能由于受歧视而错过的事情。
>
> （Hansard ［House of Lords］ 2000b）

举例来说，我们可能因此有理由期待学校为患有癫痫症的学生提供适当条件，确保他们不会仅仅因为学校缺乏足够的急救保障而受到歧视性待遇，学校仅仅提出理由证明参与某些课程或活动会对这些学生的健康和安全构成威胁将不能被接受。学校有义务检查现有的条件以确保已经采取所有的适当措施来减轻这些威胁，学校和地方教育局有责任确保创造条件让所有学生包括残疾人参加学校活动。当残疾人被歧视时，相关案件可被送到英格兰和威尔士的郡法院与苏格兰的地方法院，并且可给予上诉人财政补贴。根据该法案，未能预见残疾学生或特殊教育需求儿童的需求很可能会导致非法歧视。

在我们研究的一个患阿斯佩格综合征（Asperger Syndrome，即幼儿孤独症）的学生案例中，该学生因心理压力导致癫痫发作，学校规定该学生因让人担忧而不能参加学校安排的旅行或住宿等活动，除非有其母亲陪同；学校还规定该学生不得参加模拟考试，理由是疾病发作可能干扰其他学生。根据《2001年特殊教育需求和残疾法》，既然学校有适应这类学生需要的"合理的调节义务"，规定学生因令人担忧而不能参加学校旅行可能将被判为非法。今天，该法案可能还要求学校改变其考试安排，也许应该为这类学生提供一个替代的考试场地，而不是否决个人为这个重要考试所做的准备（Osler and Osler 2002）。

正如该法案所规定的，学校的预期义务对于校风和学校文化建设影响深远。人们期待学校具有包容性并在所有学生利益最大化的原则下采取行动，保证它所提供的教育是易得到的、可接受的和适应性强的。制度本身可能需要改变，目的是满足学生个体的需要及保障他们的受教育权利。

法定指导明确指出，只能在学生"严重违反学校纪律政策，以及……如果允许该学生留在学校，将严重损害其他学生或学校其他人员的教育和福利"时，才能作出开除学生的决定（DfEE 1999a：31），但是尚未有明确证据表明，特殊教育需求儿童特别容易受到惩戒性开除。我们在伯明翰——拥有英国最大的城市教育当局——所做的研究显示，超过半数被学校开除的学生被登记在学校的特殊需求登记簿上（Osler and Hill 1999）。许多研究人员认为，当需要评估和提供适当支持时，一些儿童被开除了（Norwich 1994；Parffrey 1994）。确凿证据表明，学生被开除往往与缺乏基本习得技能尤其是读写能力相关联。

人们要求学校提高标准，以便让学生有良好的机遇为成为具有国际竞争力的劳动力做出自己的贡献。英国政府的标准议程中包括一项通过发布视察报告和学生成绩排名表，确定表现最差或者"失败"学校的战略。在学校教育的最初几年，儿童要经历一个漫长的过程来准备和参加一系列全国性考试。考试体系受到严厉批评，但是，考试并不必然损害儿童权利，是考试的使用及其可能导致教育中歧视性和排他性做法从而扭曲教学的方式损害了儿童权利。

按性别、种族和社会阶级来监测学习者的表现可能会揭露不公平。考试结果可帮助教师和学校领导了解在满足不同群体学生需求方面所取得的成效，这些信息可以用来重新安排资源以满足那些需要更多支持学生的需求。确保公平的资源分配与标准议程相符合，因为如果特定的学生群体没有分享学校整体改进所带来的好处，学校就无法提高它们的整体标准。考试结果可用来保障平等以及解决可能是发生在体制内的歧视进程。从这个意义上讲，考试结果可以用来支持儿童的受教育权利。

然而在英格兰，考试首先是学校对家长负责任的一种手段。考试制度是解决学校制度"失败"问题的一种手段。家长被描绘成公民消费者，可以根据学校总体考试成绩自由选择学校。这样做的意图是要告知家长：家长有一定程度的选择权。教育中的准市场已经得到发展，成功的学校在该市场里吸引着更多学生和资源，而不太成功的学校则要承受学生数量下降和资源被削减的后果。人们期待这个策略可以引导那些被认为是水平低得令人无法接受的学校，达到可以令人接受的水平。但在现实中，很多家长选择学校的余地可能很小，因为那些被认为是成功的学校有可能学费过高，而且收入有限的家庭没有交通工具送孩子到较远的学校。成绩排名的做法鼓动那些可能考得好的学习者进行选择，也鼓励教师的教学转向以提高学生考试成绩为目的，但结果却是导致学校之间的竞争制度化。资源很可能被投放在处于关键分数线边缘，例如普通中等教育证书 C 或 D 等级的学生身上（Gillborn and Youdell 2000），而不是投放在无法分享学校改进所带来的整体利益的学生群体身上。这种关注可能降低了对那些往往需要在教育上花费更多的残疾学生或有特殊教育需求学生的关注，并妨碍为保障学生权利所必须花费的时间和精力投资。

在实践中，被认为成功的学校有可能忽视特殊教育需求学生的权利（Osler and Osler 2002）。下面是一个 11 年级、患阿斯佩格综合征、名叫蔡（Chay）的 16 岁学生所做的一份陈述，它被作为证据提交给一组讨论他的案件的专业人士。这份陈述强调了他对特殊教育需求学生在学校地位低下的理解。报告是他在被学校开除之后写的，他被开除不是由于违反任何纪律守则，只是因为学校无法作出调整来满足他的个人需要。蔡认为提供给他的学校教育是不可接受的，并强调了他遭受到的某些压力，其中包括：他觉得学校没有就学习需要问题咨询他的意见；被孤立和被排斥的感觉；受到欺凌；无法成功的失败感和挫折感。该报告显示他确实有能力评估自己的许多需要，也了解学校机构的运作方式，这种方式不仅使有特殊教育需求的学生被边缘化了，而且使那些觉得有责任支持这些学生的教师也被边缘化了。从这名学生的角度来说，学校提供给他的教育既不容易得到，也不能适应他的需要。

疏忽大意？

我感到生气的是学校并没有问我需要什么，出于这个原因我写下了这篇文章来陈述我的观点。我努力礼貌地做到这一点，我也意识到一些教师可能难以接受，因为我与他们的观点差别非常大，但眼下我感到非常沮丧。

我想要学习，但这一权利被剥夺了。

我觉得在最近一次会议上（该会议于1月初举行，当时我已经被学校开除），没有人聆听我的心声。我感到震惊和沮丧，以致在那次会议之后的三个星期里，我一直期待有人哪怕只是提到给我安排一位指导老师，即使那时这已经是被同意和承诺的。我试图提起这个话题，甚至因此事拜访了担任副校长的Y太太，因为先前她负责管理九年级的指导老师。她显然对此事一无所知。我认为她不参与会议是一种耻辱，虽然她在我被开除时及被开除期间已在电话中向我母亲和我姑姑说明。

很明显，我犯癫痫不是学校的过错，但是很久以来我都有这样的印象，那就是学校认为这是我的过错。在我有压力时及在错误的药物治疗下癫痫就会发作，但却很少在家里发作，我希望学校反省是否应该为癫痫发作负某种形式的责任。摆脱对药片的依赖是一个缓慢而痛苦的过程，不能也不应该仓促，而且，我想得到教职员工（即教师和急救人员）更多的理解。

因为我的疾病就把我开除出学校当然是非常错误的。我希望除了给我安排一位期待已久的导师之外，学校还能够做些其他的事情来弥补。我希望从我的老师以及我未来的导师那里得到可行的、现实的和合理的意见。当我可能要应付恐吓时，这个被挑选出的导师能够不忽略我。

我想对阿斯佩格综合征（幼儿孤独症）作相似的评论：我希望我的所有老师了解这意味着什么，这可能会怎样影响我的学习；我希望他们开始考虑这个问题，使其他处于这种状况之下的学生也能得到更好的理解；我希望我的家人能在审查我的表现的会议上强调这一点，我自信地认为C博士也将这样做。

学习上，我想得到大量支持，让我能在每个对我的未来有价值的科目上取得好成绩。我想要一位特别需求助理来帮助我学习一些较弱的科目，或者有必要的话学习全部科目。我觉得这特别重要，因为被学校开除，我整个 12 月都在辍学中，并错过了为获得普通中等教育证书而进行的模拟考试。这很糟糕，将导致我因不良行为而被遣送回家。被遣送回家，而且要求我在疾病问题获得"解决"之前离开学校，这会令人觉得异常痛苦。

特殊需求部门应该意识到自己是学校的一份子，而非一个被所有人——除了像我一样逃出沉船的可怜人以外的所有人——所忽略的小岛。数学课上需要有一位独立的特殊需求助理，以协助一个上课时几乎让所有学生都不想听讲的教师。她真的不适合这份工作，因为我知道班里除了两个学生之外所有学生都有特殊需求的陈述。

我想要感觉到我似乎还能做某些事。在家里以及在特殊需求部门我得到了鼓励。如果是其他人怎么办？曾经有人给我普通中等教育考试的基础英语试卷，无论何时我都知道我可以做得更好。我喜欢英语，在中学时代我曾经因为所写的故事受到称赞，但是自九年级以来，我在这所学校还没有写过一个故事。如果能够在学校外写故事，就像我正在做的那样，在学校里我就不应该被低估。一个只有基础英语水平的"普通"学生能翻译《贝奥武夫》（*Beowulf*）吗？

格伦德尔背负着上帝的怒火，
走进小山脚下雾气腾腾的沼泽地。

关于阅读又怎么样呢？我读过乔叟（Chaucer）、托尔金（Tolkien）、菲利普·普尔曼（Philip Pullman）、查尔斯·狄更斯（Charles Dickens）、埃德加·爱伦·坡（Edgar Allan Poe）的作品……我能引用他们中任何一个人的作品，但总而言之，此刻我感觉自己很"笨"。那些恃强凌弱者会让大家相信我的确很笨，我没有办法证明我不是这样的。你认为我会有什么感觉？是否有人关心我？在这里我已经为学校制订了目标。我相信现在轮到他们来面对我，并使我能够确立我未来的职业，无论未来如何。

总之，我想学习。假如你要问"你最想做什么？"我回答不了。一方面，假如我的癫痫不再发作，学校将没有任何借口忽视我，我的压力也会有所减轻。另一方面，直到学校可以支持我使我的压力有所减轻时，我的癫痫才可能不再发作。我知道我已经写了很多，我相信我还可以写得更多。但这真的是一声绝望的呼救。现在！

考试制度可能会削减学习者的权利。要求教师测试所有儿童包括那些某方面学习有困难儿童，往往会对教师施加压力，使其为了学生考试而教学；这反过来又可能会对有特殊教育需求的特殊学生施加压力，掩盖他们在学习上遇到的任何困难。那些不能跟上同学和那些觉得作业很难完成的学生，可能会严重地自我排斥并辍学（Osler and Vincent 2003）。频繁考试的制度和挫败感有可能打击那些学习困难学生的自信心，但在这种情况下，学校不太可能调整其做法去满足这些儿童的特殊需求。考虑特殊教育需求儿童的需要，考虑儿童所接受的学校教育是否是易得到的、可接受的和适应性强的，这很重要。

尽管《2001年特殊教育需求和残疾法》通过要求学校教育变得更易接受和适应性更强，提供了一个确保个体学习者权利的法律框架，但是更广泛的政策内容已损害了有特殊教育需求的学生的权利。许多考察了特殊教育需求学生的管理框架的研究者指出，得到了明确承诺的包容和运作着的准市场制度之间，关系紧张并存在着矛盾。考察了1997年以来工党政府基于"利益相关者的福祉"（stakeholder welfare）所制定的教育政策的影响后，研究人员认为："层次化的新政策把理论上客观的'包容'置于显然收到相反效果的实践之上，用来把那些由于各种原因在这个市场中未能表现出来的关于儿童和青年的包容的成果排除在外"（Loxley and Thomas 2001：229）。他们认为，因为 20 世纪 80 年代末撒切尔（Thatcher）政府受到个人主义和自由市场重要性理念的影响，一些政策在没有解决好教育中整体法律框架问题时就实施了，从而导致了不和谐的出现。教育被视为一种商品而不是一种权利，以非歧视性为基础的儿童受教育权利，被不承认《儿童权利公约》原则或不能提供足够上诉权利的法律框架所损害。

学校开除学生和种族平等

在那些被学校开除的学生中，非洲加勒比黑人学生特别多。20 世纪 90 年代中期，当开除学生的数量达到统计数据的高峰时，黑人男孩被开除的可能性比白人男孩高出 6 倍。黑人女孩也比同龄白人女孩更容易被开除，从国家统计的数据来看，前者被开除的可能性高出后者 8 倍（Osler and Hill 1999）。非洲加勒比黑人学生被开除的模式与一般学生被开除的模式不同，被开除的白人学生很可能是心怀不满、出勤率低、有精神创伤史以及学习成绩差的学生。尽管他们可能被学校判断为不太能实现其全部潜力，但是相比之下，被开除的非洲加勒比黑人学生更有可能达到或高于学生平均的能力水平（Ofsted 1996）。

尽管政府设定了目标要减少三分之一的开除学生数量，但却没有设定目标来减少学生被开除的被正式开除的男孩数量和黑人学生数量。辍学率的差别以及不同族裔群体之间的相互排斥不是英格兰所特有的，例如在新西兰，欧裔白人学生的辍学率为 10.9‰，相比之下，毛利人学生的比率为 35.8‰，太平洋学生的比率为 19.3‰（Alton-Lee and Praat 2001）。

20 世纪 90 年代中期，我们在进行一项研究时所采访的大多数教师，都无法对"为什么被学校开除的非洲加勒比黑人学生数量特别多"提供实质性的解释。就男孩而言，有人认为这是缘于"青年次文化"，其他人提到了社会中的歧视现象，但不愿详细说明这些答案，也有些人认为满足国家课程要求的压力导致教师没有办法考虑上课内容是否建立在儿童特定的经验或文化的基础上。换言之，所提供的教育无法适应儿童的需要，也不符合《儿童权利公约》第29条所规定的教育儿童应该指向"尊重（儿童的）文化认同、文化和价值观的发展"。这可能是无法实现的，也可能导致一些儿童感到被忽视或被排除，从而更加心怀不满。一位教师认为：教师期望是核心，但这个问题仍是很复杂的，课程和师资培训也发挥着各自的作用：

> 非洲加勒比黑人男孩（在那些被开除的学生中）占很大的比例是一个非常复杂的问题，但是我认为期望发挥着很大作用，而且无论出于怎样的善意，我们应该倾向于理解黑人男孩，并认为他们将会有困难……我见过这些面孔——虽然我们学校并没有很多的非洲加勒比黑人学生——我看到了，假如课本中有一个不同于以往的他们可以同情的中心角色的话，我们的那些学生对这个角色的反应是如此积极。

> （小学副校长，引自 Osler and Hill 1999）

统计意义上非洲加勒比黑人学生遭到开除的比例巨大，对此一个解释是种族主义，也就是说，不仅大多数教师公然用种族主义方式活动，而且教师和学校管理者所持有的根深蒂固的陈旧观念，可能会导致黑人儿童被视为具有行为困难的人。所有证据表明，当学校获得适当的支持时，学生被开除的情况可以得到扭转，而关键在于调整具体举措，以解决非洲加勒比黑人儿童被开除比例巨大的问题。在地方一级，为了实现公平，弄清楚某一族裔是否被过度排斥，并使资源和支持面向这一特定群体是重要的。我们的研究表明，不分种族肤色平等对待学生的学校成功地降低了所有学生群体的排斥现象，但是这并不等于解决了现有的不平等现象。《2000 年种族关系法（修正案）》明确地赋予学校促进种族平等的义务。这一法律框架是至关重要的，它确保了学校满足所有学生的需求，并保证学校所提供的教育是易得到的和可接受的。这就要求学校还要审查包括课程在内的相关规定（Osler and Hill 1999；Dadzie 2000；Tikly *et al.* 2004）。

重新界定学校开除学生

专家和媒体都支持这样的观点：学校开除学生主要是一个性别问题。有关女孩接受学校教育的报道或多或少都是绝对成功的，男孩则被呈现为处境困难。学校开除学生是在关注男性青年犯罪的背景之中被讨论的，而且，男孩的问题是在一场关于明显的男子气概"危机"的讨论背景下被提出来的。为了解女孩关于学校教育和被开除的经历，我们采访了英格兰各地 81 名 13—15 岁的女孩。我们的研究表明，学校排斥的定义需要扩大以包括女孩的经历，特别重要的是要把学校排斥理解为一个比惩戒性排斥更广泛的问题，将它扩大到包括逃学、自我排斥，以及由怀孕、照料责任等造成的其他形式的旷课（Osler *et al.* 2002；Osler and Vincent 2003）。

因为考虑问题的方式及资源分配方式存在着重大差别，女孩和男孩的问题被归入彼此不同的类别。例如，与同类男性相比，女孩和年轻女性的自杀率比较低。然而，如果问题被重新定义，以承认不同族裔群体之间自杀率的差异及解决年轻女性中普遍存在的自残问题，情况看上去就非常不同了。处于青春期的男孩更容易自杀，但女孩和年轻妇女也在尝试；年轻女性自我伤害的行为比年轻男性高出 3 倍，而最有可能这样做的群体是年龄在 13—15 岁的女孩（Meltzer *et al.* 2001）。

在学校层面，我们采访的专业人士都认识到，根据陷入困境的学生是男孩还是女孩，相似的行为也要用不同的方式来看待："我认为有这样一个假设，如果一个女孩表现出攻击性行为，这与我们对女性的模式化印象不相一致，所以一定有什么地方出现了问题……我们就尝试把这个问题找出来。但是，如果一个男孩做同样的事情，那么，我们就会认为他们就是这样了，然后他们会被赶出学校。"（教育心理学家）或者，有些女孩可能因为其行为被视为"极端"而受到惩罚："女孩子们是这种矛盾的更大受害者：存在某种程度的偏执，也存在某种程度的震惊和恐惧；她们没有能力变成'可爱的捣蛋鬼'。"（学生收容处［pupil referral unit］领导，引自 Osler and Vincent 2003：67 – 68）

> 一个女孩在描述一个同班同学的经历时，强调了各种形式的排斥是如何联系在一起的：有一个女孩，她开始被欺负是因为她体形比较大，他们都叫她胖子，等等，但她不是这样的。然后她开始逃课。他们以为她逃课是因为她不喜欢上学。我想她缺勤了 17 节也许 20 节的科学课，然后就是整天、整周和整月。然后她因为怀孕退学了，然后就这样了。她试图进入大学，但是她没有得到任何普通中等教育证书，加上她有了孩子，就更难了。我真的希望她能够有更多的美好生活。我希望她能够上学……只是为了对她有一点儿帮助，但她从来没有办法做到这一点。她有阅读障碍，但是她并没有说出来。她对自己想什么也不清楚："我什么也不懂，我很愚蠢。"因为人们使她当众出丑，所以她逃离了学校。
>
> （山姆［Sam］，引自 Osler and Vincent 2003：155）

山姆（Sam）的描述展示了欺凌、旷课、未得到确认的特殊教育需求以及最后怀孕和母亲身份如何交杂在一起排斥了这个学生。她所呈现的这个案例，在许多方面典型地反映了那些女孩没有经过任何纪律程序就被学校教育排斥的情况。女孩说出了许多学生恃强欺弱的问题，并描述了女孩们排斥她的过程。对于她们来说，恃强欺弱是排斥的一个关键原因，但是专业人士仍然没有确认这一点。

逃学是许多女孩描述自我排斥显著特点的一种形式。其中几乎所有的女孩都报告说，她们至少曾经旷课一次。一个较小但有效的数字报告了旷课延伸至学生学校教育的各个时期。女孩们报告了两种类型的逃学，第一种类型发生在学生害怕上学的时候，另一种类型被认为发生在一些看来更具吸引力和可供选择的东西出现时。

> 我真的不适应学校，所以我不想去上学。老师不会帮助我完成作业。实际上事情是这样开始的。
>
> （贝琳达［Belinda］，在学生收容处接受教育的自愿辍学者）

> 因为一些学生觉得无所事事地坐在别人的房子里有更多的乐趣……大多数情况下也因为毒品，因为一旦你染上毒瘾的话，你就会想"哦，学校是胡说八道的，你不妨去享受其中的乐趣"。
>
> （卡罗琳［Caroline］，来自主流学校的自愿辍学者）

来自女孩和年轻女性以及与她们一起工作的专业人士的证据表明，怀孕与学校开除学生有着复杂的联系。虽然政府的指导方针明确指出，怀孕不应该是惩戒性开除的一个原因，但是在现实中，这通常标志着一个人学校教育的结束。许多怀孕的女孩往往已经远离了学校。

学校排斥需要被重新定义，以便以女孩的学校教育经历以及在女孩中更常见的行为模式为基础。重新界定学校排斥以便涵盖女孩的经历是至关重要的，它不仅是语义学的问题。目前，针对心怀不满的学习者的应对办法就是将男孩作为攻击的目标。女孩的行为和男孩的行为需要被当作较复杂整体的一个组成部分加以考虑。如果定义排斥为的是涵盖女孩的经历，那么，用于解决不满情绪的资源很可能将会得到更公平的分配。

我们的研究表明，尽管学生被学校开除有时可能采取自愿的自我排斥形式，但往往是当学校不能满足她们的需要或她们不懂得学习方法时，女孩才会排斥自己。在这种情况之下，她们无法要求享受受教育权利或通过教育获得的权利。

包容、人权和公民身份

争取受教育权利是许多人持续不断的追求。正如我们从之前引述的女孩的例子以及本章中其他例子所看到的，教育排斥经常涉及多重结构性的歧视过程。不管是被认定为有特殊教育需求的孩子还是遭受基于性别或种族的刻板评价的孩子，受影响的孩子们往往既能够识别使他们被排斥的做法，也能够认识到如果他们的受教育权利要得到保障需要进行怎样的变革。这些挑战歧视过程以及给人刻板印象的年轻人，往往被认为是叛逆的或表现出有挑战性行为。然而，学生往往态度强硬，他们要确认学校教育可以更好地满足他们需要的方式。换言之，他们就如何使学校教育变得易得到、可接受和适应性强提出了具体建议。正如我们试图在第一部分说明的，公民身份本身就是一个斗争点，对儿童和青年人的公民权利的认识也是在不断前进的。

在对被分类为"学习困难"的成年人的生活所进行的研究中，阿姆斯特朗（Armstrong 2004：114 – 115）认为：

> 成为（being）一个国家公民还有很长的路要走，也许将公民身份理解为一个逐步实现（becoming）的过程会更好。因此，在社会实践中它总是一个不断争论和不断谈判的过程。它事关在平等条件下，个人和组织努力参与并捍卫在其生活过程中所体现出的尊严

　　话题……这是关于在公平、人道和尊严基础上的归属感和被接纳的
感觉。

以这种方式来看，争取受教育权利可以被看成是公民身份斗争的一部
分。完整的公民身份不仅依赖于受教育权利的获取，而且取决于教育
过程中和通过教育的方式（in education and through it）获取大量权利。
因此，受教育权利在公民身份的斗争中是至关重要的。只有当学校教
育是能获得的、可接受的和能适应学习者的需要时，受教育权利才能
实现。

5. 认识世界公民身份

引 言

世界公民身份源于平等享有人权的一种**身份地位**(status)。重要的是，它建立在**归属感**(feeling of belonging)的基础之上，承认从地方到全球一系列社区的多样性。它是一种涉及谈判、公平解决分歧，以及与社区内和社区间的其他人一起努力以促进自由、正义与和平的**实践**(practice)。世界公民身份要求考虑到归属于国际社区的含义和影响，要求判断人类共同价值观的本质和范围。它还要求了解当地社区的平等性和多样性。因此，对世界公民身份的认知，需要一种全球性意识的发展、一种对人权的理解和承诺，以及与其他人一起行动以做出贡献的机会。

根据《儿童权利公约》的精神（见本书附录 2 和附录 3），我们认为正规教育系统应该促进学生对世界公民身份的认知，这种身份认知可以帮助年轻公民们认识到共同人性，在自己和他人的生活之间建立起联系，并在文化多样性及多变性的背景下有效运作。

作为多样化世界中的公民，我们需要有一套原则，通过它我们可以批判地反思我们自己以及我们同胞的文化、价值观、信念和行为。世界公民身份不承认所有文化活动都有同等的价值。虽然所有传统（包括他们自己的）都遭受到鉴于普遍原则所做出的批判性评价，他们还是对不同文化传统和习俗给予了同情的考虑："多元主义并不意味着激进的相对主义，这将是弄巧成拙。每种文化必须有一个立场，没有立场是不可能的。但也不是试图使每种情况都无懈可击。我能认识到各种文化不仅都有合法权利，而且都有其自身界限并且愿意直面自身的不足。"（Figueroa 2000：55）

因此，世界公民要在国际化原则（cosmopolitan principles）的基础上学会采取一种立场，他们需要获得"跨文化评价"（intercultural evaluation）的技能（Hall 2000：49）。目前唯一得到普遍公认的标准来自人权，特别是《世界人权宣言》（见本书附录 1）和《儿童权利公约》所确定的人权。在一个多信仰的社会和/或世俗社会中，这些文本提供了一个框架，学校或任何其他的学习型社会都可以从中得到一套明确的、共享的价值观。从这样的参考点出发，尊重其他人而不一定尊重这些人的文化的各个方面是有可能的。

在这一章，我们将介绍根植于人权原则的公民教育模式，并将利用这些模式来评估学习大纲及英格兰学校已经制定的公民教育工作计划。我们认识到，没有哪一个社会能够宣称完全尊重和执行人权原则，也没有哪一个民主国家能够做到充分理解和包容。因此，诸如公民身份、社区、民主制度和人权的含义是有争议的，并且不断得到重新界定以丰富其内涵。**变革中的公民身份**（changing citizenship）本身就是一种重新关注公民教育讨论的尝试。

人权和教育

《世界人权宣言》和《儿童权利公约》将教育确定为一项基本人权，并规定了它的目标和宗旨，即强化"尊重人权和基本自由"（respect for human rights and fundamental freedoms）（*UDHR*，Article 26.2；*CRC*，Article 29.1 b，见本书附录 1 和附录 3）。换句话说，基本人权中规定儿童有受教育权利。公民教育的主要作用在于理解人权，认识到人权是巩固民主的核心原则，它为尊重以及促进世界正义与和平的社会奠定了基础。

在第 3 章中我们已指出，《儿童权利公约》为教育目标提供了一个明确的、受到大家一致认可的定义，这种提法非常符合国际化原则（Held 2004）。①《儿童权利公约》坚持认为，对于那些在民主国家中行使权利以及"尊重人权和发展基本自由"的人，教育应该促进其责任意识的形成，应该为儿童"在一个自由社会过上应承担责任的生活"（responsible life in a free society）做好准备。这意味着教育要促进批判性反思与思考，也意味着力量感的发展以及公民可以有所作为的信念。

《儿童权利公约》把教育作为促进"相互理解、和平、宽容、男女平等精神以及种族、民族、国民、宗教群体、土著居民之间友好共处的一种方式"。因此，《儿童权利公约》中促进平等的教育是一个关键概念，例如"所有民族"等词组暗示着发展全球意识的目标，重要的是这种意识包括"尊重自然环境的发展"。

---

① 赫尔德（Held 2004：171）确定了与国际性价值观（cosmopolitan values）相联系的 8 个最高原则：（1）平等价值和尊严（equal worth and dignity）；（2）主动行动（active agency）；（3）个人责任和职责（personal responsibility and accountability）；（4）赞同（consent）；（5）通过投票程序对公众事项进行集体决策（collect decision-making about public matters through voting procedures）；（6）包容性和辅助性原则（inclusiveness and subsidiarity）；（7）避免造成严重损害（avoidance of serious harm）；（8）可持续性（sustainability）。

正如我们在第 3 章所论证的，对于公民教育的重新定义，我们的着眼点在于"作为政治空间里的角色，儿童也是公民"这一原则。根据《儿童权利公约》，年轻人无论何时何地都有表达意见的权利，这可能会对那些涉及他们的决策产生作用（第 12 条）。不论是单独一人或是与他人在一起，他们都有接收和传递信息的自由、思想的自由，有形成自己的意见和信仰并按照这些意见和信仰行动的自由（第 13—15 条）。他们也有隐私权和保护自己名誉的权利（第 16 条）。因此，公民教育是对享有权利的公民所进行的教育，而不是对等待成为公民的人所进行的教育。

公民身份和社区

在第 1 章中，我们将公民身份呈现为身份地位、情感和实践（citizenship as status，feeling and practice）。在同一层次上，公民身份的地位是排他的；国家公民的法律地位也是排他的，原因在于它规定了"哪些人是国家公民"及"哪些人不能享有某些特定权利"。然而，我们都属于社区，在社区中我们可以实现公民身份。在另一层次上，我们都是拥有人权的公民，这些权利在社区中得以行使，公民在社区内和社区间实践着他们的公民身份。民主提供了政治空间，公民能够从中享有自由，但也受到一些必要的限制，因为他们的同胞也享有安全的权利和行使自由的权利。认知公民身份就是学习如何在一个文化背景多样化、所有人都享有同等权利的公民社会中生活。公民身份建立在平等性与多样性这对概念的基础之上，但实际上在任何社会中，个人和团体能够行使或实现自己权利的程度都存在着巨大差别。

公民在更广泛的群体中心甘情愿地对自己的行动自由作出让步，很可能是由他们的社区感所决定的；社区提供了安全感和欢乐感，而且社区是实现身份的主要场所。成员利益可能会比成本更有价值，这些成本包括接受社区的各项规章制度。因此，社区在公民身份定义中是一个关键概念。

14 世纪以来，社区的概念在英语中得到了发展。这一概念起初来自实际的社会群体，得到了社会学、政治学或地理学等意义上的定义，后来发展为一种对于人际关系质量的感受，随后发展为一种对于共同身份及其特性的感受。虽然我们与国家的关系是正式的并可能起着重要作用，但是我们的社区体验更为直接而且意义更为重大（Williams 1983）。社区总是作为一个温暖而又有说服力的正面词语被使用。它有一种情感力量，使我们始终认为它是一个好东西（Bauman 2001）。

因此，社区这一概念被运用在修辞方面与战略方面。这个词语非常积极的隐含意义赋予了它一种政治上的潜在说服力，例如 20 世纪 80 年代，英国推出了一种不受欢迎的名为"社区费"（community charge）的人头税。社区这个非常有说服力的词语，意味着它是一个应该被批判性看待和谨慎看待的概念。

社区话语也属于一种浪漫传统，该传统可追溯到被认为是建立在合作并达成共识基础之上的前工业化社会。社群运动的一个发起者把社区描述为"人们彼此熟悉且任何人对道德规范均有发言权的社会网络"（Etzioni 1990：ix）。这一定义可能意味着把当地居民区或村庄看成一种社区梦想的模型，却没有考虑到可能导致怨恨和冲突的社会差异与不平等的权力关系。

一种社群观点强调，文化群体和种族群体的团结能够解决冲突，然而，这样的社区可能筑起对抗其他社区的物质或观念上的障碍或壁垒。在贝尔法斯特（Belfast），那面由所谓的"和平线"（peace line）构成的隔离墙是社会状况的一种客观体现，它阻止了相邻社区的相互往来，并且延续了参照宗教、文化、政治和历史诠释所界定的两个"社区"间的社会分离传统。

社区以各种形式存在，它们都可能在一个不安全的世界里提供一种安全感（Bauman 2001）。街区就是地方化社区；教堂、清真寺、犹太教堂或寺庙用共同的价值观和宗教信仰仪式，使人们聚集在一起；俱乐部、政党和工会是社区利益的具体代表。在实践中，人们在社区中对他人行使权力的方式意味着安全感可能只是虚幻的，例如性虐待、性骚扰及各种形式的种族主义发生在所有类型的社区中。

公民身份概念主要涉及市民社会或政治社会的成员身份。根据定义，政治社会涉及各种冲突，包括围绕着"社区成员身份的含义和范围等问题"进行的思考和斗争。"谁应归入社区，实践中'归属'意味着什么"？（Hall and Held 1989：175）这个问题在国家主义意识形态之下特别尖锐，但是，围绕着实质意义上的政治实体的定义而展开的斗争，总会产生强烈情绪和造成紧张局势，这些政治实体不是政党、国家就是跨国集团（例如欧盟）。公民教育必须接受这样的事实，那就是那些引发冲突和情绪的重要事件将不可避免地必须得到解决。

社群社区中的公民身份

"帕雷克报告"（Parekh Report）——《多种族英国的未来》（*The Future of Multi-Ethnic Britain*，2000），制定了一种以具有共享价值观的政治社会为基础的公民身份模型，这种共享价值观尊重多样性与平等性。该报告建议，公民除了感到自己是国家社区的一分子之外，还应该认识到，公民的"想象社区"（imagined community）（Anderson 1991）实际上是一种"社群社区"（community of communities）。

公民不仅是个体，而且是特定宗教、种族、文化和区域社区的成员，这些社区是相对稳定的，同时也是开放的和流动的。英国既是一个公民社区也是一个社群社区，既是一个自由社会也是一个多元文化社会，有时需要兼顾一些相互矛盾的要求。

（Parekh 2000：ix）

"帕雷克报告"提出的论点是，自由主义叙事是不充分的，因为个体不能独立存在于他们的社区成员之外；社群主义方式同样是不充分的，因为社区成员的身份或特性也不是固定的，他们是"开放而流动的"（open and fluid）。所以，想象中的国家社区需要找到一个准则，这个准则要使个人的自由传统与社区许多成员可能会优先考虑的对国内外社区的责任这个现实相一致。帕雷克提出把英国重新定义为既是"公民社区"又是"社群社区"。公民社区是指社区成员拥有该政体的权利且对其负有责任，并得到该政体保护的政治国家；社群社区承认国家的多文化性、多种族性和多宗教性。承认公民既在国家之中又在社区之中拥有归属感时，这些社区的界限可能超出国家的界限（例如犹太社区或波兰社区），国家保障个人决定自己身份的自由，而促进这种个人自由是自由主义传统和人权的一个核心原则。

世界也可以被概括为公民社区和社群社区。1945 年《联合国宪章》确定所有会员国的义务为"力行容恕、和平相处、彼此以善邻"（to practise tolerance and live together in peace with one another as good neighbours）。联合国经常被称为国际大家庭。全球治理委员会（Commission on Global Governance，CGG）纪念联合国成立 50 周年而发表的报告的标题为《我们的全球邻里》（*Our Global Neighbourhood*）（CGG 1995），这个标题意味着，社区定义可以合法地扩大到包括作为人权承载者的任何人或所有人的认同感。即使尚未完全民主化，仍然出现了世界级的政治社群，其中有一些是国际性机构，例如联合国及其机构，也有一些是跨国政治运动和压力集团，例如环境保护组织和债务免除组织，还有一些保护伞式的运动，例如世界社会论坛。

成功地共同生活在这个星球上或者一个国家里，需要拥有社群成员身份所带来的公民身份意识和安全感。社群需要拥有能够使他们团结一致的共同感受和经验，它们源自：

- 共同的象征；

- 归属感和享有的某些成员权利；

- 对幸福社区的感恩和对社区福祉的责任感。

(Parekh 2000：50-51)

但是，社群是能够改变和演进的动态社会群体。这些机制包括：

- 对社会发展方式的讯问；

- 评估其长处和短处；

- 不同派别之间展望未来的政治辩论；

- 不固定的界限并且欢迎新成员的加入。

(Parekh 2000：50-51)

　　流动社群允许个体拥有一系列的归属感、身份及忠诚。实现这一目标可能需要斗争，因为社群中那些拥有或渴望权力的人可能试图使社群具体化，并且将它规定为一个封闭和静态的政体。在 2004 年欧洲议会（European Parliament）选举中，至少有两个英国政党——独立党（UK Independence Party）和极右政党国家党（BNP）——认为英国不能也不该欢迎新移民，理由是没有地方可以容纳他们。极右政党国家党在其选举宣传资料里，明确区分了"英国的文化、传统和价值观"和它已知的对立面——"多元文化"。为了推动这一类似于臭名昭著、名声扫地的南非白人民族主义种族隔离制度的政策，极右政党国家党为定义封闭和静态的国家身份发起了运动，"我们尊重世界上每一种文化和每一个国家组织保持其独特的身份和传统。然而，与政治家们所不同的是，极右政党国家党相信，我们英国人也应该拥有这种权利——让我们拥有生活在本国的法律体系和风俗习惯之下并成为我们自己的权利"（BNP 2004）。社群的这种本质化定义是政治团体在意识形态上推动社会现实改变的产物。他们否定了不同社群可以在单一国家里富有成效地和平共存的可能性，这其实是种族主义十分粗鄙的表达的一个幌子。在 20 世纪 80 年代和 90 年代的中欧，由巴尔干地区国家主义政党所实施的一个相似的梦想，导致了"种族清洗"和种族灭绝。

社群与身份

狭义上国家身份的政治运动需要在所有教育方案中重点考虑民主公民身份。身份是属于个体的，同时也是属于集体的。如前所述，公民身份涉及归属感，而社群不仅提供了这种归属感，也提供了集体身份的来源（Jenkins 1996）。社群是一个象征性结构，在社群里个人属于地方或社会集团，并承认在这种背景下他们属于彼此（Cohen 1985）。不过，这并不一定意味着统一的信仰或实践。

在社群里，身份形成与区域、网络和记忆相关，这些概念也有助于进一步界定社群。区域涉及目前我们开展的实践活动范围中的常规做法、熟悉的地点和特定的人。区域感包括从家庭、邻里一直到社区的社会交往的层次性，这是一个重要概念，它概括了"个体如何解释他们与自己所居住社区之间的关系，以及个体考虑如何将他们的社区与更为广泛的世界联系起来"（Preston 1997：9）。

身份被构建在人们与本地或远方的其他人互动的网络里，这些互动网络有时被称为"社会网络"（Etzioni 1995）。身份还参照记忆（个体记忆和集体记忆）被构建。记忆和纪念物以故事、神话、传统以及符号（如街道名称、雕像或徽章）的形式在社群里出现，这种集体的记忆往往是斗争的场所。传统可以创造和改变，历史可以改写，街道和建筑物可以重新命名，雕像可以拆掉或搬迁。

政治层面的身份在基于平等权利的民主社会中可以是积极的，也可以是消极的。一些组织——例如制定民族—国家主义议程的政党——鼓吹一些负面成见，煽动不公正，以及阻挠追求正义；而另外一些组织则帮助消除一些负面成见，打击不公正和不平等现象。以身份为基础与其他人联系在一起的原因包括：

- 可以公开表达他们所认为的自身身份的重要方面；
- 可以保护他们及其所在团体所支持的文化；
- 可以为他们自己及其团体赢得重大优势；
- 可以同其他人一起努力消除歧视或不公正现象；
- 可以获得其他与他们拥有某些共同的部分社会身份的人的道义上的支持；
- 可以表达并按照他们与团体所共享的道德承诺采取行动。

(Gutmann 2003：210)

因此，以身份为基础的政治运动可能支持或反对公民身份的世界性观点。在公民身份的认知过程中，身份组织的行动需要不同文化间的批判性评价。身份在民主国家是一个非常重要的政治现象，公民需要了解关于身份的政治主张，并且能够思考自己在政治方面的身份。我们试图在我们已经制定的公民教育模式之中来表达这种观点。

公民教育的模式

在表 5.1 里，我们总结了公民教育方针的主要特点以及各个部分之间的关系（Osler and Starkey 1996，1999）。这个表由两个纵向和两个横向的维度所构成。两个纵向的维度是公民教育的**结构/政治的维度**和**文化/个人的维度**。结构/政治的维度与公民地位相对应。它包括制度因素，强调认知的技能和理解，例如获取有关社会和政治结构的知识。另一栏则侧重于文化/个人的维度，或者公民情感。这种公民教育的做法是关于个人的发展，而这些发展主要联系着文化的选择。这两个维度之间相辅相成，而不是处于紧张的关系之中。两者都涉及作为实践的行动或者公民参与。

表 5.1　公民教育的构成要素

	结构/政治的（Structural/political）	文化/个人的（Cultural/personal）
最低限度	**权利（Rights）** 理解和体验 • 人权 • 民主 • 多元 • 包容 • 公民社会，例如非政府组织 启示： **人权教育**	**身份认同（Identies）** 归属感 • 不是/就是（张力） • 既/又（混合的） 启示： 情感和选择
最高限度	**包容（Inclusion）** • 安全：身体、社会、心理和经济的 • 积极参与 • 对民主公民身份的承诺 启示： **构建一种更具包容性的民主**	**能力（Competence）** • 政治素养 • 世界主义的价值观 • 有效改善的技能，如语言、辩论和动员 启示： 民主参与的技能

两个横向维度代表了公民教育的最低限度和最高限度（McLaughlin 1992；Richardson 1996）。公民教育的最低限度只是为学习者成为公民提供足够的知识、反思和经验。我们认为，成为公民的最低要求是有建

立在民主的政治生活特别是人权基础之上的知识、理解力和经验。个体必须认识到实现公民身份的障碍（如歧视），也必须认识到志愿者组织、公民社会在实现正义和包容方面所起的关键作用。所有这些要素可以被认为是公民教育的结构/政治的维度的核心部分。同时，正如我们在这个表格的右上角所看到的那样，公民也需要能够考虑一系列的身份认同以及对这些身份感到泰然，并认为自己是众多社群中的一分子。在这一层次上，学习者可能会经历自己的身份认同和其他人的身份认同之间的紧张状态（不是/就是）。例如，种族有时被视为一个固定范畴，然而在现实中随着时间的推移，许多人却重新确定自己的种族背景。文化认同和宗教认同是不固定的。个体可以有多种群体认同身份（既/又）。本书第6章将探讨年轻人的多重身份认同，这需要建立一个适合探索、发展情感及身份认同选择的学习环境。对于公民身份而言，社区归属感是必不可少的，教育的首要任务是发展学习者新的身份认同，以扩展他们带入学习过程中的那些身份。因此，身份认同的探索是公民教育的核心，这不可避免地意味着要考虑到围绕着公民身份和身份认同的界限而展开的政治斗争："身份界限仍然存在着，尽管阻挠使它们变得模糊不清，我们仍然知道自己将会是这样的人或者那样的人，但这种了解是不确定的，因为我们也是形形色色的人。"（Walzer 1997 引自 Archard 2003：100）

以上只是公民教育的最低限度。表 5.1 的第二个横向维度，表明了公民教育恰如其分的宏伟目标，即我们所说的"最高限度"目标。它暗含着公民教育最终必须依靠其结果来判断，这个结果就是由它所产生的社会。同时，为了介绍公民教育概念，我们将"最低限度"和"最高限度"作为互不关联的要素分开放在表格中，但在实际上，我们认为它们是一个连续统一体。

在民主体制下，从国家到地方的社群都被期待能包容所有公民。结构性和政治性的进程，可以从这些社群减少壁垒，提供参与和享有人权与基本自由的程度去判断。仅仅了解有关权利的知识并不会实现对权利的享有，所以，在"最高限度"的要素之中，政治性结构支持和促进诸如基本收入、安全、积极参与的机会之类的事务。政治辩论有助于我们面对关于美好社会的各种梦想，而积极的公民则对这些梦想做出贡献并帮助实现这些梦想。

文化和个人层面上，在发展良好的民主社会中，公民可用他们所需要的有效参与以及积极同其他人交往的能力充实自己。多重身份的发展必须辅之以发展各种能力，包括政治素养以及能够有效改善的技能。这些发展在很大程度上是通过经验而不是单纯通过学术研究获得的。总之，我们所建立的模式显示，只有建立在获取知识、反思身份、生活在社群之中以及发展参与技能的基础上，公民身份认知才能得以最大限度地实现。

我们用这个模式来评估许多背景下的公民教育方案，评估我们所拟定的教师在职硕士学位培训课程和教师专业发展的教育方案。当我们评估欧洲行动方案以判断它在促进公民身份理解方面的贡献时，我们查阅了以公民教育模式四个象限为基础制定出来的一张简要调查问卷的方案文件。调查问卷见表 5.2 （Osler and Starkey 1999）。

表 5.2　公民教育的评价

1. 信息 （Information）	3. 身份认同 （Identities）
• 是否关注关于民主、人权或欧洲价值观的具体信息？	• 是否探索/确认了包括欧洲身份在内的各种身份？ • 是否促进了跨文化的发展？
2. 包容 （Inclusion）	4. 技能 （Skills）
• 是否准备在社会/经济方面包容参与者？ • 是否关注平等机会，或表达妇女/女童的具体的公民权利？ • 项目是否有积极的方法/鼓励参与？	• 是否发展了民主参与的技能，包括跨国联系的工作技能？

我们能够判断出该项目与上述四个维度相对应的那些要素的关联程度。我们认为，如果一个项目有助于提供信息、确保包容、反映身份和发展技能的话，它将会均衡发展并得到很好的构想。我们能够对一些项目（例如波兰和北爱尔兰之间的青年交换项目）做出评价性判断："如同我们研究中的其他一些研究个案，它增强了参与者自我区域特性的认同感，同时也增强了包容感以及（新）欧洲身份和民主信息的感觉。参与者用不同的方式反映他们是或者不是所谓'欧洲'的一份子。"（Osler and Starkey 1999：205）

项目协调专员证明了这个项目的效果："有了与其他人在一起的经历，他们用一种新方式看待自己。他们增强了自尊心并且坦率对待他人。他们意识到作为活生生的人不仅需要学习而且也能够学习。"（引自 Osler and Starkey 1999：205）

我们开发了进一步评估的工具，这个工具也可以帮助明确世界公民教育方案的研究成果。利用联合国教科文组织（UNESCO）1995 年的《和平、人权和民主教育综合行动框架》（*Integrated Framework of Action on Education for Peace*, *Human Rights and Democracy*），我们认为，受过教育的世界公民将对自己的身份有信心，并将通过以下方式在当地社区和在全球范围内努力实现和平、人权与民主。

- 发展应付改变和不确定性的技能；
- 接受个人责任并认识到承担公民义务的重要性；
- 协作解决问题并实现公正、和平和民主的社会；
- 尊重因性别、种族和文化导致的人与人之间的多样性；
- 认识到个人及社会的历史和文化传统对自己的世界观的决定性影响；
- 认识到没有任何个人或集团掌握着问题的唯一答案；
- 了解可能存在着解决问题的一系列方法；

- 在平等基础上尊重他人并与他人协商；

- 声援和同情他人；

- 用非暴力方式解决冲突；

- 做出明智的选择和判断；

- 有一个首选的未来梦想；

- 尊重文化遗产；

- 保护环境；

- 采用促进可持续发展的生产和消费方式；

- 努力实现当前的基本需要和长远利益之间的和谐；

- 促进国家和国际层面上的团结与平等。

（Osler and Vincent 2002：22）

英格兰公民教育

介绍英格兰的学校公民教育，需要把它放在英国公民身份发展的更广泛的辩论之中。正如 2000 年"帕雷克报告"所指出的，英格兰公民教育的背景是在多元文化的欧洲乃至全球化的世界中的多样化和多元化的英国。

我们所建构的公民教育组成部分的模式（表 5.1），使它形成了由两个相互关联的部分组成的概念，这两个部分分别是结构/政治的和文化/个人的。我们赞同在各个层面上全盘考虑的方法。换言之，依据定义，涉及情感及认知领域的文化因素和个人因素，必须与所有旨在促进知识和理解的教与学互相配合。当在任何社会里考虑多样性时，这种全盘考虑的重要性进一步加深。在英格兰，国家课程是一个统一框架，但那些需要学习国家课程的学生却是一个多元群体，他们未必容易认同或者基本上认同某一特定国家。

由主管教育与就业的国务大臣设立的咨询小组建议，将公民身份作为英格兰国家课程中的一个科目，但是，推出课程的准备工作 2002 年才刚刚起步。工作小组的建议发表于《学校的公民教育和民主教学》（*Education for Citizenship and the Teaching of Democracy in Schools*）这一报告之中，政治学家伯纳德·克里克（Bernard Crick）担任主席后，该报告常常被称为"克里克报告"（QCA 1998）。它为公民教育概念化提供了一个框架，并发展了被纳入正式研究方案的基本内容，这个正式的研究即将被所有学校接受。供教师使用的公民身份课程规划详细指引也已经制定出来（QCA 2001a，2001b，2002a，2002b）。

公民教育的推出，为促进在分享基本共同价值观的多样化社会中生活的教育提供了一个独特时机。英国政府确实强调公民教育是实现种族平等的一个重要手段（Home Office 1999），然而，"克里克报告"代表的是少数人，讨论的是身份和多样性，它回避了承认人权是民主的基本价值观。虽然政治素养是"克里克报告"的一个核心概念，但是它并不主张承认人权原则，也不承认挑战种族主义的技能是政治文化公民必不可少的特性（Osler 2000；Starkey 2000），它仅仅建议学生应养成"对人权的关注"（QCA 1998：44）。

由于感觉到对我们的民主的威胁，"克里克报告"介绍公民教育个案时没有提到种族主义。但我们的分析显示，这一重要的、在许多方面都非常宝贵的报告本身可能不知不觉地反映了种族主义，特别是在提到少数族裔时往往将它们视为同类团体（Osler 2000c）。

在多元主义背景下讨论国家认同的过程中，"克里克报告"提到"我们少数族裔社区的家园以及英国移民的主要聚居地区应该得到应有的关注"（QCA 1998：18）。这意味着少数族裔社区成员依然倾向于将他们移民前的国家而非英国看作他们的"家园"，而他们可能好几代以前就移民到英国。它排除了多个或混合身份的概念，拒绝承认个体可以有一个以上的"家园"，也拒绝承认个体可以确认自己的身份同时属于英国和某一特定的民族群体。

该报告重点放在种族之间的文化差异上，而不是放在涉及教育成果的影响或平等的差异上。事实上，报告中没有任何参与率或公民领导角色差异的讨论；种族和种族主义，无论是制度上的还是人际关系上的，都没有被提到；同样，也缺乏对女性和男性的公民身份经历或领导身份经历之间差异的讨论。

"克里克报告"发展了关键阶段3（7—9年级）的学习成果，并建议研究《儿童权利公约》、《世界人权宣言》以及《欧洲人权公约》。研究《儿童权利公约》，要将它放在学习英国法律的背景下进行，因为它与诸如*歧视、平等机会、法庭、投票选举和工会*等概念一起被列入其中。而另外两个人权文书是在*偏见、歧视、仇外心理和多元主义*等背景下采用的，尽管其中并没有种族主义这样一个基本上被教育与技能部的大部分文件或讲话禁止使用的术语。人权作为一个概念也与*海外援助、发展和慈善事业*联系在一起，它所缺少的恰恰是对关于民主和关于共享的核心价值观的人权的承认。此外，即使与援助和发展联系在一起，人权的背景也绝对是国家。在有关欧洲甚至联合国的研究中，人权都没有被提及（QCA 1998：49–52）。

不过，明确的研究计划中并没有提及具体的人权工具，而是用更笼统的提法——"支撑社会的法律权利、人权和责任"（DfEE/QCA 1999b：14）来代替。在给教师的工作计划文件中有官方的指导，包括关于人权关键阶段3的一个单元和关键阶段4的一个单元（QCA 2001a，2002a）。关键阶段3的重点在于《（英国）1998年人权法案》，该法案把《欧洲人权公约》纳入了英国法律，而理解人权的更基本文件《世界人权宣言》直到关键阶段4（10年级和11年级）才被提及。

公民身份的有限定义

为了简洁地表达作为学校科目的公民身份的本质，也为了提供广泛意义上的目标方案，"克里克报告"提供了"公民（身份）教育的三种含义或三个部分的简要总结"（QCA 1998：63）。下面这些重要内容，来自教育与技能部（DfES）网站上一些略微扩展了的文件。

社会和道德责任（Social and moral responsibility）：课堂内外，学生都要认识到最初的自信，也要认识到对待那些掌握权力的人以及彼此之间的符合社会和道德责任的行为。

社区参与（Community involvement）：学生要学习如何有效地参与生活，关心他们的邻里和社区，包括通过社区参与和社区服务进行学习。

政治素养（Political literacy）：学生学习我们民主制度的公共机构、事务、问题和实践，并且，学习公民如何通过技能、价值观念和知识，使自己有效地参与地方、地区和国家的公共生活——这可以被称为政治素养，其中包含的不仅仅是单纯的政治知识。

（QCA 1998：40 – 41）

这个公民教育内容的纲要性意见已经被提供培训方案和推动公民身份的人所广泛接受，但是它也受到了一些批判。事实上，这"隽语"的表达完全没有得到全球化的承认，甚至没有得到国际层面的认可，对这个更为广泛的世界来说毫无意义。政治素养的主题词仅提到了地方、地区和国家。

公民身份的有限观点在政治素养的定义中可能被概括为"我们的民主"这一词语，这显然束缚了英国的研究对象。年轻人在这个系统中学习如何使自己的行为更有效，尽管这个意图是明显的，但是，该系统本身由于不平等和经济、社会排斥而形成的缺陷，却使得这一意图并无意义。换言之，一些基本原则，诸如正义、人权和法治，并没有得到充分支持，而"我们的民主"恰恰是建立在这些基本原则基础之上的。虽然"权力"在克里克框架中是个关键概念，但是，这并不能转化成知识体系进而能够获得理解。

令人惊讶的是，文件概要中所定义的公民身份，强调的并不是权利，相反，它强调的是责任乃至顺从。这在"对待那些掌握权力的人……道德责任的行为"（morally responsible behaviour ... towards those in authority）这一短语中得到了体现，似乎对待这些掌握权力的人的行为比对待社会上其他人的行为更为重要。社区基本上是指居民区。尽管以上这些方面被认为是相互关联的，但是，社会责任和社会参与的政治性质却没有被提及。换言之，受到纲要推动而产生的公民身份观点，与我们在第一部分提出的世界公民身份模式以及儿童作为公民的模式大不相同。由于这个官方模式的核心远远没有触及上述内容，人权被边缘化了。

英格兰公民身份学习方案制定得非常广泛。事实上，关键阶段 1（1—3 年级，最年幼学生）和关键阶段 4 所规定的内容没有什么区别。尽管操作指南上写着"应该将国家、区域、宗教和民族等身份特征的差异性教给学生"，但是，学校还是可以自由地为年轻人提供反思身份的机会。这与拥有机会反思和讨论身份是不一样的。同样，"应该教给学生支撑社会的法律权利、人权和责任"，但是，这种模糊的提法未能确保在实际上尊重《世界人权宣言》和《儿童权利公约》。

不断重新定义的公民身份

公民身份需要归属感，忽略公民身份的个体性和文化性就是忽视其归属感。世界公民对自己的多重身份有信心，而且学校可以有效地提供探索和发展这些身份的学习机会（Osler and Starkey 2003）。在第 6 章里，我们将用研究证据向年轻人表明，在家庭、社区和学校中，他们正在成为有魅力的公民，同时正在学习成为世界公民所需要的各种技能。

世界公民身份意味着承认我们的普遍人性及团结他人的意识。但是，如果我们不能与本社区中的其他人，尤其是那些我们认为与自己不同的人建立起团结的意识，那么，仅仅感受和表达与其他地区的人的团结意识是不够的。目前的挑战是，接受为了我们的共同未来和解决我们的共同问题而必须承担的共同责任。

我们认为，在全球化背景下公民身份教育需要不断地重新定义。我们的研究表明，世界公民身份教育使年轻人认识到，自己是在地方、国家和全球范围内同时拥有权利与责任的公民。这不是一个只有在学校之中才能实现的过程，学习活动也在家庭和社区之中进行，而且，教师需要对学校以外公民身份认知的场所保持敏感和了解。在社区学习的基础之上，学校可以鼓励学习者在他们通过正规学习所获得的各种经验和知识之间建立起联系。

6. 实践公民身份

引 言

　　个人实践公民身份的方式在很大程度上取决于他们的身份认同，取决于在一系列社区中他们如何看待自己的角色。我们的价值观也是我们身份认同的一个基本要素，并有可能由经验所决定。说到底，我们的身份认同由我们的社会背景以及与我们建立密切关系的那些身份所决定，这实质上是一个辩证的过程。身份的确立或身份本身就是一个政治过程，这种政治维度被看成对统治集团的挑战："我们生活在一个私人经验已经成为一种比例很大的颠覆性政治力量的时代，这些私人经验主要与个人身份的发现和个人命运的掌控密切相关。"（Roszak 1979，引自Giddens 1991：209）但是，这种政治维度上的身份认同并不总是得到公民教育的承认。

　　当年轻人为了争取自己的权利及平等机会而斗争时，他们都参与了解放派政治。当他们建构自己的身份时，他们所从事的是吉登斯（Giddens）所称的"生活政治"（life politics）："解放派政治是一种生活机遇政治（politics of life chances），生活政治则是一种生活方式政治（politics of lifestyle）。"（Giddens 1991：214）年轻人可以体验日常生活中的权力斗争和基本政治性质的冲突。公民教育的一个重要作用是帮助他们认识和了解构成他们选择基础的政治。

本章将探讨莱斯特——英国一个多元文化城市——的年轻人的身份认同和归属感。20 世纪 70 年代，当莱斯特开始接受东非移民家庭迁移时，城市的人口结构发生了相当大的变化；20 世纪 90 年代，由于难民和寻求庇护者的到来，人口也发生了变化。城市学校中许多儿童的家庭都有移民史，他们的祖父母或父母从其他国家迁居到莱斯特。我们开始探讨四所城区学校中年轻人所理解的社会，以及他们与邻里、城市及更广阔世界的关系。我们特别希望能深入了解他们拥有的体验规章、权利、责任及制度等方面的机会，我们查阅了他们参与当地社区的记录。

人们常常想当然地认为年轻人作为非选民，必定不参与政治或不参加政治进程，因此人们并不试图利用年轻人现有的政治知识或经验，也不试图以此作为学校公民身份学习的基础。脱离正式政党被等同于广泛的冷漠、无知和自满情绪，尽管有证据表明许多年轻人正在寻找替代政治行动的途径（Roker *et al.* 1999）。那些达到投票年龄的人不去投票的决定，可能是一个合理的并经过深思熟虑的政治反应，而不是一种冷漠的表现，人们很少承认这一点。

年轻人的利益可能被忽略，因为他们被视为等待成为公民的人而不是拥有权利的公民，也因此他们被看成缺乏与其他利益相关者平等地位的人。在许多政策领域中，重大改革付诸实施之前应咨询使用者群组是不言而喻的公理，然而，直到 2003 年英国政府才认为有必要声明他们正在咨询年轻人的意见（DfES 2003）。尽管苏格兰年轻人被邀请在公民教育方案的制定过程中发表意见，但是英国却没有组织这样的咨询会。

我们讨论了学习者现有政治知识或经验基础的重要性，广义上，这些知识和经验被认为是学校公民身份学习的基础。

在人们心目中，年轻人往往是缺乏判断力、知识和礼仪的，而来自少数族裔背景的年轻人往往被假定为在这方面更加缺乏。黑人学生和少数族裔学生可能因为其外貌而被贴上标签、遭受侮辱（Jenkins 1996）并被视为二等公民。这些假设可能关系到国籍、居住身份、语言技能、在社会中有效工作的能力、宗教关系以及与大部分社会所确定的社会规范相容的宗教信仰。有色少数族裔会遭遇"日常生活中的种族主义"（everyday racism）（Essed 1991）和"街头种族主义"（street racism）（Parekh 2000）。自 2001 年 9 月 11 日以来，新闻界极力唤起对穆斯林妇女的仇视，将她们描绘为被压迫和拒绝接受现代的人，并唤起对穆斯林男子的仇视，将他们与敌视西方社会和同情恐怖主义联系起来。个人和群体受到骚扰，英国和其他一些西方国家的清真寺受到攻击。在英国，穆斯林也遭受到日渐增强的令人讨厌的警方注意，包括不合理的阻止、搜查甚至逮捕。刑事司法体系内，监狱中有 9% 的犯人是穆斯林，而他们只占总人口的 3%。有明显证据表明，监狱工作人员经常用粗暴形式参与反穆斯林的种族主义（Commission on British Muslims and Islamophobia 2004）。

当警察机关或其他公共服务部门根据少数族裔群体成员的名称或外貌来臆断和歧视他们时，这就相当于制度性的种族主义（Banton 1997；Macpherson 1999）。来自加拿大的研究证实了英语学校早期人种研究的发现（例如 Wright 1986，1992），也证实了我们第 4 章所呈现的证据，表明教师们也不能幸免于歧视性判决："（在学校正被研究的）肤色及相关物理特征也许比任何其他特征更容易被用来确定学生特性……教师经常基于学生外貌来调整自己对于学生的期待。"（Ryan 1999：86）这一点产生的影响，可以在学生奖惩、学术评估、职业指导及过多的黑人学生和少数族裔学生被学校排斥的案例中见到（Osler and Hill 1999）。

正如之前我们已经证实的，那些负责制定公民教育方案的人可能假定来自少数族裔的年轻人在国家公民身份方面需要额外指导，甚至假定特别方案不被多数派所需要，无视年轻人的优势和经验正是在这样的背景下出现的（Osler 2000c；Osler and Starkey 2001）。他们可能无法理解年轻人很可能会给公民身份学习带来相当多的见解；这些来自少数族裔社区的学生可能有过挑战多数派的认识和经历，特别是他们可能体验到解放派政治和政治生活。

社区与身份认同

我们的研究项目涉及约 600 位回答问卷的 10—18 岁年轻人，他们来自这个城市的四所学校。我们还收集了参加过我们在每所学校召开的两次研讨会的志愿者所提供的进一步数据。我们采用随机抽样方式，但是，这四所学校的人口构成在许多方面是欧洲城区学校所特有的。

这四所学校坐落在市内两个对立的地区。在甲校，绝大多数的 9 年级（13—14 岁）学生（87%）说自己是印度人，大约 5% 的学生说自己来自亚洲其他国家，4% 是白人，剩下的 4% 是混合血统。这所学校学生人口比例相对稳定，80% 以上的样本已在莱斯特居住了 12 年或 12 年以上，也就是说，他们所有或大部分的生活都是在这里度过的。许多家长以前是这个学校的学生，而且很多家庭都是生活在莱斯特的第三代，他们的祖父母在 20 世纪 60 年代后期至 70 年代从非洲东部迁到英国。

相比之下，乙校是一所接纳 11—16 岁学生的综合学校，学校人口流动性高：9 年级 78% 的样本学生住在莱斯特只有 4 年或更短时间；样本中约 1/3 的学生居住在这个城市还不到两年时间，因此来到这个学校时已经就读 7 年级。这些样本学生中相当大比例的人是从海外来到英国的，其中许多人是作为难民和寻求庇护者来到这里的。这个学校的人口结构中有更大的种族多样性，60% 的学生描述自己为印度人，11% 为巴基斯坦人，7% 为孟加拉人，4% 来自亚洲其他国家，另外还有 4% 的学生描述自己为非洲后裔，3% 为加勒比黑人，大约 3% 为白人，4% 为混血人种。这些学生的自我描述表明，这些广泛团体中的每一个都是参差不齐的。

丙校是一所小学，学生毕业后通常会上甲校。样本中 2/3 的学生说自己是印度人，17% 为混合人种，12% 为英国白人。小学中儿童的混合人种比例显著高于中学，这一趋势也反映在 2001 年的人口普查中，在普查中越来越多的受访者认为自己是混合人种。与我们合作的学生来自 6 年级，这也是小学的最高年级，学生年龄大概是 10 岁或 11 岁。

丁校，一所接纳 16—19 岁学生的大学，利用招生区域的广泛性接纳了来自不同背景的学生，其中只有少数英国白人学生。与我们合作的各个小组以及回答我们问卷的学生男女比例大致平衡。

在甲校，所有参加研讨会的学生都是自愿参加该项目的学校理事会成员，因此这些学生之前曾经一起工作且很了解彼此。在乙校，参加研讨会的都是被资深教师所挑选和邀请的。这些年轻人代表了更广泛的学生，因为他们来自不同的宗教和种族背景，来自一些对学校而言相对较新的背景。他们并不都认识彼此，虽然每个学生至少认识其他一个来自同一导师组的人。来自丙校的年龄较小的儿童都来自同一个班级，彼此之间相当了解。来自丁校这所学院的年龄较大的学生由于兴趣或好奇而自愿参加活动，其中一些人是学院学生会的成员。

我们与这四所学校的校长商定，同一个约由 8 名学生组成的小组集中召开两次专题研讨会，这两次研讨会相隔约两个星期。我们要求这一组即包括男孩又包括女孩的学生开展一系列活动并实现我们设置的目标，这些学生应该与两个不相识的成年人合作并感到没有拘束。我们解释说，我们将与这个小组进行两次研讨，其目的是探索学生们对于公民身份、公正/不公正及包容/排斥的理解和经历。我们还要求他们负责在整个年级进行一份调查问卷，这份问卷涉及社区、参与、身份认同和公民身份等问题。

这些专题讨论会的总体安排在每个学校都是相同的，不分年龄组。首先，我们让配对好的学生按名字顺序轮流介绍他们身边的人，尤其是介绍这些人的利益和所追求的目标，接着，对这种着眼于未来的介绍辅之这些人的过去及其背景加以考虑。学生们被要求依据地理及区域来记下自己的背景和根源、种族和文化以及他们的经验，例如在他们生活中出现过的重大事件。这张问卷在很大程度上是依据理查森（Richardson）所提出的模式来制定的（Richardson and Miles 2003），这使学生们有机会就他们自己身份特征的一些主要方面向我们反映情况并与我们进行交流。

在研讨会上，我们推动了一场小组成员间的讨论，讨论取自当地一家报纸用以说明公民身份各个层面的两篇截然不同的文章。第一篇文章标题为"反对庇护制度的数百次示威游行"（Hundreds demonstrate against asylum system），它报道了莱斯特民权运动组织一次穿过市中心的示威游行，起因是一名寻求庇护者被驱逐到伊朗而自杀身亡。第二篇文章成功地描绘了一场为期三年、由当地一个玩滑板的年轻人发起的运动，该运动旨在争取在当地公园设置玩滑板的专门设施。供讨论的问题围绕着如下方面展开：对这两个事件的反应、学生对于这些运动的响应、对于任何类似事件的个人参与程度以及为其他年轻人提出如何能更多地参与政治活动并发挥作用的建议等。

研讨会最后为学生们安排了一个研究任务。每名参加者得到了一个一次性照相机，任务是拍一组照片用以说明"我和我的社区"，并给他们设置了上交胶卷的截止日期，以便能够及时打印出来以供第二次研讨会使用。

第二次研讨会的主要活动是让每名参加者设计一张题为"我和我的社区"的海报。海报主要由照片、标题和评论组成，设计者还可以加入他们所能找到的或可以增加效果的其他任何图片材料。紧接着每名参加者向研究人员及整个小组介绍自己设计的海报，介绍过程中他们有机会解释、评论和讨论自己的设计。他们同意将海报提供给我们作为资料来源，而他们可以得到自己所拍的那组照片。

我们在与这四所学校的互动过程中得到的资料既有数量又有质量。这些有质量的资料包括讨论内容的现场记录、研讨会中对于活动的书面回答、由照片组成的海报以及总调查问卷表中的开放式问题的评论和回答。

公民身份与社区

与我们一起合作的年轻人提供了大量证据来证明自己在感情上属于一系列社区中的一份子。在第 5 章，利用多民族英国未来委员会的工作，我们确定了社会凝聚力的三个因素：归属感、感恩与责任感、共同的象征意义（Parekh 2000：50）。我们将这些社会特性作为一个框架来进行反应性分析。

归属感

调查表要求学生为莱斯特主要社区命名，只有极少数学生（约3%）根据地理位置列举出了一个，例如他们的邻近社区。虽然有 1/3 的学生没有回答问题，意味着他们也许不清楚"社区"一词的含义，但是一半以上的学生在回答中毫不含糊地以社区宗教或种族群体来命名。将社区和文化等同起来，是以往研究中的主流话语，这种话语曾在有关英格兰另一个多元文化城市的研究中被特别提到（Baumann 1996），这表明受访者承认，他们自己及周围的其他人在宗教和种族社区归属感方面被明显界定了。

几乎所有的年轻人除认同这些文化社区之外还认同他们的城市——

莱斯特。绝大多数人认为他们来自莱斯特，其中有许多人自豪地提到其出生地——皇家医院，有一些人还提到这个城市的一些具体区域。邻里也许是年轻人认为更容易与之产生关联的地方："对我来说，莱斯特最美好的地方就是我所在的贝尔格雷（Belgrave）地区。那里每个人都非常友好。"（迪普提［Dipti］，17 岁女孩）无论是在日常生活中还是在具体生活服务设施方面，邻里都被看成一种突出资源。最年轻的受访者用热情表达了这种感情。

> 我爱它。我喜欢它的一切。
>
> （纳迪娜，10 岁女孩）

> 我喜欢我生活的区域，因为附近有很多商店。
>
> （苏尼尔［Sunil］，10 岁男孩）

孩子们心目中的这个地方是由重要地点及生活在其中的人所组成的。对于研究中最年轻的学生来说，邻近的朋友是非常重要的，而学校是建立友谊的一个主要途径。朋友还提供了安全和关爱。

> 在我生活的地方，我喜欢那些和我同校的朋友住在我家的对面。
>
> （阿利亚［Alyah］，10 岁女孩）

> 这些都是我的朋友。我和他们合影是因为他们对我来说是安全的。
>
> （苏尼尔，10 岁男孩）

> 哈妮莎、普瑞提、萨蒂德尔和阿伊莎都是我的朋友。他们一直

非常友善、有爱心、善良和快乐。

（贾格迪什［Jagdish］，10 岁男孩）

安全和保障对归属感来说是非常重要的，为我们提供资料的最年轻的学生也承认了那些在社区中保障他们安全的人的重要性。这些人包括学校的工作人员："这是希拉（Sheila），晚餐管理员。她正在斥责学生，可能是因为有学生在吵架。"（桑迪普［Sandeep］，10 岁女孩）年龄较大的学生还强调家庭、友谊和彼此之间的联结构成了社区：

我在这个街区长大。我的所有朋友都生活在这个地区。

（塔里克［Tariq］，17 岁男孩）

我所有亲戚都住在离我所住地方走路不超过 10 分钟的地方，所以我经常见到他们。

（米尔［Meera］，17 岁女孩）

和家人在一起的家是归属感的基础，所以这一点在很多学生的展示中被强调，他们往往强调家包括父母或家庭成员。

这是站在屋子外面的我的妈妈。

（阿利亚，10 岁女孩）

这是我的房子，蓝色的房子。我挑出这张照片是因为我真的很喜欢我的房子。

（贾格迪什，10 岁男孩）

我的社交圈就在我家附近，或者就是邻近几家人。这虽然只是一个小小的地方，但我喜欢这种方式，而且我们的社区非常好，人们之间的关系良好。在这里也非常安全（但上一周我的自行车确实被偷了）。

（肖恩［Sean］，16 岁男孩）

社区也被界定为由某个街区里的所有人及重要的地方所构成。雷哈纳（Rehana）描述了她从家里及邻里所看到的事情。这包括作为公共设施的一个公园和两个做礼拜的场所：

> 这是圣彼得教堂，我看到很多人去礼拜，我还看到婚礼、葬礼……这是圣彼得的大清真寺，很多人逢星期五去那里祈祷，这座清真寺就在我的房子后面。每逢重要日子，我总是爬到阁楼上去看那些参加活动的人，我清楚地看到了他们。我很喜欢我所在的社区，因为我能清楚地看到所有事情。我有非常好的邻居——他们都非常友好。在我所在街道的尽头有一个小公园，里面有池塘。老人们去那里散步，这是一个小小的池塘。夏天小孩子去那里玩耍。

（雷哈纳，14 岁女孩）

这是一个令雷哈纳感到轻松的社区，在这里她所认识的人都是友好的，在这里礼拜场所没有等级之分。她观察到教堂和清真寺在重要的公开场合所进行的宗教仪式是为了吸引群众，但她自己是不会去参加的。总之，她所在的社区本身就是一种社群社区（Parekh 2000），它由老年人及年轻人组成，包括一些公有的、安全的公共场所。她能够进行观察并由此获得一种观点。

一名来到莱斯特的少年最近对他所在的国际化街区感觉到相当轻松，他拿这个社区与他以前在津巴布韦所住过的同质化的社区相比较。他对他在这里所经历的文化多样性感到自豪，他认为他礼拜的场所使他一周都能集中精神并提供了一种历史延续感。他把所在社区的其他主要公共机构看成是休闲和放松场所的社区中心。

> 我去的教堂对我来说是一个非常重要的地方，我并不是非常迷信，但是我喜欢每个星期天都去祈祷。它真是一个古老的建筑，它的另一头是我们的社区中心。我们的社区中心是人们放松和消磨时间的地方，中心同时还有俱乐部、空手道馆、剧院等场所。我在这个中心练习空手道，玩得很开心。我所在的街区被称为 G 街区，它位于高地，还有很多不同文化、宗教和种族的人生活在那里。我喜欢我所在的街区中的人及各种各样吸引人的多元文化，生活中你可以更多地了解你周围的文化。
>
> （摩根［Morgan］，14 岁男孩）

这位名叫摩根的少年显然觉得生活在这样一个多元文化地区非常有幸。他承认他所在的混合型社区是一种学习资源。许多受访者认为莱斯特是友好及多元化的，而且在他们把这个城市呈现给我们时，可能有使这个城市理想化的趋势。他们对这个城市的多元化感到特别自豪，对他们来说多元化构成了这个城市的本质。宗教建筑是这种多元文化主义表面的、有形的标志，但是世俗娱乐场所也被视为有用的东西。

> 莱斯特是一个多元文化的城市，所以我拍了一张教堂的照片，但我一直忙着没有去贝尔格雷路拍一拍那些寺庙和清真寺。
>
> （韦恩［Wayne］，12 岁男孩）

> 莱斯特是一个多元文化的城市，所以人们都相处得很好。附近各种配套设施齐备，例如我就读的大学和以前读过的中学。至于娱乐设施就更齐备了。
>
> （米尔，17 岁女孩）

莱斯特被称为"多元文化之都"，因为许多社群在这里和谐共存。

（穆罕默德［Mohamed］，17 岁男孩）

公民身份是一种归宿感，这些年轻人敏锐地意识到自己是公民。他们对这个城市感到自豪的最大根源在于它是一个多元文化社区这样一个事实，而且他们致力于把这个城市缔造成为一个包容各种宗教和族裔社区的多元化社会。他们认识到保障自己在社区里安全的因素，首先是家庭和朋友，并由此延伸到有责任为他们谋福利的那些成年人、教师和督导员。他们知道有些地方能使人们享受他们的基本人权，例如休息和休闲的权利，这些地方以公园和社区中心为代表（《世界人权宣言》第24条）；思想的自由、凭良心行事的自由和宗教信仰自由（《世界人权宣言》第18条）以各种礼拜的场所作为象征。虽然他们没有明确表达这些权利，但在正式教育环境中，帮助他们在邻里和这些普遍原则之间建立起联系并不困难。

对社区福祉的感恩与责任感

感恩的话语贯穿了受访学生们的回答。他们往往挑选父母及家庭成员作为对他们有重要影响的人，并承认这些人在教育和培养自己过程中的特殊作用。

我妈妈对我很重要，因为她告诉我什么能做，什么不能做。她还告诉我那些我不懂的事情。

（莫希特［Mohit］，12 岁男孩）

我的父母抚育我长大，所做的事情都是我所信任的。他们对我没有很多的限制。

（艾伦［Ayleen］，14 岁女孩）

　　我的祖母使我变得完全不同，因为她非常虔诚，她教我认识上
帝的全部，我也因此变得非常虔诚。

（安纳特［Anant］，12 岁男孩）

　　一些受访学生选择了描绘他们的老师。年龄较大的几个学生明确而
肯定地写下了他们的父母、同龄人及老师对他们的鼓励：

　　父母鼓励我去追求最高和最好的目标，也鼓励我要学好知识，
因为他们从来没有机会这么做。老师影响了我的思维方式。

（米尔，17 岁女孩）

　　父母教会我做人要真诚、诚实，并且要设定目标做好每一件
事。我的朋友们也对我产生了好的影响。

（迪普提，17 岁女孩）

　　朋友们分享他们的意见，这意味着我也已经形成了自己坚定的
看法。

（阿妮塔［Anita］，17 岁女孩）

一张标题为"我的小学"的照片评注如下："我在这里长大。这个地方
教育了我，我的人生从这里开始，我永远不会忘记这里。麦德威
（Medway）小学将永远是我生命中的一部分。"（塔里克，17 岁男孩）
　　带着对社区的归属感和感恩，人们认识到这意味着责任，即使最年
轻的受访者都能认识到在学校里承担责任的重要性。其中有一张照片的
标题是这样的："这是正在值日的班代表艾莎（Aisha）和娜塔莉
（Natalie）。有时候我也帮她们的忙。我照这张照片是因为我希望人们能
看到有人正做着这些。"（贾格迪什，10 岁男孩）即使只有 10 岁，小贾

格迪什却关注到在学校社区中要鼓励他人承担责任。其他年轻的受访者表达了对邻里间某些特殊问题的关心，而有一些受访者则表示愿意承担解决这些问题的责任。他们所关注的问题之一是恣意破坏公物的行为和道路安全问题。一个女孩选择了拍下一张被推倒的交通路标的照片，并附之以以下评注："这张照片显示了人们对于道路安全的冷漠。"（纳迪拉［Nadeera］，12 岁女孩）另一个受到关注的问题是人们周围生活环境的质量："我不喜欢有些人把垃圾扔在地板上，我愿意为纠正他们的行为做些事情。"（拉温德尔［Ravinder］，10 岁女孩）有些受访者认为有责任来保护野生动植物，因为保护野生动植物与保护当地的环境一样重要。一张拍下了灌木丛中小鸟们自由飞翔的照片被贴上这样的标签："我相信保护野生动植物对一个城市来说是非常重要的。"（肖恩，16 岁男孩）

　　一些受访者承认他们应该感激政府建立了包括公园、图书馆和体育中心在内的一些公共设施或市政设施。

> 这对我是很重要的，因为我住在公园的对面。我有很多美好的童年记忆，例如每天早上喂养那些小鸟。
>
> （迪普提，17 岁女孩）

> 我所有的童年记忆！在这个公园里我曾经和我的堂兄弟们以及朋友们一起玩耍。这个公园对我来说是很重要的，因为它就是我的童年记忆。
>
> （米尔，17 岁女孩）

> 这是我们本地的图书馆，我是其中的一个成员。无聊的时候我来这里学习、复习以应对考试，也在这里借一些书。
>
> （艾伦，14 岁女孩）

　　　　这对我很重要，因为当我情绪低落甚至沮丧时，我会去图书馆
阅读书籍。

（迪普提，17 岁女孩）

　　年轻人使用并珍视地方政府所提供的各种设施。但是，他们却没有
明确承认他们报告中所涉及的政治层面，也就是说，他们所使用的各种
设施是通过税收得以维持的，而且都是免费使用的。他们所表达的是无
论现在还是以后这些设施对他们的生活都很重要的事实，这为建立正式
公民教育与学生生活经验之间的联系提供了更进一步的机会。

　　一些年轻人还通过走访各医院、住宅区及社会安全办公室获得了服
务和程序上的经验，并获得了与警察和移民局官员打交道的经验，在警
察局或移民局，这些学生们常常对成年人表示支持，有时还为他们做翻
译。有些学生需要提交案例或充当支持者。个体正得到及实践着公民身
份技能，而且这些例子，连同那些年轻人给予邻里和家庭成员非正式帮
助的例子，一同阐明了公民身份学习地点的多样性，这些地点可以是在
家庭，也可以是在基于学校的社区。

　　责任感也在慈善机构筹集资金的过程中表现出来，这种责任感经常
得到学校的支持，也经常得到国际社会的认可。当地筹集的资金对于受
电视影响的全国运动有所帮助，为提供援助而准备的资金也对那些人均
收入比英国低得多的国家的发展项目有帮助，"在这张图片中我之所以
顶着光头是为了增加筹集资金的喜剧性"（莫汉［Mohan］，10 岁男
孩）。其他学生也都曾积极参与各种各样的筹款活动，包括为古吉拉特
地震中的灾民筹款活动。"一年前我曾经发起了一场为期 3 天的为乳腺
癌病人默哀的活动。我这样做，主要是因为我发现我一个朋友的母亲因
为这种病而逝世，而这件事情使我觉得这种病离我们很近。"（安贾莉
［Anjali］，17 岁女孩）一些学生通过定期帮助他人来声援社区："我为
残疾人尤其是残疾儿童做了大量的志愿工作。这些工作使我感激我现在

· 127 ·

拥有的生活，并意识到我有能力帮助他们。"（阿妮塔，17 岁女孩）

莫汉学会了穿插幽默和了解了其他志愿团体的工作，这些都来自电视节目以及学校的后续行动。安贾莉承认她的学习经验来自她个人对于某个患上致命疾病的熟人的了解。阿妮塔感受到对他人的强烈责任感，她所从事的志愿工作对她来说也是很好的学习经验。

许多年轻人通力协作以解决问题，建设公正、和平和民主的社区。一些参加我们调查活动的学生最近参加了一项挽救当地一所学校的运动，包括写信给他们的议员以及征集一份集体签名的请愿书。

与盛行的成见相反，与我们交谈的那些年轻人明确表达了归属感、社区意识及延伸到地方和国家视野下的责任感。基于公民身份的教育方案还有许多需要做的事情。认为这些年轻人在公民身份和归属感方面有缺陷的看法将是错误的，不过，学校仍然能在帮助学生探讨隐藏在生活和社区活动背后的政治问题方面发挥非常重要的作用。

共同的象征意义

社区根据共同的象征意义而形成，教导年轻人社区符号是家庭和正规教育体系必须共同承担的任务。多元文化社会拥有公共世俗符号，还拥有那些代表社区里的特定团体或传统，或是对这些团体或传统有意义的符号。其中一名最年轻的参加者的展示呈现了代表世俗莱斯特的某种特殊的建筑特色："这是市中心的钟塔。我拍这张图片是因为它是人们会面的最好地方。"（苏尼尔，10 岁男孩）这里参与者认识到城市中心是年轻人和成年人能够自由会面的公共空间。环绕着步行区的钟塔是市中心的一块里程碑，因此，这是一个对所有人来说都非常有用的会议场所。在谈到附近的一个公共雕塑时，苏尼尔写道："这是市中心一个非常好的雕像。我拍下它是因为我喜欢体育。"莱斯特拥有各项体育运动的一些顶级球队，这些都体现在这个公共雕塑上。莱斯特所有社区的成员都能够认同这个运动传统。

除了这些在市中心人们普遍认识的公共符号之外，还有一些符号鲜为人知但在社区里非常重要。苏尼尔也强调了一棵树的重要性和象征意义，特别是种植在当地公园用以纪念一名前一年死于癌症的男孩的一棵树："我拍这张照片是因为我朋友的弟弟死了，他们种了这棵树来纪念他。"

苏尼尔选择了强调世俗符号，其他几个学生则强调他们对于归属宗教社区的自豪感。学生们高兴地向彼此以及向我们解释他们自己家庭的传统和习俗。最年轻的受访者并不总是能区分哪些是宗教礼仪，哪些是世俗家庭中因好客和饮食而拥有的传统。

> 我喜欢做一个印度教徒。［我们的］传统——讲古吉拉特语、逢星期天去寺庙、逢星期五吃一顿外卖的饭菜。
>
> （迪内希［Dinesh］，10 岁男孩）

> 我们每逢星期天吃一餐星期天晚餐。
>
> （纳迪娜，10 岁女孩）

> 我是一个印度教徒——庆祝排灯节，每天都祈祷。喜欢信奉宗教，那些饭菜很好吃。
>
> （莫汉，10 岁男孩）

许多受访者详细描述了他们的宗教实践和宗教仪式。宗教建筑物在海报（包括那些最年轻的参与者所设计的海报）中十分突出：

> 我的清真寺。一些和我同去一个清真寺的人们。
>
> （阿利亚，10 岁女孩）

这是一个被称为曼迪尔的印度教寺庙。我拍下这张图片是因为这个寺庙是特殊的。

（苏尼尔，10 岁男孩）

左边五张照片都是曼迪尔寺庙。我在这里祈祷。

（莫汉，10 岁男孩）

我是一个锡克教徒，我去寺庙祈祷——我们大多是庆祝一些重要节日，例如光明节（Vashaki）。

（桑迪普，10 岁女孩）

这是我所在宗教小组的老师。我每个星期天都去参加小组活动。在一个小时的时间里我们了解生活和上帝。这总比每个周日都待在家里看电视要强得多。

（兰吉特［Ranjit］，14 岁男孩）

这是贝尔格雷路附近的朗曼迪寺庙。每逢星期六我都去参加一节宗教课。

（阿沙［Asha］，13 岁女孩）

有一些学生热衷于交流宗教场所的意义，以及解释它们来自不同传统的象征意义。

这是斯瓦米纳拉扬（Swaminarayan）印度教团的一张外观图。我每个星期天都去进行宗教学习。我已画了一个印度教符号……这是当地寺庙供奉的印度教诸神的雕像。这是一张内视图。照片上主要是布拉姆克·萨瓦密·马哈拉吉神像（PramukhSwami Maharaj）。

图片的左边是萨哈杰纳得·斯瓦米神像（Sahajanand Swami）。他旁边是他的理想圣徒，古纳德天纳得·斯瓦米神像（Gunatitanand Swami）。

（莫希特，12 岁男孩）

一个年龄较大的参加者强调了他去做礼拜的地方对他的重要性："这有助于形成我的宗教信仰和价值观。我每天差不多要去三趟清真寺。清真寺是一个非常特殊和神圣的地方。所有的人走到一起，向神祈祷。"（塔里克，17 岁男孩）这是生活形态选择的一个明显例子。这个学生认同了他的穆斯林信仰并将自己的生活与清真寺紧密相连。鉴于 2001 年"9·11"恐怖袭击事件之后英国伊斯兰恐惧症或针对穆斯林的歧视程度不断增加，这个学生的政治生命很可能引起解放派政治的注意。作为一个年轻的英国公民，塔里克享有受到平等待遇的权利，但是他可能要比来自多数派社区的人付出更多的努力。

研讨会上，我们特别邀请年轻的资料提供者与听众交流他们对于社区的理解，听众包括作为他们社区局外人的我们。这种带有教导性的回应令人印象深刻，年轻人显然很关注如何确保他们的观众能理解对他们而言很重要的社区的各个方面。

这些对于社区感觉的清晰表达及对于习俗和宗教仪式的解释，提供了聆听年轻人的心声并让他们参与到教学过程中去的实例。年轻人从彼此身上学到很多东西，这在公民教育中特别有价值，在公民教育中同一个阶层的成员也许能够提供社区的第一手资料，提供世俗符号和宗教符号的第一手资料。我们认为公民身份学习比国家课程所建议的研究方案要复杂得多。教学大纲的各部分以这样的表述作为开端："学生应该被教导"和"学生应该被教会"（DfEE/QCA 1999）。这似乎是把责任放到了教师身上，而不是放在学生的学习过程中，尽管这些学习过程是由教师所组织的。另一种提法，比如"学生应学会……"，或许更能与积极学习及以学生为中心的方针协调一致。

不断变化和逐步发展的社区

　　社区在逐步发展和调整。个人和团体对社区发展的方法进行反思，也很可能采取批评的态度。各政党、压力团体或各派别可能会描绘出不同的未来梦想，人们也许期待个体做出选择。社区往往有正式的机制和机构，使这些讨论可以举行。在国家范围内这种机制和机构可能就是议会，也有区域和地方委员会，这些委员会在其职权范围内做出关于资源和开支的决定。教堂、庙宇、犹太教堂和清真寺经常举行集会，也举行会议讨论未来并由此做出一些决定。学校社区设有管理机构，在许多情况下为学校理事会。所有这些都是开展政治活动的地方。

　　社区的演变还表现为成员的来去自由，可选择加入或决定退出。社区是具有流体边界的动态社会群体，还有能力接收新成员（Parekh 2000），个人可为自己的社区发展做出贡献。正如我们之前建议的，公民教育必然包括对于社区的过去和历史的认识，这意味着要着眼现在及展望未来。个人和团体不断决定着什么是重要的且需要维护的，什么是需要不断演变的（Osler and Starkey 1996）。在研究中，当我们与年轻人谈话时，我们发现他们在尽力理解这些过程，并通过他们的批判性反思对自己社区的发展做出积极贡献。

反思及审视社区发展

　　研究中受访者已开始清楚地表达需要改变和改善的政治意识，他们满怀信心地表示什么对他们是重要的以及哪些是需要改变的。一个特别令人关注的话题是周围环境的状况。莫汉（10岁男孩）对环境污染感到反感："垃圾成堆，污染巨大。"跟莫汉同班的阿利亚（10岁女孩）担心的是夜幕降临后她的邻里发生的事情："在我所住的区域里，我不喜欢夜晚当你即将入睡时，有些人却开始制造噪声使我们无法入睡。"

一个年龄较大的学生阿妮塔（17 岁女孩），一直住在一个市政住宅区的同一所房子里，她报告那里有"很多犯罪事件、袭击、吸毒"。然而，她却克服了她的忧虑："我的父母非常害怕，但我已经习惯了。"这三个学生评价了自己的环境，评价的也许是物质条件（乱抛垃圾、污染、噪声），也许是因暴力和犯罪而对于社会环境的恐惧。

我们已经注意到宗教信仰对那些与我们合作的学生来说是一个重要的组成部分。许多人开始挑战传统结构和期望值，并参照他们所持的其他价值观，尤其是对于平等权利的强烈要求来评估这些传统结构和期望值。一些自称来自印度教背景的学生异口同声地表示，他们对于他们的文化和宗教感到自豪，并对种姓制度所固有的不平等以及传统性别角色中的不平等提出了异议。

> 在我的文化观念中，我不相信印度的一些价值观，比如种姓制度、妇女负责所有人的饭菜、禁食等。但总体而言，我还是对自己的文化很骄傲。
>
> （米尔，17 岁女孩）

> 在我的生活中，我不喜欢这样的事实，那就是家长对他们的儿子太宽松却对女儿们很严格。
>
> （安贾莉，17 岁女孩）

> 我不喜欢父母对他们的孩子施加压力的方式，而且为什么他们对女孩而不是男孩的期望更多。
>
> （迪普提，17 岁女孩）

带有爱尔兰背景的肖恩（16 岁男孩）不满信奉宗教给他带来的压

力，尽管如此，他还是对他的籍贯感到骄傲："爱尔兰是我生命的一部分。我对所有人都是坦率的而不是虚伪的，喜欢对我自己所相信的事情做出决定，而不是考虑到某一特定信仰。看看所有的宗教信仰，人们认为恐惧是宗教信仰中一个令人担忧的问题。其实不应该是这样的。压力也是一个问题。"他的父母和他四个祖父母中的三个都来自莱斯特，但他的爱尔兰祖父对他的影响很大，他形容他的祖父是一个"坚定的天主教徒"。他现在正在形成自己的认同感和信仰。

阿妮塔（17 岁女孩）也在探索自己与宗教信仰的关系。她来自一个印度教家庭，形容自己是"亚裔的无神论者"。她一直受到她姐姐的影响，她的姐姐 17 岁时离家出走嫁给了一名穆斯林并改变了自己的宗教信仰。她的父母虽然很严格，但出于这对夫妇已经一起度过了 13 年时光，而开始接受现状。

这样的话，年轻人的人生选择会对社区动态产生影响。他们可能会引发两代间的冲突，但这些通常会自行解决，而且老一代也许可以借鉴年轻人的经验，反之亦然。

承诺平等在社区里人们直言不讳地批判种族主义时也被表达出来。

> 我是一名英格兰白人。我憎恨那些认为所有白人乡村社区高人一等的非常小气、狭隘的主张。我憎恨这样的表达，例如"混血儿"和"有色人种"。
>
> （戴维 [David]，16 岁男孩）

> 我不喜欢对亚洲人的成见和对其他没有受过教育的人的种族歧视评论。
>
> （穆罕默德，17 岁男孩）

> 我知道了人们因为我哥哥的肤色而如何对待他。这些人的成见很

大。哥哥总是告诉我要坚持自我，也要独立。

（纳杰玛［Najma］，14 岁女孩）

从这些评论中我们清楚地看出，学生们对于种族主义侵蚀社会关系意见强烈，对于暴力和犯罪也一样。它们与社区感是相对立的，这些坚定的信念有可能激发行动。显然，对许多人来说宗教仍然有强大的影响力，但当传统宗教被视为与平等和自由思想相冲突时，它受到了质疑。这些因素表明社区是动态的、不断演变的，也受到与人们所接触的其他社区的影响。教育的一个重要作用是要帮助年轻人考虑哪些是重要而需要保留的，哪些是需要被改变的，由此发展对不同文化进行评价的技能。

逐渐演变的个人身份

学生们被要求依据种族、文化、肤色或种族来界定自己，他们所描述的是自己多重的及逐渐演变的身份特征。一些学生强调了自己使用双重语言的现象，而许多学生选择描述他们的价值观，有时是宗教信仰。有些学生选择描述他们的家庭，指出他们的家庭是拥有不同宗教信仰的家庭。例如阿沙（14 岁女孩）在她父母离婚之后继续与她的母亲一起生活，她的母亲是一个锡克教徒，但阿沙自己却是受印度教教育长大的。对于许多人来说，宗教是一个标识符，即使他们宣称自己并不是很虔诚。

我是一名卫理公会教徒。我真的不相信上帝。

（艾伦，14 岁女孩）

我是一名出生在莱斯特的印度人，成为一名印度教徒令我感到自豪。

（韦恩，12 岁男孩）

· 135 ·

我是一名亚洲人，我信奉的宗教是伊斯兰教。我和基督教徒、锡克教徒、穆斯林以及印度教徒共同生活在一个多元文化的地区。

（纳杰玛，14 岁女孩）

对宗教感到自豪往往带有一种感觉，那就是感到对于自由多元文化社区有一种外部威胁，而他们觉得这是社区的一部分。这激起受访者强烈表达了对基于平等和尊重人的尊严的文化的支持。

我信奉神。我是一名印度教徒，我用的语言是古吉拉特语，我喜欢我的宗教。我恨那些种族主义者！我与那些与我文化背景不同的人相处没有问题。我还与信奉其他宗教的人来往。我是一个非常虔诚的教徒。

（纳迪拉，12 岁女孩）

我对自己的宗教感到自豪，我不在乎我的肤色与众不同，因为我们都是平等的。

（拉温德尔，10 岁女孩）

少数学生在介绍自己的身份时选择了不提及宗教信仰，或者强调他们从一些宗教那里获取了灵感。这些学生往往认同地理位置，特别是那些与他们的家庭仍有关系的国家。

我出生并成长在莱斯特。我的爸爸来自乌干达，妈妈来自印度。在此之前我们一家人都住在印度。妈妈对于家庭的意见依旧很重要。我一直住在同一间房子里。

（阿妮塔，17 岁女孩）

　　我的妈妈出生在马来西亚，爸爸出生在津巴布韦。我出生在莱斯特。奶奶和爷爷出生在印度。

（阿利亚，10 岁女孩）

　　除了两个学生以外，专题研讨会的其他参与者在莱斯特之外还提到了其他地方，尽管莱斯特是他们现在所居住的唯一地方。这种感觉往往在他们有机会去其他地方旅行时得到增强。的确，旅行的机会以及能在另一个国家度过一段时光往往是意义重大的学习经验。

　　我出生在西约克郡的基斯利。我在那里住过 9 年时间，在读 5 年级时移居到莱斯特。我的父母都来自孟加拉国。1995 年我曾经去过孟加拉，1996 年我们就搬到了莱斯特。

（纳杰玛，14 岁女孩）

　　我出生在英格兰。我和我的父母一起生活。我的父母和祖父母都来自孟加拉国，我们讲孟加拉语。我曾经去过孟加拉，那是一个好地方，乡村很美丽。我在那里住的地方非常好。那里非常安静，我们的邻居对我们很亲切、很友好。我最喜欢的是总是照耀着的太阳，在太阳底下真的很热。

（雷哈纳，14 岁女孩）

　　我的爸爸和祖父母都出生在印度。我、我妈妈和我的姐妹们都出生在英格兰。我曾经在印度住过两个月，我喜欢在那里的时光。

（桑迪普，10 岁女孩）

　　这些对于国民的家庭传统富于浪漫色彩的看法，与其他不太正面的看法形成了鲜明的对比。贾格迪什 5 岁的时候曾经去过印度，对于印度

· 137 ·

的印象大部分是雨和蚂蚁。安贾莉（17 岁女孩）去过她母亲的国家——印度，但是"并不真的很喜欢那里，因为那里太热了，有时气味非常糟糕"。同样，讲古吉拉特语的阿妮塔（17 岁女孩），觉得古吉拉特邦本身就是一个令人失望的地方，她将它描述为"老家，而不是家"。一名生在印度却在莱斯特长大的年轻学生对他喜欢待的地方毫不怀疑："我不喜欢印度，因为那里非常臭。我喜欢我所居住的莱斯特，因为这里非常现代化而且生活很方便，简直是最好的了！"（莫希特，12 岁男孩）

很多学生都知道，他们的家庭成员被迫迁移，在某种程度上是因为恶劣的政治环境，包括对他们生命的威胁，而且一些学生还拥有关于政治暴力的亲身体验。其中有一个学生是在其家人逃离马拉维之后最近才返回莱斯特的。他在东非长大，后来曾在马拉维住了不到一年的时间："我来自马拉维，我出生在莱斯特综合医院。我的父母都来自马拉维，而我的祖母来自印度。我们离开马拉维是因为在那里几乎每天都有人在自己的屋子里被枪杀，其中就有一个是我的邻居。"（阿卜杜勒 [Abdul]，14 岁男孩）

移民到另一个城市或另一个国家，不一定是由于政治因素。家庭情况的变化特别是父母离异，往往意味着家的改变。

> 我出生在多米尼加，但我三岁时就来到了英格兰。一开始我和我的妈妈和爸爸住在海菲尔德，然后他们分手了，我就和我爸爸住在博蒙特莱斯。
>
> （塔博 [Thabo]，14 岁男孩）

> 我出生在曼彻斯特并住在那里直到我六个月大。我搬离曼彻斯特是因为我的妈妈和爸爸离婚了。我的妈妈、爸爸和爷爷来自非洲，而我的奶奶来自印度。
>
> （阿沙，14 岁女孩）

许多学生能够反映影响他们世界观形成的各种因素。

> 我一直受很多东西的影响，主要是宗教、父母和年龄较大的同辈人。而且我外出旅行的经验也告诉了我关于生活的一些事情。同龄人和我尊敬的人对我的影响很大，他们也帮助我去了解更广泛的问题或者我还不理解的事情。对我有主要影响的人中有一个是黑人小伙，通过和他的谈话我理解了我自己的文化及其他人的文化。
>
> （穆罕默德，17 岁男孩）

公民身份的学习当然发生在社区里，许多人也承认了教师的作用，即使这些教师不受雇于学校。她们对于社区的贡献可能是通过某个礼拜场所、某社区中心或某体育俱乐部。这些非正式教师的工作，与那些在正式部门工作或从事正规教育的教师的工作互为补充。

生活政治

多数与我们一起合作的年轻人将自己居住的城市与当地社区强烈地等同起来。世界公民教育的目的就是使学习者将目前的生活背景与国家和全球背景建立起联系。这不是一个附加物，而是将公民学习作为一个整体，意味着对于身份包括国家身份的更广泛理解。例如对于英国公民的身份，我们也需要认识到，不同的人对于这个身份的感受可能极不相同。

与住在这个国家其他地方的年轻人相同，住在莱斯特的年轻人对于体验到英国是一个多元文化社会感到荣幸，也对珍视过去并且展望未来的社区感到自豪："我喜欢住在莱斯特，因为它是一个多元文化的地方。我喜欢这样一个事实：尽管我们生活在英国，但我们自身的文化还能得以保持。"（阿沙，15 岁女孩）文化是关于社区中的人。阿沙是莱斯特众多社区中的一名成员，和其他受访者一样，她也列出了莱斯特及英国内外的一系列地方和社区。这些年轻人显然可能认为自己是基于人类共同价值的国际社区的成员。他们致力于寻求平等，他们赞美多样性。

我们的研究表明，许多年轻人把上述感受带到了其所在学校的教育价值观中，这些价值观包括关怀别人、责任感以及使他们拥有公民身份知识和技能的经验。他们的观点在许多情况下最大限度地被描绘成了世界公民的观点。

这表明，认为在任何学校里都存在着对难民和寻求庇护者深深的敌意，是不顾事实的做法，一些年轻人其实知道自己的祖父母和父母是作为难民来到莱斯特的。也有些学生愿意保护当前这些难民和寻求庇护者的权利，例如，有一个学生特地去当地一家旅馆照顾那些来自科索沃的寻求庇护者。尽管最初我们对学生们有偏见，但我们还是发现了一个开放的方式来讨论这个问题，也发现他们愿意进行对话。

我们已经表明，来自各种背景的所有年轻人都可能是充满信心并且身份复杂的。他们往往有责任感且信守公民承诺。城市里他们所珍视的许多公共设施。就像他们展现出与当前所在地区或对莱斯特市强烈的情感联结一样，他们认同这些公共设施包括公共场所，比如图书馆、学校、商业区及社区中心。

他们还尊重城市里的文化遗产，包括宗教建筑、雕塑和公园。他们将致力于保护环境，也清楚地知道他们将如何去改善他们的城市。一般来说，他们担心其他邻居因为是"坏分子"和"种族主义者"而被当作危险分子。他们希望有更多的电影院，也希望有更少的种族主义者和更少的暴徒，他们认为这些人毁掉了自己的邻居，使他们吸毒、加入不法组织、勒索钱财以及破坏公园。

我们所访谈的所有年轻人都非常希望能尊重人与人之间的多样性。总的来说，他们对不公正现象相当敏感。他们更有可能了解应如何更政治化地对待当地的问题，而不是仅仅应对世界其他地区的不公正或不平等的现象，这不足为奇，对于后者，他们大部分的反应是给予宽容。

实践中的世界公民开始认识到，关于生活方式和个人身份的决定完全是政治性的。某种生活方式的选择，例如涉及服装、宗教仪式或者休闲，可能会在家庭成员之间、学校或更广泛的社区里带来冲突。与为平等生活机会的斗争相联系的解放派政治中应包含生活政治。在允许年轻人考虑他们的选择所带来的影响、探索自己的权利以及帮助他们建立起联系等方面，学校都发挥着关键的作用。

7. 使反种族主义主流化

引 言

在这一章，我们将讨论反种族主义是如何对民主发挥至关重要的作用的。我们认为，将反种族主义和民主联系起来是实现非种族主义社会的一个要素，各种单独连接到多元文化主义的反种族主义形式是不够的。公民教育是实现这一目标的一个重要的潜在手段。确保公民教育方案成功的一个障碍是公民概念非政治化（depoliticize the concept of citizenship）的趋势。公民教育必须考虑到一个事实，即公民身份本身是一个需高度负责的政治问题。事实上，它既是一个有争议的概念，又是一个斗争的场所。我们将通过审视欧盟的公民地位，探索欧洲公民身份的局限性和公民身份遭到排斥的方式，来阐明这一点。

公民教育越来越被看成欧洲和国际的一个优先事项。充分实现欧洲公民权利的一个主要障碍是种族主义，这是得到国家层面以及欧洲范围内的政策公认的，这些障碍与欧洲关于平等和人权的慷慨激昂的言论形成鲜明对比。在这一章中，我们考虑的是使反种族主义主流化的欧洲政策，并对促进瑞典和英格兰的种族平等的国家倡议进行比较。

公民教育中隐含的紧张是因为这些方案远不能肯定是否能有效地打击种族主义。我们认为，尽管民主公民教育无疑是使反种族主义主流化的一个途径，但是，这些方案必须考虑学生们带到学习之中来的广泛经验。在欧洲范围内，许多学生的种族主义经验，限制了其行使公民权利并阻碍了他们的参与。为此，任何公民教育方案都需要处理这些经验，并让所有学生都能够掌握有效挑战种族主义的技能。其次，这些方案还需要考虑机构性和体制性的不平等现象，也需要考虑这些不平等是如何在学校中再次出现的。例如，最近有报告显示英格兰学校的招生政策和道德观在实践中可能无意地实行了种族主义（Macpherson 1999），破坏了社会凝聚力并导致社会不平等现象加剧（Cantle 2001）。在法国，中产阶级父母所做出的个人选择所带来的累积效果，使得许多学生由于种族划分而在事实上被隔离（Felouzis 2003）。作为一种消除种族主义和仇外心理的手段，学校也许能够有助于解决这一问题。这就为我们提出了问题：学校为公民教育提供了什么？同样重要的是，学校是如何提供的？

使反种族主义斗争主流化既需要一般的政策和实践，也需要具体的反种族主义举措。我们认为，在教育系统内制定促进包容、参与和儿童权利的一般性政策，特别倡议积极打击种族主义和其他反民主的歧视性做法是有必要的。我们认为，公民教育和使反种族主义主流化取决于对民主和人权的明确理解，反民主的价值观念和做法在学校里必须被公开，并且要对其进行打击。只有在这种情况下，反种族主义才能真正成为公民教育的主流。

一个共同的欧洲框架

西欧和北欧建立民主政体时存在一种焦虑，一方面，民主本身受到不断下降的选民参与率的威胁，另一方面则受到强烈仇外民粹主义活动的威胁。在中欧、东欧和东南欧，人们所关注的是建立民主以确保经济发展、和平与稳定。促进公民教育是对这些关注的一个回应。

1997 年，作为拥有 44 个成员国的政府间组织，欧洲委员会发起了民主公民教育（Education for Democratic Citizenship，EDC）方案。该方案旨在推动最佳实践，制定新公民教育模式，包括草拟一个共同的欧洲框架，同时，这个方案还在"与暴力、仇外排外、种族主义、侵略性的民族主义和不容忍等现象做斗争的过程中发挥重要作用"（Council of Europe 2000b：5）。欧委会的教育部长委员会认为，这个方案已经论证了民主公民教育如何"通过学习参与社会生活、承担责任和共同生活来促进社会的凝聚力"（Council of Europe 2000b：3）。

民主公民教育方案由此强调了教育在打击种族主义和仇外心理中的关键作用，认识到种族主义和仇外心理是民主和社会凝聚力的障碍。但是，这种明显的共识掩盖了关于公民身份性质、社会中的多元文化以及教育中的反种族主义场所等方面的争论。有几个可能阻碍公民教育方案有效实施的结构特征：第一，公民身份是一个有争议的概念；第二，它是斗争发生的场所；第三，对生活在欧洲的大多数人来说，非公民的地位严重限制了他们的参与能力。

公民身份、冲突和斗争

公民身份是国家赋予的具有权利和义务的身份地位。从原则上说，拥有自由传统的民主国家保障本国公民的人权，而人权的享有应该扩展到所有人，不论其公民身份如何。因此，公民教育需要的不仅仅是一种告知学生身份和责任的公民教育，这得到了欧委会教育部长们的公认，在决议中他们把公民教育当作"注重进程的教育"（Council of Europe 2000b：5）。换句话说，这种教育旨在建立一个更强大、更公正、更团结和更民主的社会。鉴于目前即使在最民主的国家也出现过严重不公正和社会分崩离析等现象，这一过程必然是至关重要的。在要求年轻人对他们周围的世界做出判断时，公民教育是政治性的，也因此是争议性的。

公民身份一直是斗争的一个场所。它是一个过程，也是一个不断前进的工程。为了争取广大妇女、残疾人和少数族裔群体的权利，社会运动人士继续寻求正义和平等的公民权利。具有包容性的公民身份是一个理想，实现它需要一个过程，这一过程涉及政治和权力，也涉及教育（Lister 1997）。公民教育的教学和研究需要解决对民主制度性质和民主教育的争论（Arnot and Dillaboug 2000；Osler 2000a）。公民教育必然是一个跨学科的活动。

在欧洲，政治争议甚至斗争的最重要场所之一，就是多元文化或世界性的民主政体的发展。由于国家建立在爱国主义和民族主义的基础之上，通常它们已经得到了发展，所以，现在的公民不仅可以保持对国家的忠诚，而且可以对超越国家的东西保持忠诚——这就是多重忠诚的含义。国家赋予有公民身份的人投票权，换言之，在一定程度上它与民主控制和领土相联系（Kaldor 1995：7）。然而，全球化和跨国实体（例如欧盟）的发展已经推动了现在超越国界的民间社会公民运动的发展。这种转移可能引发第三波权利运动，例如可持续发展、和平以及更大的透明度。这种"世界性民主"运动是建立在现有的自由国际秩序原则（即民主和人权）基础之上的，旨在将民主原则延伸到国家内部及遍布整个国家的所有公共机构之中（Held 1995a，1995b；Lister 1997；Delanty 2000；Keane 2003）。

在一个国际主义民主国家中，公民可以依赖和发展那些联结他们的生活社区利益和全球社区利益的社会、政治、文化、宗教以及商业联系。这也许对那些由迁移行为、国家边界所分隔，但同时又保留着文化统一感觉的离散社群具有特别重要的意义。这样的社区越来越多，在欧洲各地学校中，学生有可能拥有越来越多的身份和忠诚，然而，那些负责为欧洲及其会员国制定教育政策的人却很少考虑到这些发展。尽管多样性得到承认，但它并不总是被视为积极的。在讨论公民教育时，存在一种将日益多样化的学生尤其是少数族裔的学生认定为问题学生的倾向（Osler 2000b；Osler and Starkey 2000，2001；Starkey 2000）。

将多元文化社区描述为有问题的，恰恰是仇外的政党已经选择操控的思想领域。极右和民粹主义政客错误地将多元文化主义与犯罪、不安全以及国家身份的缺失联系在一起。这样的论述是极端反民主的，因为它们剥夺了自由民主的基本原则，即权利平等和尊重人的尊严。

有争议的欧洲公民身份概念

国家所赋予的作为身份地位的公民身份具有包容性和排他性。公民身份是那些包括在民主管理互惠关系中的人（选民）和受到管辖的人的标记（Lister 1997）。因此，它界定了被民主进程包括在内的大多数派，也界定了那些被排斥在外的人。非公民可能没有投票权和其他权利，因此没有资格完全参与。更重要的是，公民地位通常赋予了公民居留权以及自由进出领土的权利。在许多情况下，特别是对那些经济较不发达国家的公民来说，行动自由甚至连走亲戚的自由都可能会受到限制。在欧洲，对黑人的这种限制特别严格。

就欧盟来说，欧洲公民身份的地位是成员国的公民所独有的，但就算这样，他们也没有能力选出一个欧洲政府。欧洲公民身份的定义排斥了两组自认为是合法的欧洲公民的人。第一组由那些不是欧盟任何成员国公民的居民构成。自20世纪90年代以来，由于来自欧洲内外冲突地区和世界贫困地区的移民人口增加，这些居民数量增加了。这些移民中有许多都是难民，他们的子女正在欧盟所有成员国的学校中上学。

第二组由那些未加入欧盟的欧洲国家的公民构成。2004 年，欧洲委员会有 44 个成员国，所有这些国家都签署了《欧洲人权公约》，也因此致力于民主和人权。这些国家包括历史悠久的民主国家、20 世纪下半叶经历过独裁专政的国家（如西班牙、葡萄牙和希腊）以及新成立的民族国家（如波斯尼亚、马其顿和乌克兰）。换句话说，19 个欧洲民主国家的公民，包括那些历史相异的国家（如挪威、瑞士和俄罗斯）的公民，都没有被当成欧洲公民。

欧洲公民教育很可能既面临那些被排斥者的挑战，又面临那些完全反对这种教育的人的挑战。在所有欧洲国家里，激进的国家政党把欧洲机构的建立描绘成对传统的民族自治和国家完整性的一种威胁。在许多国家里，这样的言论弥漫着排外主义和种族主义的色彩。欧洲公民教育因此特别有争议，而且不可避免地面临着解决种族主义问题的需要。

自由主义、人权和反种族主义

欧洲的几个主要机构，欧洲委员会（成立于 1949 年）、欧洲共同体（成立于 1957 年）、欧洲人权法院和欧洲议会都明确地致力于推动民主、人权和法治。这些机构支持一种欧洲文化，这种文化决心要保证在 20 世纪上半叶遭受过两次可怕战争的大洲实现和平与稳定。

许多欧洲国家都是 1945 年《联合国宪章》的创始签署国，同时有强大的运动来促进欧洲的团结和建立一些欧洲机构，这些机构建立在《联合国宪章》和 1948 年 12 月颁布的《世界人权宣言》中所确立的原则的基础之上。这些机构中最早成立的是欧洲委员会，其成员国都必须签署《欧洲人权公约》（1950 年），该公约赋予《世界人权宣言》中许多权利以法律效力。《欧洲人权公约》显然来自《联合国宪章》和《世界人权宣言》。欧共体或欧盟的所有成员国都签署了《欧洲人权公约》，而且欧盟也已制定了自己的《基本权利宪章》（*Charter of Fundamental Rights*）（European Union 2000）。

推动这些机构建立的欧洲运动，可以追溯到 20 世纪 30 年代和 40 年代对于法西斯和纳粹党企图主宰欧洲的抵抗。鉴于纳粹思想的建立是以种族主义和剥夺人的基本平等为基础，根据定义，其对立面就是致力于促进反种族主义和种族平等的思想。在这一方面，联合国和欧洲理事会都有着同样的理想。《欧洲人权公约》的目的是加强联合国的工作，其序言对于这一点说得非常明确："作为具有共同思想和具有共同的政治传统、理想、自由与法治遗产的欧洲各国政府，决定采取首要步骤，以便集体施行《世界人权宣言》宣布的某些权利。"

欧委会创立的基本原则具有区域性和普遍性，欧共体和欧盟的基本原则也是这样。欧委会和欧共体都极力推动反对种族主义。种族主义的基础原则，被视为是与人权、尊严和平等的欧洲和国际价值观完全对立的，因此种族主义不仅仅是不民主的，而且实质上是民主的敌人，它威胁着个别国家和整个欧洲大陆的稳定。

欧洲和当代反种族主义

与欧委会一起合作的欧洲理事会，在 2001 年联合国反对种族主义世界会议召开之前，举办了一系列筹备会议。2000 年 10 月，欧洲理事会各成员国政府在法国城市斯特拉斯堡（Strasbourg）举行的题为"完全的差异，完全的平等：从准则到实践"（All Different All Equal: from Principle to Practice）的欧洲会议上达成正式宣言，该宣言强烈建议将反种族主义作为民主的基本要素。

认为欧洲是一个在过去、现在和将来都拥有共同价值观和多元文化的共同体；

……在不附带任何歧视和界限的情况下，充分和有效地实现所有人权，并必须保障这些已经铭记在欧洲和其他国际人权法律文书中的条款得到落实；

……当今世界，种族主义和种族歧视是严重违反人权并必须通过所有法律途径与之斗争的行为；

……种族主义、种族歧视、仇外排外以及与之相联系的不宽容或褊狭，威胁着民主社会及其基本的价值体系；

……欧洲和全世界的稳定与和平只能建立在对多元的宽容和尊重基础之上；

……应该更加鼓励所有以政治、社会和文化参与为目的的措施，特别是志愿者团体的行动。

在推荐的具体措施中，教育被认为是能够发挥主要功能和作用的。各国政府承诺："给予教育特别关注，在社会各个层面确立相应意识以形成宽容、尊重人权和文化多元性的氛围，包括在年轻人中引入和强化相关措施。"（Council of Europe 2000a：5）

在反种族主义世界会议上，欧委会强调了法律和教育的必要性。

反种族主义斗争现在已经牢牢地扎根于欧洲的法律中。反种族主义斗争的具体情况刊载于建立欧共体的条约之中……尽管我们知道许多领域里的歧视不能用法律来处理。需要有深入人心的实际行动，帮助改变引发种族主义态度和行为的基本偏见，而教育被认为能在这一努力中发挥根本性作用。

（Diamantopoulu 2001）

这是一个关键的分析，认为立法固然重要，但需要辅之以旨在创造人权氛围的教育方案。通过促进平等、加强民主和鼓励尊重人的尊严，教育在改变种族主义盛行的状况中可能发挥关键作用。确保这些价值观念和倾向是公共良知的最前沿要求，要将这些渗透到整个教育过程中去，换言之，使反种族主义成为主流是至关重要的。

在国家公共政策领域内使反种族主义主流化

欧洲反对种族主义年（European Year Against Racism）（1997 年）的成果之一是监察委员会成立了一个工作小组，以评估为反种族主义做出贡献的政策和方案的实施程度。该小组制定了《打击种族主义行动计划》（*Action Plan Against Racism*）（European Commission 1998），目的是补充具体的反种族主义措施。它有四个组成部分：

- 为立法倡议铺平了道路；
- 使反对种族主义的斗争主流化；
- 开发和交流新的模式；
- 加强信息获取和沟通工作。

该行动计划发布之后，欧委会公布了一份题为《将反种族主义斗争主流化》（*Mainstreaming the Fight Against Racism*）的报告（European Commission 1999），这份报告使以往各个倡议达成一致，并强调欧盟的政策和方案有助于反对种族主义的斗争。它概述了可以挑战种族主义的两个主要手段：第一，从正面的角度来呈现多样性；第二，为多元文化社会创造有利条件。该报告建议发布旨在执行《1999 年阿姆斯特丹条约》（1999 Treaty of Amsterdam）第 13 条的指令。第一个指令旨在打击劳动力市场中出现的各种形式的歧视。第二个指令的目的是打击欧盟权力范围内以其他地方的种族和民族起源为理由的歧视，包括教育、提供商品和服务、社会保护和社会优势。

欧盟委员会界定将反种族主义"主流化"的概念分成两个主要组成部分，即具体的行动和对整个政策领域的吸收。

它旨在将反对种族主义的斗争整合为一个纳入所有社区行动和政策的目标，并且是在各级水平上。这不仅意味着具体的实施措施，也意味着当拟定政策时，通过积极明显地考虑它们对于反对种族主义斗争的影响，专门使用所有一般性的行动和政策来打击种族主义。

（European Commission 1999：3）

在欧洲教育方案中使反种族主义主流化

使反种族主义主流化的一个例子是欧洲基金奖具体标准的包容性。例如，学校和大学向欧委会申请通过的"苏格拉底计划"每年都拨款开展数以百计的跨国合作项目。挑选标准包括以下几点优先事项："该计划重点在于促进男女平等、给予残疾人平等机会，并促成反对种族主义和仇外排外的斗争。"（European Commission 2000：23）欧盟委员会指出，这一复杂计划中有近一半项目专门解决这些问题（European Commission 1999）。"苏格拉底计划"下一个被称为"夸美纽斯"的行动涉及学校间的一些项目，其意图是明确的，它有助于促进欧洲学校教育中的文化交融的意识，并通过筹划一些跨国活动来达到以下目的：

- 进一步增强对不同文化的意识；
- 发展学校教育部门跨文化教育的倡议；
- 提高教师在跨文化教育领域中的技能；
- 支持打击种族主义和仇外心理；
- 提高移民工人、职业旅行者、吉卜赛人和流浪者子女受教育的水平。

（European Commission 2000：35）

在该项目所建议的主题中，欧盟委员会提议："发展夸美纽斯学校项目的主题领域可能是广泛的，例如包括艺术、科学、环境教育、文化遗产、欧洲公民身份、利用信息和通信技术以及反对种族主义的斗争。"（European Commission 2000：37）欧盟委员会因此能够显示教育方案支持反种族主义的优先事项。在个别成员国的政策之中，这种趋势在不同程度上也能见到。下面我们将以英国和瑞典为例进行研究。

英国的政府政策、种族平等和教育包容

在英国，反种族主义倡议产生于《1998 年人权法案》特别是被称为"斯蒂芬·劳伦斯调查"的报告出台之后（Macpherson 1999），这些倡议确认机构性种族主义为社会排斥的一个主要原因。在成立斯蒂芬·劳伦斯（Stephen Lawrence）调查小组并接受其关于机构性种族主义的调查结果时，英国政府承认了政治领导在挑战种族主义和创造种族平等、人人有责的氛围中的重要性。1999 年 2 月这份报告发布时，一些政党的高层人物公开表明自己的观点，承认英国社会中存在着机构性种族主义，同时，政府也承诺要制订根除种族主义的方案。例如，在提交报告给下议院时，当时的内政大臣杰克·斯特劳（Jack Straw）说："这份报告重视的不是其他人的责任，它重视的是我们每个人的责任。我们必须使种族平等成为现实。目标是明确的：我们必须建立这样一个社会，使每一个人，不论肤色、宗教信仰或种族，都拥有和自己的邻居相同的机会并得到相同的尊重。"（Hansard［House of Commons］1999）

"斯蒂芬·劳伦斯调查报告"将机构性种族主义定义为：

> 因为肤色、文化或人种，一个组织未能在总体上履行义务为人们提供适当及专业的服务。它可以由对少数族裔不利的无意识的偏见、无知、自私和种族主义成见而发展为可以觉察到的歧视过程、

态度以及行为。机构性种族主义将持续存在是因为无法公开及充分地承认并解决该组织存在的问题，机构性种族主义是由政策、实例和领导身份所造成的。若不承认并采取行动来消除这样的种族主义，它最终将会成为该组织精神或文化的一部分，而这是一种有破坏作用的恶疾。

（Macpherson 1999：para. 6.34）

该报告提请人们注意警察机关中的体制性种族主义，但是，它所做的远远超过了这一点。它明确而有力地指出，体制性种族主义是英国社会的流行病。内政大臣解释说："任何以白人为主导的常设组织都可能有一些倾向于排斥非白人居民的程序、做法和看法。在这方面警察机关与刑事司法系统内的其他机关或政府部门……以及许多其他机构并没有什么不同。"（Hansard［House of Commons］1999）在发表这项声明时，内政大臣强调，机构性种族主义不仅局限于警察和刑事司法系统，而且对于整个社会中的每个人都有着深远影响。教育机构也不能免于种族主义的有害影响。

教育不仅是问题的一部分，它也被看成是解决办法的一部分，"斯蒂芬·劳伦斯调查"报告建议学校在应该使种族正义有更大发展的过程中，发挥关键作用。在该报告的 70 个建议中有 3 个建议是解决教育问题。它建议修订国家课程，以使学校可以更加有效地珍视文化多样性的价值并防止种族主义，除此之外，还建议让地方教育局和校董会委员在确保种族主义事件能被记录和报告方面起带头作用。它建议学校要监督由种族划分导致的排斥，也建议学校检查局和教育标准局（Ofsted）要在监督学校处理和防止种族主义方面起带头作用。政府原则上接受斯蒂芬·劳伦斯调查小组所提出的建议（Home Office 1999），并将公民教育当作一个关键手段，通过这个手段学校能够解决和防止种族主义，并鼓励年轻人珍视文化多样性的价值。

关于种族主义和反种族主义的混合信息

许多英国政治领袖在处理甚至承认种族主义时显得很不自在。自1997 年以来就有来自劳工部长的关于种族主义和反种族主义的混合信息。一方面，政府关于难民和寻求庇护者的某些政策（例如分发代金券而不是可以购买食品和其他必需品的现金）以及政府部长们的一些陈述，被许多评论家认为已经损害了这些群体的地位并推动了种族主义（例见 Rutter 2005）。另一方面，其他一些部长也发表了强有力的声明，强调有必要采取反种族主义政策和做法。下面是来自内政部部长的一个例子。

> 反种族主义不仅仅是帮助黑人和亚裔种族，也是关于我们自己——白种人和黑种人的未来。我们都生活在一个多元文化社会，我们都有一个选择：要么建设好多元文化的英国，要么就失败。如果我们无法解决这些问题，我们的孩子——白种人和黑种人——将为此付出失败的代价。这就是为什么我们所有人——白种人和黑种人——可以从种族关系修订条例议案以及反种族主义中受益。我们必须把英国建设成为一个多元文化社会。
>
> （Hansard ［House of Commons］ 2000）

尽管他们认可学校需要通过课程与校风来防止和解决种族主义，但是，教育部长们还是回避对学校挑战社会种族主义的作用做出肯定评价，也没有任何教育部长承认在教育部门存在着机构性种族主义。

反种族主义和社会政策

1997 年工党政府的行动之一就是设立一个专门单位，试图找到对于社会中日益增长的分歧的政策性解决方案。社会排斥办公室（Social

Exclusion Unit，SEU）已发布了一些有影响力的报告，其中一个报告《社会排斥和睦邻复兴中的少数族裔问题》（*Minority Ethnic Issues in Social Exclusion and Neighbourhood Renewal*）（SEU 2000）明确了种族歧视和社会排斥之间的联系。正如我们在第 4 章所解释的，尽管发布了这份报告，但是英国政府一般不承认或一贯不承认种族歧视是社会排斥的一个因素。

1999 年，教育与就业部（DfEE）引进了少数族裔成就奖金（Ethnic Minority Achievement Grant，EMAG），作为解决少数族裔社区儿童具体教育需求的主要基金机制，年度预算超过 1.5 亿英镑。以前的基金安排一直受到检查员的严厉批评，因为那样的安排提供的是短期资金而且资金严重不足，导致学校难以招聘到并留住专业教师，教学质量充满了"变数"（Ofsted 1999：21）。提交给欧委会的关于多种族英国之未来的材料表明，虽然新基金的大部分安排思路是合理的，但是之前对于基金安排的许多批评也仍然适用。欧委会基于其所界定的成绩不良模式得出的结论是："拨款似乎不大可能对成绩不良模式有重大影响。"（Parekh 2000：150）

对地方教育局少数族裔成就奖金计划的初步分析表明，事实上一些教育局那时正在设定改善各族裔群体的目标，而这些目标如果实现将扩大成就差距并增加不平等。这些教育局为那些平均成就最低的群体所设置的百分比增加的目标，要低于为那些平均成就最高的群体所设置的百分比增加的目标（Gillborn and Mirza 2000）。我们代表教育与技能部（DfES）所进行的分析，也考虑了地方教育局行动计划和学生成就（Tikly *et al.* 2002），表明地方教育局正在设置一些目标，而这些目标如果实现将消除某些族裔群体的成就差距。我们的研究表明，某些群体特别是非洲加勒比黑人学生，都没有得到消除成就差距所需的资源和支持。现有数据不允许我们将性别和种族作为影响成就的因素一起加以审查，因此，我们关于政府 1997 年所承诺的少数族裔成就奖金的研究并不是一个全面的评价，而且这项评价少数族裔成就奖金影响的计划也似乎已经停止了。

有一些政策是例外的，它们往往把重点放在更广泛地扭转社会排斥现象而不是直接解决种族不平等现象方面（Alibhai-Brown 1999：7）。所以，举例来说，政府所设置的目标是到 2002 年被学校永久开除的学生总人数将削减 1/3，但是，这些目标未能解决来自某些特殊社区的学生，尤其是非洲加勒比黑人男孩和女孩被学校开除数量特别多的问题。有明确的研究证据表明，当学校和地方教育局成功减少那些被学校开除比例特别大的群体中的被开除者数量时，实际上他们全面地减少的是被开除学生的总量，特殊群体容易被大量开除的现象仍将继续。这些群体也需要政府制定具体目标和战略，这些目标和战略有可能产生更好的总体效果（Osler and Hill 1999）。

《2000 年种族关系法（修正案）》

英国政府关于种族平等的政策中，最重要的具体组成部分是《2000年种族关系法（修正案）》的实施，该法案高度重视公共机构包括学校的积极义务以促进种族平等。公共机构仅仅避免歧视已不再足够，该法案要求它们引进能够积极推动种族平等的政策和做法。很多学校和地方教育局似乎正在为响应这一法规而解决成就差距问题（Osler *et al.* 2003）。

如果个体和社区要在多元文化社会中得到蓬勃发展，歧视行为的消除是一个先决条件，但是要保证在这样的社会中所有公民都能够充分参与，仅仅消除歧视行为是不够的。多样性还需要"考虑到公众的地位和尊严"，政治家们必须与其他公民共同努力"发展一个新社会和制定能够培育民族特性的文化政策"（Parekh 1991a：197）。换句话说，"'英国'必须被看成是完全包括少数族裔社区。但是，少数族裔被视为英国人并不意味着他们否认自己的'种族'起源和身份"（Figueroa 2000：

59－60）。现在需要的是承认每个人都有多重身份的多元文化理想。这种新的多元文化需要建立在人权基础之上，也必须将所有人，包括白人社区包括进去（Osler 1999；Osler and Starkey 2000）。

现代英国通常被称为多元文化社会，这通常意味着战后移民进程已经导致了"引人关注的"少数族裔社区的发展。所谓"多元文化"通常是"少数族裔"或"非白人"的代名词，因此被称为多元文化的社区或居民区，通常被假定有大量非洲、加勒比或南亚居民。多元文化概念往往将白人社区排除在外，这个概念可能被错误地认为是文化同质的。

最近的宪法改革，包括设立苏格兰议会和威尔士议会以及英国和北爱尔兰之间新协议的发展，导致了更多关注和辩论：成为英国人意味着什么？公民身份如何与国家、区域身份特征相关联？因此，比方说，成为英国人及成为苏格兰人意味着什么？国籍和民族国家特性的意义正在被重新审查和重新界定。正是在这一新的政治与宪法背景之中，多元文化英国的新梦想可能正在逐步实现。

《学校种族平等操作守则》

为使英国学校推行《2000 年种族关系法（修正案）》，种族平等委员会（Commission for Racial Equality，CRE）提供了一份法定操作守则给学校，以使其负起促进种族平等的责任（CRE 2000）。促进种族平等的责任要求公共部门（包括学校）做到：

- 消除非法的种族歧视；
- 促进机会平等；
- 促进不同种族群体人们间的良好关系。

这份指引涉及诸如招生政策、收集和分析种族群体的数据等问题，期待学校设置改善成绩不良群体的目标，强调不论学校里少数族裔儿童的数量是多少，所制定的政策必须被实行。

> 种族平等是重要的，即使你的学校或本地社区没有人来自少数族裔群体。教育对年轻人产生决定性影响，因为他们在学生时代形成的看法和态度可能会伴随他们一生。此外，种族主义行为（比如提及种族主义文学）也可能发生在没有少数族裔学生的学校里。
>
> （CRE 2002：7）

这项立法要求学校准备一份促进种族平等的书面政策声明，《操作守则》举了一个例子来说明一所学校正着手起草和使用这种声明，学校社区所有成员包括家长和学生都有参与其中的机会。政策草案在公民身份课堂上被讨论，学生委员会、学校董事会以及学校的高级管理人员被赋予监督这项政策执行情况的职责。

《操作守则》认识到学校就价值观发表明确声明的重要性，也认识到工作人员需要在这样一个影响他们的教学、程序和校风的声明中接受培训。公民教育所提供的让学生能够参与到种族平等政策和学校价值观的对话中的机会，也很清楚地被标上了记号。

不充分的课程指导

由资格及课程局（QCA）分发给英国学校实施公民教育的官方指引，不支持关于种族平等的《操作守则》，也没有就如何解决种族平等问题给予任何指引。第3阶段（11—14岁）的工作计划仅仅表明，可以从一系列与学习方案中的主要专题相联系的问题来审查公民身份条文和规划框架（QCA 2001a）。

这里恰好有三个专题："权利和义务"、"政府和民主"以及"社区和身份"。根据第三个专题，指引提议使用三个主题，其中第一个是

"我和我的本地社区"。指引的作者们列出了一些概念，他们认为这些概念是与这一主题的官方学习方案相关的。这些概念包括：身份、社区、地方网络、地方组织、参与和贡献、多样性、差异。这意味着这个单元的工作计划可能基于以下一系列的问题。

- 我的身份是什么？
- 我属于什么团体/社区，我要怎样才能对它们做出贡献？
- 我对自己本地社区的看法是什么？
- 什么关系到我的社区，谁对它有影响？
- 在我的社区里多样性和差异是什么，该如何赞美它们？

这些问题在很大程度上回避了关键之处。诚然，第一个问题假设了一种多重身份模式，这意味着世界主义的民主模式而不是国家主义的民主模式。第四个关注的问题可能提供了一个提出公正、公平或歧视等问题的机会，但是正如我们所论证的，它并没有提出这种要求。谁确定及谁表达社区关注什么的问题，是不可避免的争议和政治性问题，但目前普遍接受的表达方式却不提倡这个问题。这些问题似乎避免触及本地社区的权力问题。也许是有人认为这可能涉及敏感的政治问题。然而，公民教育是通过课程培养政治素养的预期场所，这个工作计划回避这一点是反常的。

"国家身份"专题之后安排了一些不甚相关的问题。所需要的知识由一些关键词所确定：多样性、政府、责任、志愿工作、成见和偏见、媒体、国家身份、法定权利和义务、人权和责任。这些结构性的问题是：

- 不同社区应该如何相互学习、相互借鉴？
- 我应该如何理解多样性，它如何代表地方、国家和全球？

- 我如何容忍多样性和差异性?
- 是什么支撑着社会的法定权利、人权及责任?
- 什么制度保护并实现我们的权利和责任?

被公众认可的"社区"的存在因此被全盘接受了。这很可能意味着该指引的倡议者有一种基于庞大的"多数派社区"和有差异的"少数派社群"的模式。这还意味着,在这种模式的构想中"不同社区"是某种形式的分离,而在现实之中,社区有可能重叠,并且有相当数量的个体对于几个社区都有归属感。

指引虽然要考虑"全国"的多样性,但是没有探究"民族国家"的概念,甚至也没有探究"政府"的概念。尽管据说人权起着支撑社会的作用,但却没有提及政府保护权利的职责,也没有将政府作为一个超越不同种族和文化团体的政治实体。这些问题中没有一个旨在解决提议中的"国家身份"主题,更不用说解决国家主义问题了,国家主义包括确定为政治目的服务的约束性条款中的国家身份。虽然"国家身份"主题中的身份用的是复数形式,却没有任何迹象表明这是否是指在英国的不同国家身份,或者表明这是否是考虑世界性民主概念的要求。

事实上,民主这一概念游离于"社区与身份"的主题之外,被保留的主题是"政府与民主",这是社区和身份的基本政治概念去政治化所产生的影响,它剥夺了学生思考政党和运动如何操纵这些概念以煽动种族主义、民族主义和排外主义的机会。该方案仅仅将民主与政府挂钩,忽视了儿童和青年人民主参与其他机构包括家庭、学校和工作场所的可能性。

课程指导未能充分理解政治问题,实际上,它倾向于使多元文化去政治化,这个例子进一步说明英国教育服务部门并不热情支持、倡议在所有政策领域主流化。种族平等委员会给予辖下学校的《操作守则》(CRE 2002),是教育服务部门实施《2001 年种族关系法(修正案)》

所提要求的主要文书，这份《操作守则》不是由英国教育与技能部提出的，而是由内政部提出的。督学、地方教育局和学校是否准备全心全意地支持这份文书的实施，还有待观察。

瑞典打击种族主义的国家行动计划

2001 年 2 月，瑞典政府通过了一项"国家行动计划，以打击种族主义、仇外心理、同性恋恐惧症及歧视"（national action plan to combat racism，xenophobia，homophobia and discrimination）。由工业、就业与通信部提出的这个计划旨在使政府的各个领域主流化，并使教育起到重要作用。

瑞典政府声称这项行动计划是其最优先事项之一，它将反种族主义作为保护和促进民主的一个基本要素。制订该计划是缘于：

> 暴力行为和种族主义、反犹太主义或同性恋恐惧症的骚扰。那些受到攻击的人包括移民、同性恋者、犹太人和罗马人（吉卜赛人）、积极的反种族主义者，以及新闻记者、有辩才的人、警察和代表民主社会的政治家。这种性质的罪行，也是对于民主施政和人与人之间相互平等的基本准则的攻击。
>
> （Government of Sweden 2001：6）

正如《2001 年种族关系法（修正案）》规定英国学校要承担义务那样，瑞典也要求学校促进种族平等。

《教育法》（1985：1100）指出教育活动应该按照基本的民主价值观进行，也指出任何在学校工作的人都必须促进对个人价值和我们共同环境的尊重。1998 年，《教育法》变得更有效力和更加严厉。学校系统中每个人现在都必须积极工作，以打击一切形式的攻击性行为，如聚众滋事行为和种族主义行为。

（Government of Sweden 2001：34）

实际上，自从《1998 年教育法》颁布以来，瑞典的中小学校长就被要求起草、实施、监测和评价一项行动计划，以防止和打击一切形式的攻击学生和学校工作人员的行为。然而，国家行动计划的文件承认，并不是所有的学校和地方当局都已经提交了评估他们的反种族主义行动计划实施情况的"质量报告"。类似的担心也已在英格兰得到了关注（Osler and Morrison 2000）。

瑞典政府提出的一个重要倡议，是将 1999 年宣布为"基本价值观年"（Basic Values Year）并启动一个"基本价值观项目"（Basic Values Project），还编制了一本学校手册，强调需要更多地倾听儿童和青年的声音。这本手册在促进共同的价值观和直接打击不利于民主的价值观方面，为学校所应发挥的作用指明了方向。

学校不应该是价值中立的，而应该清楚地阐明基本价值观和容忍限度。人与人之间相互平等的准则就是一种民主价值观，这不能被错误地解释。在人际方面，不同群体、观点的价值取向之间不应该有区分，因为这种区分会导致对这一准则的否定，而类似纳粹主义、种族主义、性别歧视和美化暴力等都应该被积极地公开争论并受到打击。

（Government of Sweden 2001：36）

这一对种族主义和仇外排外进行公开对抗的政策，与英国政府顾问公开宣布的公民教育政策、教育与技能部和历届部长会议避免使用"种族主义"和"反种族主义"话语所采取的立场，形成了鲜明对比（例见

Crick 2000）。在瑞典，民主是支撑宪法的基本价值观，在学校也是如此。由此可见，作为促进民主的一项措施，促进反种族主义可以被呈现为各民主党派都支持的一项国家政策。

在英国既没有成文宪法，也没有正式得到认可的成套基本价值观，这就是说，教育的基本价值观没有试金石。价值观可能成为政党政治甚至政治偏见的产物。例如，尽管瑞典的行动计划旨在打击同性恋恐惧症，英国政府却直到 2003 年仍未能履行其承诺，即废除《1988 年地方政府法》（Local Government Act 1998）第 28 条，该条款已经被广泛理解为实质上的憎恨同性恋。

就教育而言，英格兰国家课程的目的是要传递"不朽的价值观"（enduring values），但是它既没有直截了当地指出这些价值观，也未将这些不朽的价值观与人权和民主联系起来。因此，不仅英格兰学校的公民身份议题易于受到偏见的指责和攻击，而且那些正在拟定指导方针的人试图使这些议题去政治化，也就不足为奇了。

前进的道路

使欧洲反种族主义斗争主流化，既需要一般政策和实践活动的支持，又需要具体的反种族主义举措。教育系统内有必要制定一些普遍政策来促进包容和融合，也有必要采取一些具体举措来积极打击种族主义和其他反民主的歧视性做法。公民教育方案就是一项具体举措，通过这些方案，可以促进反种族主义在学校的发展和实现。实现这些方案的一个主要障碍是公民概念本身去政治化的倾向，这种情况在英国尤其严重。

当瑞典在其宪法中规定了价值观的内容，以及当欧洲若干文书和条约尤其是《欧洲人权公约》明确规定了一些基本价值观时，英国和英格兰的基本价值观仍然模糊不清。不够清晰的价值观提供了一个政治空间，使其沦为敌视欧洲的英国仇外民族主义者的殖民地。在这个空间里，他们可能会采取行动从根本上破坏民主。

在整个欧洲，公民身份的主题课程可以提供一个论坛，用瑞典的政策文件的话来说，它使反民主的价值观念和做法"主动公开出现并受到打击"。只有当这种情况发生时，反种族主义才可能真正地成为公民教育的主流。使反种族主义成为主流需要人们了解到这对民主是至关重要的。正如瑞典的例子所清楚表明的，正是通过将反种族主义与民主制度连接在一起，而不是仅仅与多元文化主义连接在一起，它才可能开始得到它所需要的人们的普遍接受。

第三部分

民主化的学校

8. 民主的学校教育

引　言

在大多数民主社会中，学校教育被认为是青少年接受公民教育的一种重要手段，学校在其机构和组织上还仍然是绝对的权威。诚然，正如莱利（Riley 2004）所指出的，20 世纪初约翰·杜威对学校的批判到今天依然适用，杜威尖锐地批判学校的教室中只有"成排破陋的课桌"，这样的教室环境使学生更加厌倦听课，使"学生的注意力取决于其他人"。尽管随着一系列国家的国际化，公民教育和民主教育已经被认为是一个迫切需要关注的问题，但是，"如果杜威今天能来参观我们的教室，他一定会觉得失望，因为情况很少改变"（Riley 2004：52）。

在《民主主义与教育》（［1916］2002）中，杜威强调教育要建立在民主对话和共享的价值观基础之上，这样的教育能鼓励青少年（和他们的老师）去了解学校和国家以外的世界。他也非常重视人际关系和学校机构的质量。如今，联合国《儿童权利公约》确认了儿童作为公民所拥有的一系列权利，为建立基于人权和尊重所有儿童平等尊严的普遍价值观提供了一个框架，并且在第29条明确了开放性教育的权利。尽管有了《儿童权利公约》，尽管致力于民主学习的教育工作者做了大量的工作，但是，全体儿童的意见在教育过程中得到考虑的权利（《儿童权利公约》第12条），以及在民主对话的基础上接受教育的权利都尚未实现。

本章将探讨民主学校教育的原则，并注意到这些原则和学校教育的结构及法律框架之间的紧张关系。我们将提出一系列教学原则来支持人权学习的民主发展。接着，我们将采取两个措施来促进中小学的公民学习与民主学习，并反思教师在促进民主的学校教育中所面临的挑战。

实施民主对学校极具挑战性，因为学校已经形成了专制的而不是民主的原则，因而可能引起政治斗争和辩论。学习者、教职员工、家长和官员，以及各级地方、区域及各国的政府都对学校教育的实施方式和结果感兴趣，而实施方式和这些结果之间的关系很可能非常紧张。民主是社区内协商和解决社会紧张关系的一种手段。作为社区的学校是一个为学生提供机会进行大量实践和学习民主的地方。

学校教育和民主实践：紧张关系

一直以来，人们认识到学校在青少年公民教育和民主教育上发挥着关键作用。很多民主国家（包括法国、北欧国家和美国）已明确了这种作用正是来自对大众教育的推行。例如，在一次关于英格兰和美国的公民意识、尊严和人权教育的讨论中，哈恩（Hahn）认为就后者而言：

> 自19世纪末以来一直存在着一种普遍共识，认为学校在使移民融入新社会中发挥了作用，而且在多元文化民主国家中，学校应

该培养青少年的公民意识。公民教育被认为是学校教育的中心任务，而大量借鉴历史和社会科学的社会研究课程被看成是公民教育的一个重要工具。此外，其他课程科目、校风和课外实践，也有助于在民主、民族特性、社会凝聚力和社会多样性等方面教育年轻人。

（Hahn 2005）

与其他国家相同，法国的公民教育在 21 世纪初进行了很大修改，也得到了很大发展。然而，公民逐步融入公共政治文化一直是公共教育的一个核心概念。

因此，在法国，公民教育对于整个国家的学校教育是至关重要的。在共和政体中，学校是使该国公民社会化的主要机构。的确，学校通过课程被赋予了界定公民含义的使命，也被赋予了确保公民对其所拥有的权利和义务有统一认识的使命。通过单一课程，法国国家教育的基础初步涉足共同文化，它不承认差别，相反它认为前提在于共和国的所有公民一律平等。

（Osler and Starkey 2004：5）

21 世纪初，我们看到了英格兰为年轻公民准备过民主社会的生活所做的变革。而直到最近，公民教育很大程度上还是不明确的。民主教育的进程正逐渐变得明确，这是由于将公民教育引进学校，作为一门课程，这门课程既要被评价又要不断被检验。宪政改革似乎正当其时，尤其是当个人的权利和义务（不管他们是否有公民身份）以及《欧洲人权公约》所确保的政府对人民的责任，根据《1998 年人权法案》全部被纳入国内法时。当个人和政府对于彼此的权利和责任越来越明确时，公民教育也就会变得越来越明确。

尽管如此，支撑英格兰国家课程的价值观和宗旨的陈述更加重视"精神、道德、社会、文化和身体等方面的发展，也即个人福祉"，而不是重视社会福祉。类似于亡羊补牢，它注意到"教育也是一种通向……健全公正民主制度的途径"（DfEE/QCA 1999a：10）。无论是就一般意义上的社会而言，还是在学校制度下，个人福祉和民主结构之间没有产生任何联系。学校在培养公民适应民主生活方面起着极其重要的作用这一观点，现在还没有达成共识。正如我们在前面几章所提到的，没有任何法律框架能够让学生参与到管理机构中去，或者通过学生委员会和其他代表机构让学生能够参与学校的日常运作。尽管2002年开始就开设了公民课程，可是由政府赞助的对英格兰学校的一项调查却发现，"学生对于基本的民主价值观和体制的深入理解很有限"（Kerr et al. 2003：iv），因此这也就不足为奇了。学生未能深入理解民主的一个原因，很可能是在许多学校之中，学生的亲身经历与他们在正式的公民课程中了解到的有关民主和民主价值观的信息不一致。"不能简单地认为学校不积极从事它们所提倡的人权和民主价值观，而是许多学校一直都很抵触宣传人权和价值观。"（Alderson 1999：194）

尽管公民教育和民主教育一直是学校教育的核心目标，但这一目标和学校教育的实际进程之间关系紧张，正如我们所看到的，学校教育的实际进程并不总是促进包容和权利。学校民主化进程往往被假定为关注学校结构和校园文化的进程，这一进程与欧洲各国教育部长们所支持的、得到公众广泛认可的原则紧密相连，即"在鼓励参与的民主化背景下学习民主是最有效的，因为在这样的背景之中，人们可公开表达和讨论自己的意见，学生和教师有言论的自由，公平和正义得以存在"（Council of Europe 1985）。

在英格兰，学校通常涉及个体学习者的需要、人际关系的好坏以及在学校的官方正式评估报告中获得均等机会，而学校明确提及人权和民主价值观是不太常见的。此外，正如我们在前几章所探究的，内容沉重的课程所带来的压力、国家测试的要求以及学校之间的竞争，都可能减损学生参与讨论、研究和发展民主技能的机会。

教育和民主

约翰·杜威（Dewey［1916］2002）确立了衡量民主社会的两个主要标准，并将这两个标准运用到教育之中。第一个标准是：社会上存在着"大量共同的价值观"。他认为"民主社会"中的社会控制，依靠的是对共同目标和价值观所达成的共识，而不是通过威逼利诱。杜威认为"一国的结合并不全靠强制力"①（Dewey［1916］2002：97），国家领导者和普通民众之间需要有共同利益的意识。在任何社区内（包括学校社区），只有所有成员都认识到共同利益，自觉合作才可能会发生。

杜威的第二个标准是社区内部和社区之间应该自由联合和互动。社会组织之间的互动提供了连续不断地修正习惯、过程和程序的机会。正如杜威所说的那样，结果将是"改变社会习惯，通过应付由于多方面的交往所产生的新的情况，社会习惯得以不断地重新调整"②（Dewey［1916］2002：100）。换句话说，由于社会组织的互动，将会产生新的观点、经验和机会来发展和实践跨文化评价的技能。杜威依据个人和团体之间沟通机会的最大化来定义民主："为了要有大量共同的价值观念，社会全体成员必须有同等的授受机会，必须共同参与各种各样的事业和经验。"③（Dewey［1916］2002：97－98）

因而，民主教育意味着"授受"以及"共同参与各种各样的事业和经验"的机会。学校内部和学校之间的隔阂，导致了学校社区成员之

---

① 此处采用王承绪先生的译文。参见：杜威．民主主义与教育［M］．王承绪，译．北京：人民教育出版社，2001：94．——译者注

② 同①：97。——译者注

③ 同①。——译者注

间可能产生的沟通和对话的贫乏，杜威因此对全面教育提出了强有力的论据。民主学校为学生创造机会，让学生在多样化的群体中一起合作完成任务。这些任务既是共同的体验，也是为学生提供讨论、协商、对话和交流的机会。民主学校也为学校领导、管理人员（包括学校董事、教师、辅助人员）和学生之间提供了对话的机会。民主学校与其他组织进行开放性的以及有价值的联系和交往，学校课程反映了这种开放性的方式。

学校的民主对话为所有关注研究自己的价值观、行为以及对别人的看法很敏感的人提供了一个机会。杜威的理想是建立世界性的民主社会，在这样的社会中，所有成员的视野由于有机会向来自其他背景的人学习而得到不断扩大。他得出的结论是：

> 民主主义不仅是一种政府的形式，它首先是一种联合生活的方式，是一种共同交流经验的方式。人们参与一种有共同利益的事，每个人必须使自己的行动参照别人的行动，必须考虑别人的行动，使自己的行动有意义和有方向，这样的人在空间上大量地扩大范围，就等于打破阶级、种族和国家之间的屏障，这些屏障过去使人们看不到他们活动的全部意义。①
>
> （Dewey［1916］2002：101）

换句话说，互惠原则是民主社会的基础。公民既需要"我为人人"，又需要"人人为我"，既要认识到自己的行动对他人的影响，又要认识到他人的行为和生活方式可以丰富自己的行为和生活方式。民主社会需要"打破阶级、种族和国家之间的屏障"，培养世界性民主需要

---

① 此处采用王承绪先生的译文。参见：杜威. 民主主义与教育［M］. 王承绪，译. 北京：人民教育出版社，2001：109.——译者注

在学校的土壤之中进行。杜威的理想是国际性的，他认识到这需要教师理解那些有争议的问题："只是讲一些有关战争的恐怖和防止可能激起国际猜忌和仇恨的事情还是不够的。凡是能使人们不受地理限制，团结起来从事协作性的人类事业的事情，都必须加以强调。"①（Dewey ［1916］2002：114）

我们强调共同的人性。只要学校为所有参与者提供相互学习的机会，就可以说学校是民主的，这是一个核心原则。对诺贝尔奖得主阿玛蒂亚·森（Amartya Sen）来说，这实际上是一个普遍原则："民主的实行让公民有机会相互学习，并帮助社会形成自己的价值观和优先事务。"（Sen 1999：12）反过来，这需要学校"严肃地把权利当成无时无刻不在的活生生的现实，这些现实只有在人们相互尊重的关系之中才能被全部实现"（Alderson 1999：196）。

因此，学校民主最基本的是尊重。作为教育的一个基本原则，民主也许与专制的学校结构格格不入，但是并不一定会威胁学校或削弱学生的纪律性。事实上，研究表明，学生参与的增加可能会使其纪律性得到加强（Osler 2000a；Taylor with Johnson 2002；Ekholm 2004）。民主学校将提供机会让教师和行政人员阐明他们的看法和理由（例如对于学校一些特定纪律和程序），这并不意味着让出权力，教师和学校行政人员在增加所有儿童受教育机会方面有行使其权力的责任。

民主学校可能不仅纪律性更好，而且在许多方面更有效率。哈伯（Harber 1995：11）提出了四个关键且务实的原因来说明为何民主学校更有效率。

- 假如学校纪律是通过民主议定的，工作人员和学生就会更好地

---

① 此处采用王承绪先生的译文。参见：杜威. 民主主义与教育［M］. 王承绪，译. 北京：人民教育出版社，2001：97. ——译者注

去遵守这些纪律；

- 沟通增强了；
- 工作人员和学生的管理权越大，他们的责任感也越大；
- 对于一系列内外部利益和选择的考虑增强了决策的正确性。

民主和教学原则

民主参与原则需要学校研究其结构、组织和管理。我们还界定了《儿童权利公约》中课堂组织、课程和教学法的广义含义（Osler and Starkey 1996，1999；Osler 1997a）。人们对教学法的理解可能与孩子的学习方式、个人智力所理解的事情、教材以及问题学生等方面的个人观念和文化信念密切相关。这些观念，无论是建立在文化的基础之上，还是涉及我们自己作为教师和学习者的经历，可能会也可能不会受到正式的师范教育程序的挑战。《儿童权利公约》中所规定的权利提出了一些适用于教学过程的原则，概述如下。

尊严和安全（《儿童权利公约》序言，第19、第23、第28.2、第29条）

学生拥有尊严权意味着教师和学生之间存在着一种关系，这种关系可以避免教师滥用权力，包括避免教师对学生的挖苦。在这种关系之中，教师自身的尊严权也不应该被忽略。教师应与学生共同营造一种课堂氛围，使谩骂和嘲弄不再出现。教师的责任是确保脆弱的学生不受欺负，以便他们能够拥有在安全环境中学习的机会。

参与（《儿童权利公约》第12、第13、第14、第15、第31条）

参与原则贯穿着《儿童权利公约》。应给予学生机会，使他们能够对课堂上影响他们的决定（例如规划和安排他们自己的工作）行使选择权和承担责任。值得注意的是，建立在选择、责任和协商基础上并随着幼儿有规律发展的方式，往往因为儿童年龄的增长被遗弃了。事实当然是，跨学科和灵活性已经被纳入小学课程，从这个意义上来说，即使不是课程的所有领域，同一个教师也很可能要负责课程的几个领域。虽然高年级学生由于课程限制和学科专业化，自主选择往往受到一定限制，但是，这些限制也可能与教师对学生的自主性以及教师控制的认识程度密切相关。

身份和包容（《儿童权利公约》序言，第2、第7、第8、第16、第23、第28、第29、第31条）

身份维护和发展包括个人可发展的多重身份的确认，是教育中的一项重要权利，也是一项最容易受到侵犯的权利。教师需要掌握一些基本技能，例如准确使用和念出学生名字。尊重儿童个体、文化和家庭是至关重要的，这就要求我们重视课堂的多样性，并且承认这种多样性和混合性是人类社会的基本特征。这意味着把孩子的特点，无论是文化的、心理的还是生理的，都看成建立在这一基础之上的儿童属性，而不是看成缺陷。在否认或排斥多样性的教育系统中，学校和课堂有可能会使那些与预设规范不相符的学生受到歧视。在这样的系统之中，社会和文化背景与教师的不同以及学习有困难的或残疾的儿童，就处于非常不利的地位。

自由（《儿童权利公约》第12、第13、第14、第15条）

教学法要允许最大程度的言论自由和凭良心行事的自由。行使言论自由、凭良心行事的自由、宗教信仰自由、结社及和平集会自由等权利，需要一系列在课堂上得到发展的技能。儿童拥有让自己的意见在涉及他们的决定中被加以考虑的权利，这同样需要能促进表达和决策技能的教学法。教和学需要建立在师生之间、生生之间对话的基础上。我们构建了一种学习和发展的模式，试图使学习者能够找到自己最恰切的需求。这个模式假定教师不断提高自己的教学技能，并且能以开放的心态向学生学习。当然，为了保护他人的自由、安全和尊严，言论自由也要受到一定的限制。

资讯获取（《儿童权利公约》第 17 条）

行使言论自由权至少部分依赖于信息和意见的获取，包括来自大众传媒的信息以及来自国内外多方面的信息。教师有责任不仅要确保儿童有获取信息所必需的阅读和写作技能，而且要确保儿童能批判性地辨别来自报纸、电视、互联网和其他媒体的视觉形象。涉及视觉文化发展的技能包括质询、承认偏见和歧视，以及那些与设计和生产视觉材料（例如照片或视频）相联系的技能。恰当的教学法将允许学生确定自己想了解更多的议题，研究大众传媒，鼓励创造、想象、批评和怀疑，并允许学生做出自己的判断。在现有条件下，课堂上信息的选择和各种来源通常都是由教师决定的。教师除了有责任确保儿童人身安全，也有责任制定一种教学方式，使儿童学会举一反三、受到鼓励并勇于表达自己的需要。

隐私（《儿童权利公约》第 16 条）

在学校、教员办公室和课堂上面对儿童时，许多成年人小心地保护着自己的隐私权，却往往忽视了儿童的隐私权。教学法应该尊重儿童家庭及家人的隐私权，要共享儿童个人信息时，学校需要以指导方针的形式制定保障措施来保护儿童隐私。为了构建儿童的自身经验、文化和身份，我们经常会问及儿童一些个人问题，作为教师我们必须记住，教师和学生之间存在着一种权力关系，有时这可能会导致儿童在不知不觉中透露出更多的信息。教师应该考虑这些因素，并避免要求儿童在公共场所（例如在班级讨论中）公开个人信息。如果能够坚决贯彻儿童利益至上原则，就不应该阻止教师为寻求保护那些被断定为在某些方面脆弱的学生而设计的信息获取的行为。

这些用于辩论的、被学校和教师群体用于参与自我评价过程的教学原则已经得到了发展。我们借鉴科维尔和豪（Covell and Howe 1995）的工作，开发了另一个自我评价工具——"您所在学校给每个学生享受权利的机会吗？"（见附录 4），这个工具直接取材于《儿童权利公约》，教师和学生都能够使用这个工具评估《儿童权利公约》的相关原则在学校的落实程度。

民主化学校

我们选取了两所促进教育民主和包容的实验学校进行考察，它们已经着手改变校园文化并开始进行课程改革。在每所学校中，我们都让学校领导推荐一名高级教师作为研究样本。研究重点是促进学生参与和促进民主，研究内容是学校促进共享的民主价值观和学生之间民主对话的方式（Dewey［1916］2002）。我们就教职员工参与变革以及课程决策的程度做出报告，而不分析学校民主管理的程度。相反，我们更注重学校的民主化进程，因为它会对学生产生影响。这两个实验学校都着重指出，参与民主进程的教师和学生之间普遍存在紧张关系，但是师生对彼此仍满怀希望，并且对不参与民主实验的学校教育有所期望。在本文中，这两所学校都用了化名。

爱尔兰一所小学进行的人权教育

为实施一项人权教育计划，一所位于爱尔兰共和国城郊，由多教派控制，名为盖尔（Gaelscoil）的男女同校小学的校长奥库纳臣（Colm Ó Cuanacháin），决定利用国家赋予学校的权利自主开发课程。盖尔学校是爱尔兰政府应家长要求专门建立的 139 所语言学校中的一所，是爱尔兰第一所不受教会控制的、向所有宗教信仰和无宗教信仰儿童开放的语言学校。自 1993 年创立以来，该学校一直"实行民主管理，家长积极参与学校日常事务，并且对教师的专业作用给予了应有的关注"（Ó Cuanacháin 2004）。盖尔学校只有 200 名 4—12 岁的儿童，其中大多数来自中产家庭。

咨询了教职员工、学校管理委员会和儿童之后，校长颁布了关于人权教育的政策和方案，目标定位于获取儿童体验人权和积极行使公民权的第一手资料（Ó Cuanacháin 2004，2005）。该项目是一个综合的全校性行动，重点关注教学过程和正规课程，同时寻求学校结构和组织的发展以确保更大的民主化。该项目的目标在于"加快儿童成为积极、知情和有同情心的公民所需要的知识、态度和技能的发展"（Ó Cuanacháin 2005）。

校长与每个班主任一起合作，制定班级发展的相关主题和教案，并且把这项工作与学校即将开展的更加广泛的工作计划结合起来，重点在于允许学习者发展民主对话技能的参与方法。除了努力改进课程授课方式之外，学校还反思了全校一些集会和社区生活的特点，确保它们能支持人权教学和民主学习的发展。例如，每个班级都订立自己的班规，并且起草了一份学校的权利宣言。正如库纳臣所解释的："在人权框架下已经采取了很多措施来组织与管理学校，在该框架之下，学校纪律、组织、关系、学习在一个共享民主的环境中进行。"因此，每个班级都在全校特定项目的发展上（例如成立学校理事会和学校法院）起带头作用。

该方案面临的挑战之一是教师对于让学生主动学习的方法缺乏经验和培训，这一点通过提供一套详细的教师资源和定期的职工讨论或多或少可以得到解决。在一所规模较小、所有人员对于该方案做出了初步承诺的学校里，无论是在特殊组织会议还是在非正式会议基础上，教师们定期会晤并与同事们一起商讨工作方案是可能的。不过，这些过程非常耗时，特别是在起步阶段。

学校正规课程围绕下列主题展开。

- 幼儿园小班：友好并善于分享。
- 幼儿园大班：公平和不公平。
- 1 年级：尊重他人。
- 2 年级：理解人权。
- 3 年级：联合国《儿童权利公约》。
- 4 年级：《世界人权宣言》。
- 5 年级：平等（包括性别平等、反种族主义和残疾人问题）。
- 6 年级：冲突和解决冲突。

该工作方案的内容顾及了儿童自身经验，而且，除了将学校看成是社区之外，还给予儿童一系列借鉴国际背景的材料。

校长通过与同事会谈、教师日记和调查儿童等来评价该方案。库纳臣（Ó Cuanacháin 2005）指出：

由教师和学生向学校引进的人权教育过程，受到大家的一致赞同和欢迎。每个进行行动研究的人都报告说，这些过程产生了积极的影响。教师们认为，通过与他人不断地反思、互动，这一进程养成和即将养成的态度，将有助于儿童更好地生活在爱尔兰，甚至生活在世界和不断变化的、更多文化交融的、更多样化的以及更具挑战性的社会之中。所有教师报告说，在关注相互关系和沟通等方面增加的证据表明，合作和理解似乎改善了儿童和同学之间的关系。

教师们的意见反映了参与开拓性行动和共同事业的兴奋感：

我第一次发现我们所做的事情很有帮助，因为我们可以用以前正常情况下不可能用的方式来谈论这些问题。将学校政策和个人计划合为一体的过程给了我责任感，让我觉得与其休戚相关，那也使一些建设性时刻变得更加有价值。与孩子采取同样的方法，我可以在他们身上看到相同的主人翁感。

（盖尔学校教师，引自 Ó Cuanacháin 2004）

教师和儿童在报告中都认为，儿童乐于进行参与性学习，并且热切地期待着下一次的人权教育课。儿童和教师在报告中还认为，如果儿童能够更好地理解和解决诸如欺凌幼小等问题，学校纪律有望得到改善。这反映在儿童的评论中。

了解人权是个好主意，学校将建设得更好。

它使欺凌幼小者感到羞耻。这对我也产生了影响。

我认识到任何人都不应该只意识到自己的权利，其他人也同样拥有权利，而且任何人都应该帮助别人认识到自身权利。

我认识到权利是何等重要，也认识到目前有很多人的权利正受到侵犯，然而我们却漠不关心。

（盖尔学校教师，引自 Ó Cuanacháin 2004）

儿童的回应同时透露出他们意识到更多地了解广阔世界的重要性。

当然，不是所有的尝试都是成功的，人权教育方案面临的挑战之一是一些全校性行动的实施。不是所有教师都能够带头开展这些全校性行动，同时又能够打破自己的课堂常规和改变学生学习的方法。例如，通过设立学校法庭，学校能够用开放透明的方式处理纪律问题，但是这样的想法实施起来并不顺利。正如一名教师所指出的："我们认为只通过全校性行为还是不够的。对于它可能出现的一些后果，我们还没有准备好。学校法庭是个美好的概念，但它的启动和运作，它如何被教师和儿童接受、理解，都是一项系统工程"（引自 Ó Cuanacháin 2005）。

虽然从某些方面来说，该方案在短时间内就开始实行这一意义深远的改革过于急功近利，但是它表明："在目前爱尔兰国家课程和政府政策的支持之下，人权学校是可以蓬勃发展的。为了实施研究方案而采取的综合性方法如果在这样的学校收到了效果，在其他学校也必将产生作用。"（Ó Cuanacháin 2005）

校长征求教师和儿童看法的评价项目表明，在该方案的实施过程中，教师之间、儿童之间以及教师与儿童之间的民主对话扩大了。一些全校性行动，例如由学校理事会和全校师生集会所举办的活动，提出了给予儿童机会，让他们围绕同一主题通力合作，并且与其他他们可能在某些方面不太可能与之合作的人分享学习和经验。这种配合整个学校关注人权的对话，暗示着一种普遍价值观得到延伸并变得更加明确的进程。

伦敦一所中学进行的公民教育和民主教育

位于伦敦城中心的南码头（South Docks）学校，是一所接纳 11—16 岁学生的学校，它没有很高的社会和经济地位。该校大多数学生住在学校附近，大约一半的学生可免费在学校吃饭。该校学生的种族和语言相当多样，有 55% 的学生将英语作为一门外语。1999 年，全校职员为了争取专业技术人员身份做了很多工作。尽管政府最初拒绝承认公民身份作为一门代表学校专业地位的课程，但却给予了该校额外的资源，并把它作为公民身份教育的试点。该行动由班主任助理安妮·赫德森（Anne Hudson）发起，这一试点就是建立在她的研究基础之上的（更全面详尽的叙述见 Hudson 2005）。

这所学校的一个重要特点是全校员工高度团结以及实现社会包容、挑战不平等现象的决心，还有很重要的一点是相对开放的学校管理，以及校长对该项目的决心并且表示愿意承担风险。刚开始，教师们就对引入公民教育进行讨论，部分教师热情地参与了这个过程，超过 20 位教师自愿把失去亲人的儿童带回家共度两个周末。教师们大力支持传授"克里克报告"中提出的有关公民教育的观念（QCA 1998），并在反思了通过其他科目提供的机会发展公民身份相关技能和理解之后，得出了应该设立公民身份教育专业课程的结论。

学校为 10—11 岁的学生引入了为获取普通中等教育证书的课程考试（General Certificate of Secondary Education，GCSE）所指定的公民教育课程，并在教学过程中不断鼓励学生参与实践以促进变革。举例来说，学生写信给《太阳报》（Sun）和《镜报》（Mirror）评论关于伊拉克战争的报道，或者为教研室设计关于公平贸易和道德消费的海报。为了那些受到评估的工作，他们调查了大家普遍关注的问题，例如移动电话盗窃案、当地休闲设施的改善、欺凌弱小以及本地街道安全等。他们列举了采访过的很多有声望和有权力的人，包括警务人员和下议院议员（Member of Parliament，MP）。年纪较小的学生也上公民教育课、进行实地考察并介绍其采访当地官员的结果。通过调查普遍关注的问题并提出积极的解决办法，他们受到鼓励去发展一种力量感并且对政策产生影响。实际上，这些年轻人已经开展了民主对话，不仅在彼此之间，而且也与校外有权力和有声望的人开展对话。

赫德森（Hudson 2005）确认了通过加强和发展该行动所得到的社会身份的三个层次：**消极被动**（passive）、**积极主动**（active）**和政治化**（politicized）（Bradley 2003）。对许多学生来说，这个项目鼓励他们积极参与一些在特别日子举行的公民教育活动，并为他们提供了一个难得的与学校里所有成员交流沟通的机会，例如与同年级的同学。假如没有这个项目，或许他们根本没有机会接触彼此。赫德森说，这些学生的身份仍然是消极被动的，但她同时又认为课程活动增强了学生在学校和社区中的归属感。许多学生向前跨进了一步，发展了积极主动的身份，并相信自己能够有所作为。例如，一些原先不信任警察的学生，在一些警官参与了学校举行的活动之后，表示他们可能会与警方一起工作以改善社会风气。"……直接告诉警方谁是窃贼，大家其实都知道谁是窃贼，只不过不敢告诉警察。建立了邻里守望制度。告诉人们有几处经常抢数码相机的地方，并告诉移动电话公司生产手机时如何使其拥有更好的安全性。"（莱顿［Layton］，11 岁男孩，引自 Hudson 2005）

其他一些学生强调他们怎样影响一些有权力的人。

> 我想我可以尽自己的一份力，因为我将自己的看法告诉了我的小组成员——本年度最优秀的学生和一名下议院议员，他们可能就会继续做下去——开展工作或告知别人，大家就能更多地了解社会甚至世界各地的这些问题。
>
> （基利［Keeley］，11 岁女孩，引自 Hudson 2005）

> 几个星期前，我们将关于手机被盗案件的研究及其成果递交给地方议员，尽了自己的一份力。我们将大家熟知的重要问题向有权力的人报告，而这些人可以实现我们所渴望的改变……许多人的赞同意味着权力，而权力意味着改变。
>
> （乔舒亚［Joshua］，11 岁男孩，引自 Hudson 2005）

学校委员会作为公民教育活动的一个组成部分又重新充满活力，并且在校内外被认为是学生发展民主技能和影响社区建设的一个重要元素。正如一名学生所观察到的："通过讨论在我们周围有什么是错误的、需要做些什么等，每个人都可以有所作为。如果他们是学校委员会的成员，将可以做出更大的贡献，他们就能把我们的看法直接说给老师听，以决定我们的看法能否继续下去。"（马丁［Martin］，10 岁男孩，引自 Hudson 2005）

值得注意的是，有一些年轻人因为参与学校活动而发展成为当地的官员或领导人。赫德森认为，担任学校委员会委员的年轻人中有许多人发展了政治化的身份。学生们说出了他们当选学校社区代表的经验。

> 我认为，在学校委员会的三年……我们的确提高了许多，也认识到了许多应该做的事。七八年级待在学校委员会时，我本来不认为我们能够有这么多的收获。但是这几年下来，我们确实发展和获得了很多我们所想做的事情。
>
> （查伦［Charlene］，10 岁女孩，引自 Hudson 2005）

> 我的确认为这是有效的，因为每次会议都会提出相当多的不同观点，其中有很多得到了解决，特别是有关课程和教师发展的事情。
>
> （西奥［Theo］，9 岁男孩，引自 Hudson 2005）

一些原先是学校委员会成员的学生后来当选为当地一个论坛——捍卫者理事会——的成员，这个论坛与当地官方理事会是同级的。12 岁的学生就可以成为社区捍卫者，而且任何 12 岁以上的学生都可以投票。最终，有 4 名学生当选，这些学生真正发展了力量感和效能感。

> 我选择支持捍卫者理事会，是因为我觉得通过将自己和其他人的看法变成行动，自己能够变得有意义。一想到跟教育和安全有关的问题、住房问题等……我真觉得充满了力量，受到鼓动去为社会做更多的事情……我已经学会了如何融入世界并捍卫自己的立场。
>
> （卢克［Luke］，7 岁男孩，引自 Hudson 2005）

尽管得到积极肯定，一些教师仍担心会给予学生过多的民主和言论自由。赫德森指出，许多教师对公民教育的理解，更多的是强调学生的责任，而不是关心学生的权利。

> 我仍然认为，学生们在理解权利和责任上有很多困难，我原以为他们能够负起更多的责任参与处理事务。
>
> （B 年级主任 [Head of Year B]，引自 Hudson 2005）

> 我认为，困难在于如何平衡权利和责任两者之间的关系。因为从教师的角度来看，我认为已经看到了某些学生非常非常坚定自信，但是学生们没有认识到，必须要有某种回报，或必须要达到某种平衡。
>
> （A 科主任 [Head of Department A]，引自 Hudson 2005）

这些意见与一些学生的意见截然不同，这些学生表明他们学到了如何在更加广阔的社会中与成年人、与自己的老师进行民主对话。

> 我意识到其实学生可以与教师地位平等，受到尊重地工作，得到我们都想要的，能够交流及讨论我们都想要的。我们可以告诉老师我们担心的事情，而不是让他们来帮我们安排好所有的事情。这就是我所学到的。实际上也就是，我们可以讨论问题。我想我现在已经变得更加成熟了。我理解老师从哪里来了。
>
> （沙代尔 [Chardelle]，10 岁女孩，引自 Hudson 2005）

为了反映她的调查结果，赫德森指出，应该将这一活动的下一阶段信息反馈给教师，强调学生们已经确认了的优势。她还建议，假如从一开始就提供给教师一个人权框架，并且让教师理解依据权利和责任而划定的公民身份，他们的忧虑可能会有所减少。

在该项目的进行过程中，学生之间的民主对话得到了延伸，这些学生能够接触到地方官员，并得到鼓励参与解决校内、地方社区乃至全球范围内的事务。开放性课程使他们忙于考虑公平贸易、道德消费和媒体对于伊拉克战争的描述等问题。这些已经不是单纯的学术活动，而是鼓励学生对民主进程产生影响，积极参与社会事务并表达自己对国内外问题的意见。

维护民主的做法

民主化的学校教育需要对话，也需要一个开放性或国际化的视角。这种对话使教师、学生以及其他学校成员之间的普遍价值观和相互尊重得到发展。目前学校民主化的尝试面临着很大的挑战，因为学校复杂的结构、法律框架和民众的期望是来自专制而不是来自民主的传统，这些专制的传统与公民期望过民主生活之间的矛盾仍然存在。正如我们已经列举的例子所表明的，个别学校改变它们的做法参与民主化进程是可能的，我们所研究的两所学校显示了学校领导者的决心和远见怎样促进关于人权和赋权的民主学习。然而，这些举措应该是可持续的，学校需要适当的立法框架。民主的一个重要特点就是它需要不断更新和发展。专制的学校破坏民主。民主的公民教育意味着对学校内部权力关系的审查，也意味着一种新的学校教育文化的发展，这种文化要求教师和学生共同努力去建立民主化的学校。

9. 权利和责任

引 言

我们认为公民教育应该是这样一个领域：可以辩论政治主张、探讨争议问题，而不是回避这些问题。我们有理由相信公民彼此之间都有责任，然而，在强调青少年责任而不是权利的公民教育讨论中有一种趋势——倡导道德情操，忽视社会背景。这有效地导致了去政治化的公民教育。

当国际文献明确界定了人权时，还没有相应的法律条文规定个人责任。久负盛名的"责任"一词肯定存在着虚化辞藻，而这些责任是如此流行以致讨论其基本含义变得非常重要。在这一章中，我们将考察人权文献并借鉴各个国际委员会的建议，探讨国际社会对正在逐渐被接受的责任达成一个共识的可能性。我们分析的目的是促进责任问题的讨论，并分析它们为教育提供普遍价值观的基础的可能性。

去政治化的权利（De-politicizing rights）？

在许多方面，与人权教育相关的内容和教学方法，现在已经有据可查，并且得到了政策和国际通行教科书的支持。①尽管促进人权是民主包容性必不可少的一个因素，人权话语可能会威胁到那些当权者，讽刺的是当权者也包括当选的代表们。绝对的人权话语往往被视为挑衅或潜在的煽动。无论是促进人权的主张还是实现人权的主张，都要求展开政治争论——关于人权主张的局限性和与之对立的观点。同时，责任也被用来作为去政治化的一种方式。例如，"克里克报告"里提到的关于英国公民教育的措辞更加重视责任而不是权利，"提供关于学校公民教育的有效意见——包括参与民主的基本特征和实践；个人作为公民的职责、责任和权利；人的社会性和社会价值"（QCA 1998：4）。

在提交给克里克委员会的证据中，英国青年委员会（British Youth Council）还认为有必要使年轻人的所有建议有资格享有权利。它提议，课程"应该考虑社会归属的责任——公民的权利和责任。应该看到儿童和青年作为公民应该享有的权利和责任，以及当他们长大时这些权利和责任如何变化。还应该看到法律和司法系统，以及该系统与他们的权利和责任之间如何关联。"（QCA 1998：19）

"责任"一词可以用作温和的去政治化的修辞手段。因此，我们试图界定和探讨其在公民身份中的含义，从定义而言，公民身份是一个政治领域。在试图分类和列举责任时，也许对某些责任（例如税收）应该适当立法以强制执行，而其他义务（例如投票权）可能必须依靠个人良知和集体社会伦理。我们试图提供一个讨论责任的起点，并认为这次讨论对那些制定政策和指导方针的人，包括制定宗教社会和世俗社会

---

① 这些收集自网站 www. hrea. org 的一些语言版本。

中学校行为政策的人来说非常重要。考虑到责任话语的普遍存在，我们审查了世界上那些现有定义并试图将它们综合起来，与界定权利这一概念一样，界定责任这一概念的含义。

确定责任

《世界人权宣言》第 29 条指出："人人对社会负有义务，因为只有在社会中，个性才可能得到自由和充分的发展。"这里明确提及的义务（或者现在更多称之为责任）作为人权框架的基本要素，在自由民主社会中相对较少被提及。从签署《联合国宪章》到通过《世界人权宣言》，人们花了三年时间来确定令各方满意的人权，却从没以这样的尝试来界定人的责任。

1947 年勒内·卡森（René Cassin）试图在《世界人权宣言》中列入义务（Cassin 1969）。然而，埃莉诺·罗斯福（Eleanor Roosevelt）认为推动了反纳粹和反法西斯主义战争的个人自由原则是压倒一切的。直至制定权利后，各方才同意制定义务，但是没有召集任何委员会来承担这一任务。事实上，目前很多人权话语自动将责任和权利联系在一起。比如吉登斯（Giddens 1998：66）提出了一句格言："无责任即无权利。"（no rights without responsibilities）实际上这一观点是有问题的。所有人都享有权利，如果仅仅因为他们没有行使责任就剥夺人的某些权利（如受到公正审判的权利或受教育的权利），那就破坏了人权的基础。

将权利和责任联系起来必须是在互惠的基础上，拥有权利的人有帮助他人实现权利的义务。南非国家儿童权利委员会受到启发出版了一本小册子，它很快在青少年学生之中流行起来，小册子中给出了一些实例，例如："儿童有权生活在一个纯净的环境中……并有责任不去污染它"，"儿童有权利生活在没有暴力的社会中……大家都有责任不施暴于他人"（Save the Children 1999）。

因此，权利衍生出责任是可能的，但是试图用这种方式来获得一个定义则是错误的，权利和责任不存在简单的对等，这一点很明确。设在日内瓦的国际人权政策理事会（International Council on Human Rights Policy, ICHRP）开展了一些有益的基础工作，它确定了个人义务的三种类型。

- 个人作为国家工作人员时尊重、促进和保护人权的义务；
- 个人负责任地行使自己权利的义务；
- 个人对他人和社会的义务。

（ICHRP 1999：15）

义务的第一种类型是扩大的国家义务和责任，因为它专门指那些有能力为国家工作的人。义务的第二种类型落在人权框架内，因为权利已被明确界定了。理解对人权的限制是理解人权的一个基本要素，因此个人对他人和社会的义务是第三种类型，它需要一些定义和例子。在试图界定责任时，我们的出发点是，享有权利永远不能与接受责任连在一起。例如，大选的投票权不能只赋予那些认真行使了个人责任的人，尽管这些人更了解他们所支持的候选人的政策。

国际声明中的责任

《非洲人权和民族权宪章》（1981）

人权文献中第一次试图确定责任的，是 1981 年由非洲统一组织（Organization of African Unity, OAU）的会员国通过的《非洲人权和民族权宪章》（*African Charter on Human and Peoples' Rights*, ACHPR）。该宪章规定了义务和责任。第 25 条得出如下论断：所有的权利和责任是相互的。它使国家有义务贯彻落实宪章中的教育权利并"确保这些自由和权利以及相应的义务和职责得到理解"。

接下来,这一章(第27—29条)规定了个人的而不是国家的或家长的义务和责任。

第27条

1. 个人对其家庭、社会、国家以及其他得到法律认可的地区和国际社会具有义务;

2. 个人权利和自由的行使应该适当考虑他人的权利、集体安全、道德和共同利益。

该条款列出了个人对从家庭到国际社会的各种集体的义务。这些义务的准确含义表现在以下条款中。

第28条

个人有平等地尊重和关心同胞的义务,并保持旨在促进、维护与加强相互尊重和容忍的义务。

在这里,该宪章将尊重、宽容和不歧视定义为个体的相互责任。

第29条

个人还应当有以下义务:

1. 为维护家庭和谐发展、家庭凝聚力和成员相互尊重而努力;尊重父母,赡养父母。

突出作为社会基本单元的家庭和对父母的尊重,是对许多宗教传统和社会中盛行的道德立场的表达。《世界人权宣言》第16条也认为家庭是社会的基础。然而,在社会上,家庭的结构正在发生根本性变化,出现了越来越多的单亲家庭和各种形式的家庭生活，可能还会出现许多没有家庭生活经验的公民，例如那些由国家抚养的人。所以，严格来说，人们还不清楚这种义务是普遍的人权。

《非洲人权和民族权宪章》第29条规定的义务涉及个人与国家、政府的关系。如第29条第1款给予家庭特权，第29条第2—6款给予国家特权。①这样一种公民对国家负责的态度，可以看成是由人权法赋予公民的对国家的相互义务和责任。这一整套义务可以概括为：

- 为国家服役，包括保卫国家免受内外威胁；
- 忠诚于国家，保守国家机密，依法纳税。

全球管理委员会

全球管理委员会（Commission on Global Governance，CGG）在纪念联合国成立50周年所发布的报告中，拟定了一系列普遍责任的项目（CGG 1995）。1989年推倒柏林墙后不久，德国前总理维利·勃兰特（Willy Brandt）积极推动全球管理委员会的建立，并且得到了时任联合国秘书长的布特罗斯·布特罗斯－加利（Boutros Boutros-Ghali）的支持。由圭亚那的拉夫尔爵士（Shridath Ramphal）和瑞典前首相卡尔森（Ingvar Carlsson）担任主席的全球管理委员会，共有近30个国家参加，广泛代表了整个国际社会。

全球管理委员会从所有人权文献中提取了一份清单，其中包括八项基本权利和七项普通义务。清单中所列的义务如下。

- 促进共同利益；
- 考虑自己对于他人的安全和福利等问题的影响；

---

① 见奥斯勒和斯塔基（Olser and Starkey 2001）关于个人对国家的责任的讨论。

- 促进公平，包括性别平等；

- 通过可持续发展和保护全球公域来维护后代的利益；

- 保护人类文化和知识遗产；

- 积极参与管理；

- 为消除贪污腐败而努力。

（CGG 1995：57）

与《非洲人权和民族权宪章》不同的是，这份清单并不是将个人义务与国家或政府联系起来。因此，虽然这两种表达都提到了后代，但起草于国家建设时期的《非洲人权和民族权宪章》，局限于关注国家的领土完整。全球管理委员会则采取了一种更具全球视野的看法。其中，对全球公域的关注反映了联合国内部在起草关于气候条约和海洋法规时的斗争。

这些表达中的一部分需要在某种背景下才有意义，促进共同利益（common good）的看法需要理解什么是"共同"。每一个政党及其运动和每一种宗教都建立在争取民心和资源等共同利益理想的基础之上。20世纪一些声名狼藉的领导人，如希特勒等，以"共同利益"的名义要求他们的公民成为侵犯人权和种族灭绝的帮凶。共同利益在21世纪需要参考联合国有关自由、正义、发展、民主与和平的目标来下定义，这也是一个需要谨慎对待的概念。

> 公民身份（在多元社会中）包括：承认社会多样性；对其他人特别是不同"种族"的人持开放态度，也就是团结和尊重；接受基本的所有人平等的价值，接受所有人的权利和责任；拒绝任何形式的剥削、不公平待遇或种族主义。这意味着在适当的而不是不适当的地方考虑到差异，不过这并不意味着对"共同利益"的盲目承诺。

（Figueroa 2000：57）

· 195 ·

由全球管理委员会提出的七个普遍责任在自由和多元化的政治背景下是毋庸置疑的。人类的文化和知识遗产必须依据其多样性进行定义，而不是用"一个（公开）不变的、单一的社会和文化遗产"这样的措辞（Figueroa 2000：50）。这种与族群国家主义相联系的公共定义已经成为暴力、侵犯人权和种族灭绝的借口，而世界性公民把维护多样性的责任作为人类的本质。

第七个责任——消除腐败，是创新性的人权话语。腐败实际上腐蚀的是公正、平等和可持续发展的主要保证——民主，要证明这一点并不是很难。此外，正如我们在第 7 章所讨论的，还有其他一些力量，特别是种族主义，同样损害了民主。

国际行动理事会（InterAction Council）

全球管理委员会成立两年之后，日本前首相福田鸠夫（Takeo Fukuda）召集一些前国家元首和政府首脑，组成了另外一个小组，向联合国提出了《人类责任世界宣言》（*Universal Declaration of Human Responsibilities*）草案。尽管这个组织的成员都是知名人士，但是他们的工作并没有得到普遍的认可（ICHRP 1999）。该草案共有 19 章，扩展了全球管理委员会所提出的七项原则。

事实上，该宣言起草时没有使用普通术语。例如，第 3 条建立在区分"好"和"坏"的基础之上，而关于好和坏没有公认的标准。第 6 条包括各国政府以及个人的责任。第 11 条是关于负责任地使用财富。第 13 条细化了专业人员承担的责任。第 14 条列出了媒体的责任。第 16—18 条规定了两性关系、婚姻和养育子女的原则。所有这些都是受限制的，而不是普遍类别。

其中，对于责任的一个独创性看法是"勤奋努力发展自身才能的责任"（第 10 条）。这种自我完善的个人责任，可能需要由政府或社会提供机会，特别是教育和培训的机会。

欧洲的定义

欧委会有力地推动了人权教育，从 1999 年起这种推动包括了审议责任与权利。推动政策发展的人员可能已经知道了国际行动理事会的宣言草案，教育部长委员会通过了一份以公民权利和责任为基础的《公民民主教育宣言和行动纲领》（*Declaration and Programme on Education for Democratic Citizenship, Based on the Rights and Responsibilities of Citizens*）（Council of Europe 1999）。部长们承诺"在消除社会排斥、边缘化、公民冷漠、狭隘和暴力方面负起共同责任"。

同年，欧洲议会通过了一项建议（第 1401 号）——《个人责任教育》（*Education in the Responsibilities of the Individual*）。它借鉴以前文献的基本价值观，尤其是《欧洲人权公约》、《世界人权宣言》、《欧洲社会宪章》（*European Social Charter*）（Council of Europe 1961）和《保护少数民族框架公约》（*Framework Convention for the Protection of National Minorities*）（Council of Europe 1995）的表述，得出的结论如下。

> 每个人都应该做到，尤其是做到如下方面：
>
> a. 充分尊重他人的尊严、价值和自由，不论种族、宗教、性别、国籍、民族血统、社会地位、政治见解、语言或年龄；每个人都应该本着友谊和容忍的精神与他人共处；
>
> b. 不采用身体暴力或精神压力而应该和平行动；
>
> c. 尊重他人的意见、隐私以及他人的个人和家庭生活；
>
> d. 表现出对他人权利的拥护和支持；
>
> e. 对自己信仰的宗教要虔诚，尊重其他宗教，不煽动仇恨或鼓吹盲信，而是促进相互宽容；
>
> f. 尊重环境并考虑到子孙后代的幸福而适度利用资源。
>
> （Council of Europe 1999）

这份清单介绍了一些在《非洲人权和民族权宪章》与全球管理委员会所制定的清单中没有出现的因素，例如和平行动和尊重隐私。和平行动是《联合国宪章》精神中意义重大的表述，也是尊重尊严的合乎逻辑的一个延伸。尊重隐私是《欧洲人权公约》中规定的对隐私权的一种相互责任。

这份清单表示出对他人权利的拥护和支持，这与全球管理委员会强调个人应促进公平是一致的。此外，这份清单还就对于子孙后代生存环境负责的重要性达成了一致。

明确表达信奉宗教而"不煽动仇恨或鼓吹盲信"的责任，似乎符合对于欧洲议会通过建议的时机的特别政治担忧。类似的表述在国际行动理事会的宣言草案的第 15 条中也可以找到。然而，宗教运动并不是这种煽动行为的唯一形式，政党和媒体可能用完全世俗的话语来煽动仇恨。避免煽动仇恨的责任包含在尊重他人的尊严、价值和自由之中。草案指向的仅仅是那些信奉宗教的责任，而不是一个普遍现象。

责任界定：一个综合

从审视界定责任的这些国际化尝试开始，我们已经拟定了关于普遍责任的清单。与我们在第 8 章中提出的一系列源自人权的教学原则相同，我们认为在教育中，得到公认的关于普遍责任概念的要点，是行为守则和其他政策发展的一个起点。

A. 对他人的个人责任和集体责任

不管社会角色或地位如何，每个人都应该尊重和促进他人的尊严和人权。每个人都应该：

- 考虑自己的行动对他人安全和福利的影响；
- 体谅并尊重他人；

- 争取平等包括性别平等；

- 尊重个人隐私；

- 采取非暴力行动。

B. 在地方、国家和全球范围内对社会做出贡献

每个人都应该：

- 争取自由、正义、发展、民主与和平；

- 发展技能和才能，并充分利用受教育机会；

- 尊重法治；

- 表现出对他人权利的拥护和支持；

- 积极参与政府管理和民权社会；

- 努力消除腐败。

C. 对子孙后代的责任

从个人和集体的角度来看，每个人都有责任来实践可持续的生活方式并且维护和加强以下方面：

- 人类的知识遗产和文化遗产的多样性；

- 和平及有创造性的社会结构；

- 全球环境下维持生命的资源。

责任清单（An audit of responsibilities）

这些普遍责任陈述了世界公民道德价值观。与其他道德守则一样，除非得到重视和落实，否则它只是一纸空文。公民教育要求，在处理个人、社会和健康教育问题时，学校应该提供机会，让学生、教学人员及其利益相关者来审议和辩论这些既是个人的又是共同的责任。所有的学校成员，包括学生、教师和后勤工作人员，应该有机会考虑自己的责任

和涉及他们的行为及生活方式的事情。因为它们被当成普遍责任，适用于成年人，同样也适用于年轻人。

考虑自己的行动对他人安全和福祉的影响

密切接触时大多数人会相互影响，考虑到这些在学校中尤为重要。尽管个人有体谅他人的责任，但是，在得到认可的行动和程序逐渐形成的过程中，制度还是有很大帮助的，举例来说，沿着楼梯左边走或者不在走廊奔跑，这些简单的做法将大大有利于他人的安全和福祉。

体谅并尊重他人

体谅他人需要考虑到那些可能受到我们的言行影响的人的权利和需要。重要的原则是，他人的尊严必须得到尊重。教师一定要注意对学生有礼貌以及尊重学生，正如他们对学生所期望的那样。每个教师都要尊重学生姓名的严肃性并且要正确发音。故意骂人，如种族主义、性别歧视或者恐惧同性恋的评论或玩笑，不应发生在相互尊重和体谅的社区中。

争取平等包括性别平等

考虑到平等对待的权利，制度需要有助于确保公平的政策。与此同时，个人有责任尽最大努力来落实这些政策。这意味着至少要让教职员工和学生了解机会均等问题和为之制定的政策。理想的情况是，允许教职员工和学生参与这些政策的制定，允许所有政党或其代表参与政策的制定和监督。政策应该包括课程、学校纪律和校风。性别平等不应该脱离其他涉及平等的问题，例如种族平等问题和残疾人的平等问题。

尊重个人隐私

这是个人隐私权的另一面。那些掌握个人资料和机密信息的人有责任保密，只有在得到特别许可以及为了获得有利的帮助和支持的情况下，才能共享这些资料和信息。

采取非暴力行动

虽然在一些由规则控制的机构中，人们采用某些胁迫手段已成惯例，但是这些手段不应该包括使用武力。侮辱性言论和没有肢体行为的威胁性行为本身，就是潜在的暴力行为，这不应该发生在基于尊重的学习型社会之中。

争取自由、正义、发展、民主与和平

这些原则是联合国建立的基础。这些原则可以通过学校课程、课外活动、校风以及学习型社会管理中所提供的机会得到落实。

发展技能和才能，并充分利用受教育机会

我们每个人都有责任在一生中接受正规和非正规的教育来发展我们的技能。

尊重法治

尊重法治未必等同于接受个人规则一定是更广泛社区的最大利益的看法。一些规则可能需要改变，这是改变不公平或没有立法权威的运动的民主进程的一个组成部分。

表现对他人权利的拥护和支持

不仅仅是体谅他人，还要在民主社会中采取积极措施确保他人的权利得到维护。

积极参与政府管理和民权社会

公共机构有义务提供能够使人参与其中的组织。个人都有责任参与，参与形式可以多种多样，最基本的形式可能就是投票选举代表。学校有责任建立参与性组织，例如学校委员会或班级委员会，并且应该鼓励学生考虑影响他们的问题和决定。这些组织应该有分配资源的责任。

努力消除腐败

大部分学校都需要财政资金投入，那些最终向公共机构负责的学校必须对这些资金的使用负责。民主意味着资源使用的透明性，任何不符合公共机构的目标而使用这些资金的情况均可视为腐败。公共机构的成员、教职员工和学生，都应该认识到腐败的可能性，并且应该知道如果涉嫌腐败，将会对他们采取什么措施。至于安全问题，预防措施必须到位。消除腐败的努力可能是集体的事情，例如，家长联盟或家长协会。

对后代的责任

公共机构的所有成员将致力于维护资产和保护公共设施。他们也将接受教育，形成全球视野并理解可持续发展概念。学校应该提供机会让学生熟悉当地21世纪的规划。《全球公民课程》（*A Curriculum for Global Citizenship*）（Oxfam 1997）的出版，为所有年龄阶段的学生提供了详细的指导和资源。还可以在《当代人对后代人的责任宣言》（*Declaration on the Responsibilities of the Present Generations Towards Future Generations*）中找到更为普遍的指导（UNESCO 1997）。

儿童对于权利和责任的理解

有人认为，一旦了解了自己的权利，年轻人就会要求不承认责任的权利。还有人认为年轻人不想负责任，并声称他们的这些观点是在保护成年人。这不仅是对基于对等原则的儿童人权（也就是说，尊重和维护其他人的权利）性质的根本误解（例见 Osler and Starkey 1996，1998；Flekkøy and Kaufman1997），而且也低估了年轻人的能力，看不到年轻人愿意承认自己的责任。

在一项以英国种族平等委员会（Commission for Racial Equality）名义进行的研究学校开除学生的项目（Osler 1997a）中，年轻学生被邀请对改进学校纪律提出自己的意见。他们承认，为确保学校良好的秩序，使每个人都有学习的机会，他们与教师共同承担了责任，同时，他们渴望发展自己的技能和能力来解决纠纷以及更充分地参与决策过程。在我们的研究过程中，学生们确实开始对如何采用正确方法来管理学校纪律和最大限度减少学校开除学生进行协商，并参与其中。这为教师的创造性见解提供了丰富补充，也为我们提供了新的视野（见本书第 3 章）。需要指出的是，学生强调：按照《儿童权利公约》的规定，如果要确保年轻人更多地参与决策过程，学校不仅要提供可以参与的组织（学校委员会、班级委员会等），而且要使儿童具备参与的技能（如宣传、咨询和倾听技巧、解决冲突的技能）。学生把正规的参与权看成是一所纪律严明学校的基本组成部分。

理解互惠互利

21 世纪的世界是一个地球村，不同的传统和文化共存并且相互影响。这是丰富创造力的一种来源，也是在严重不平等背景下紧张局势和冲突的一种来源。学校，特别是那些在城市里的学校，常常是全球人口多样性的缩影。即使学校的组成单一化，它们也必须为学生生活、工作在一个多元化世界里做好准备。由于这些原因，教育在帮助青年公民发展价值观和技能方面是至关重要的，这些价值观和技能将帮助他们提高对全球关注的和平、可持续发展和实现这些的方式——民主和人权——的认识。

公共机构和个人都拥有权利和责任。在教育方面，人们期望参与的学生、教师或者后勤人员了解《世界人权宣言》第 26 条第 2 款所规定的关键原则和指导方针。这一研究和《世界人权宣言》在一定程度上刺激了价值观的形成，比如那些办学宗旨中的有关声明和政策文件。

关于人权价值观教育的应用已经有大量的研究，强调权利和责任互惠性的观点正在逐渐形成。这比较容易让人接受自己拥有权利的观点，因为这有力地证明他们可以期望获得一些好处，例如受到保护和得到服务。另一方面，职责不是意味着获取，而是给予；不是意味着个人主义，而是社区和集体感。这一直并将继续是许多宗教传统和价值观念的一项功能。在日益世俗化的背景之下，教学面临持续不断的挑战，即促进责任与权利相联系以实现全球关注的事项。

10. 变革中的领导权

引 言

　　围绕教育管理和学校领导权的话语正在发生着变化，尤其是"多样性"和"种族平等"等术语正被用在改进学校和学校标准的辩论之中。本章将讨论学校领导权话语变化的一些原因，探讨这些发展是否反映了学校领导权的培训者和研究者的专业文化正在不断变化，尤其是思考平等和多样性被纳入主流思想的程度。我们听取了校长和担任英语教育服务领导职务的人的看法。我们对学校领导，特别是那些对种族平等做出了明确承诺的人的观点进行研究，并思考他们的意见和经验得以影响这个领域政策的方式。我们特别重视来自少数族裔社区的学校领导的职业和生活经历。我们将校长看成公民，将促进种族平等的领导权看成公民权的一个方面。越来越多的学校认识到咨询学生并让他们参与决策的好处，因此，本章将借助学习者的声音得出一些结论，并且提出这样一个问题：儿童对改变学校领导权能够做出什么样的贡献？

种族：领导盲点？

自从"斯旺报告"（Swann Report）（DES 1985）出版以来，英格兰的教育管理专家都不可能不注意到以实现族群平等为目标的教育体系的失败。从 20 世纪 90 年代开始，地方教育局和其他研究提供的证据表明，政府和学校管理专家掌握着因种族导致的成就差异的明确统计数据（Gillborn and Gipps 1996；Gillborn and Mirza 2000）。

第一份官方报告提供了对于不同种族学生在小学教育最后阶段（关键阶段 2）直到 16 岁中学会考（Tikly *et al.* 2002）这个过程中所获得成就的全国性描述，证实了族群之间存在不平等。这份写于 1997 年的报告是政府履行承诺的第一步，既是对少数族裔成就拨款（Ethnic Minority Achievement Grant，EMAG）的评估，也专门用来消除不同族群年青一代之间由获得不平等的公共资金而对其成就所产生的影响。为提高成效，研究人员研究了英格兰各地教育局的行动计划和战略部署。① 这些行动计划包含各地教育局为了提高成绩而制定的目标和战略部署，以及不同少数族裔群体的成绩数据。这项研究对比了地方教育局的计划与少数族裔的成就，以便给各地教育局关于提高少数族裔成就的目标和战略提供一些提示。在弥合发展差距最有成效的计划中有一些共同的因素，那就是：

---

① 这些计划是由地方教育局为了那个超过两年（1998—2000）的"埃马格计划"（EMAG）所申请的机制，也是由它们来向政府表明打算如何使用这些补助金的机制。这些行动计划不允许进行可靠的因果效应的分析。然而，从这些数据中，有可能确定地方教育局的战略，这些战略在"埃马格计划"最初几年出现，将在提高少数族裔学生的成绩方面造成最大的差异性。

- 帮助学校监测成就（按种族/性别），并把重点放在那些学习成绩不佳的群体上；
- 对照和传授良好做法；
- 为少数族裔学生制定有效的目标。

（Tikly *et al.* 2002：15）

报告显示，只要有地方教育局的有效领导和支持，并且能够联合当地社区开展工作，学校就能在此基础上拉近成绩差距。

相对而言，各个少数族裔的学生所取得的成就也存在着巨大的差异。例如，根据地方教育局的统计，孟加拉国学生小学毕业时，英语标准考试成绩达到 4 级及以上的比例（SATs）介于 53%—71%，加勒比地区土著学生义务教育结束时，普通中学会考取得 5 个或以上 A* 到 C 等级的比例介于 16%—59%。这些巨大差异无法仅仅解释为学生其他方面的差异，如社会阶层。数据表明，地方教育局在支持学校实现种族平等上能够产生很大的影响，而且各地教育局可以相互学习、相互借鉴。尽管调查结果非常有趣，政府官员仍然选择不公开发布研究报告，因此避免了对于小学中一直存在不平等现象的公开讨论，也避免了公开讨论地方教育局在拉近成绩差距方面及其他方面所产生的影响。实际上，不公布这些调查结果，中央政府失去了一次在帮助提高成就方面发挥其领导作用的机会。

尽管证据显示根据种族划分的学生群体之间的不平等显而易见，但20 世纪 80 年代和 90 年代出版的英国教科书为激励学校领导而很少提及公平问题。更为典型的是有一本关于学校管理的书，在其收编的文章中有一章是关于性别问题的，但如果根据目录去寻找关于性别、种族或社会阶级的内容就会发现，这些概念并不探讨任何有深层次意义的问题（例见 Bush *et al.* 1999），也没有收编这一时期大多数教育管理专家的分析探讨。许多教育管理书籍也没有提到种族平等或多样性。这很令人奇怪，因为这些书出版时，大量黑人和少数族裔社区已经成立了几十年，而且 20 世纪 90 年代，英国正经历移民潮，需要许多学校容纳新来的难民和寻求庇护者。

未能成功将平等问题的解决作为衡量学校领导权的一个重要方面，是考虑到由种族、性别和社会阶层所造成的不同群体学生之间成就的巨大差异，并对此表现出极大担忧。20 世纪 90 年代，英国历届政府相当重视提高教育标准，学校以全面提高的大学入学考试和普通中学会考的成绩和结果作为证明，回应了这一挑战。尽管总体上有所改善，但是在全国平均数和加勒比黑人、孟加拉及巴基斯坦裔年轻人的平均数之间，仍然存在巨大差距（DfES 2002）。

在英格兰，学校管理专家不愿意看到因种族导致的学生成绩差异受到学校领导的特别关注，因为，这种观点与传统上由白人和男性占主导权的学校领导权模式是相匹配的。对女性领导权经验的研究（Adler *et al.* 1993；Ozga 1993）和少数族裔男性与女性领导权经验的研究（Osler 1997c），还没有被培训人员和研究人员广泛利用，以开发更具包容性的学校领导权模式。这传递给有抱负的女性校长和（或）黑人校长的主要信息是：他们的经验微不足道。20 世纪 90 年代，主导性杂志《教育管理和行政》（*Educational Management and Administration*）也未能吸引为数不多的针对多样性或种族平等的项目，这些问题没有引起大多数做出贡献的人的注意。这个时期，有抱负的班主任工作在如伯明翰和莱斯特等多元化的城市里，参加教育管理硕士课程的学习，并顺利完成这些没有解决平等和多样化问题的课程，也就不足为奇了。

豪言壮语与现实

围绕教育管理和学校领导权的话语发生了重大变化。"学校改进工程"、"种族平等"、"标准议程"和"多样性"等词汇，现在被一起使用在教育政策发展和学校领导培训之中。这是一个新的发展。在英国，部分是因为《2000 年种族关系法（修正案）》把促进种族平等作为所有公共机构包括学校、地方当局、政府部门和监督机构的责任。

学校领导权培训和研究话语的不断变化，也可以从现在能够看到的关于族裔和成就不断改进的官方数据中找到部分原因。学校年度普查提供的中学生水平（Pupil Level Annual School Census，PLASC）数据，不仅能监测到由种族和性别带来的成绩差异，而且还能够看到学校和地方教育局的政策与做法正帮助弥合差距，以实现不同群体间学生更大的公平。

随着《2000 年种族关系法（修正案）》的颁布实施，对学校来说，单纯防止种族歧视已经不够了，还必须积极促进平等。我们的研究（Osler *et al.* 2003）表明，地方教育局和学校已经通过采取适当措施解决由种族引起的成绩差异来贯彻落实这一法案。在这种形势之下，他们都承认自己对学习者有责任，并且正逐步地落实他们作为主管人员的职责，采取措施促进不同种族的工作人员之间良好的关系。我们发现，该法案执行 18 个月之后，我们所研究的三个地方教育局（伦敦区、一个文化相当多样的地级市和一个少数族裔工作者相对较少的郡县）中，没有一个已经采取适当措施来解决和防止教师因种族受到骚扰的问题。虽然该法案可能是实现种族正义的一个重要工具，但是，2003 年为评估该法案执行进展情况，贸易和工业部（Department of Trade and Industry，DTI）进行的一项针对公共部门主管人员的调查发现，半数以上的中小学校、大学无法得出一个显示进展的明确结论（Richardson 2004）。

根据《2000 年种族关系法（修正案）》，教育标准署（Ofsted）必须对学校进行检查，以确保它们正在履行义务促进种族平等。内政部官员菲奥纳·麦克塔格特（Fiona Mactaggart）将法案提上政府议事日程以提高公共部门的服务水平，他说，"公共部门改善种族平等的做法可以支持政府更广泛的公共服务改革目标"（2003：36）。但是，研究证据表明，这种变革的进程十分缓慢。为贯彻落实 1999 年斯蒂芬·劳伦斯的调查报告，政府授予教育标准署主导责任以监督学校如何处理和防止种族主义。同一年，综合招聘考试中心委托我们对教育标准署开展调查研究。虽然我们得出的结论是，学校检查机制足以使教育标准署履行政府授予的责任，但是，我们发现检查人员缺乏履行责任而应具备的能力。当时，教育标准署领导人也不接受这是其职权范围内的新责任的说法（Osler and Morrison 2000）。在我们研究了三年、《2000 年种族关系法（修正案）》生效一年多之后，下议院教育与技能委员会（House of Commons Education and Skills Select Committee）出版了教育标准署的工作报告，其中引用了综合招聘考试中心的材料。

教育标准署已经作出承诺，审查和汇报学校种族平等政策和履行其他职责的安排。然而，我们担心的是，所有检查员并没有关注这一信息，也没有关注在实践中这意味着什么。例如，以一所白人学生为主的学校校长联系我们，表示对最近视察学校的教育标准署检查员的担心。该校长说，因为学校少数族裔学生较少，核查员就否认了她和她的学校已经采取种族平等的政策，并且否认学校已经履行其他不太相关的积极义务……因为学校少数族裔学生较少，校长就将种族平等看作一个重要的问题……我们强调积极义务适用于所有公立学校，无论其种族构成如何。

（House of Commons Education and Skills Select Committee 2003：16）

专职委员会认识到，无论学生的族裔多样性程度究竟如何，作为领导者的校长在做好年轻人思想工作，使其采纳平等和多样性原则方面起关键作用。所有校长都必须表现出对这些原则的决心和信心。这都是法律的规定，反映了政府解决体制性种族主义的决心（Home Office 1999），接着，政府又公布了斯蒂芬·劳伦斯的调查报告（Macpherson 1999）。

教育领导权方面的一些专家已经认识到了社会不平等、不利因素及歧视对改进学校的限制。

> 英国仍然是一个种族主义严重的社会。歧视几乎存在于生活的每一个方面，影响着我们的社会、经济和教育生活的方式。在过去10年中，学校改进战略的重大成就是实现学生总体成绩的提高，然而，他们必须忍受社会的严重分化。在许多方面改进学校往往会加剧社会上下层之间的差距。人们日益认识到，即使环境因素合适，学校改进也仅仅可能提高生活机会。贫穷、家庭生活不健全、社会资本贫乏以及文化素质低下的社区，保留着比改善学校教育技术方面更强大的推动力。
>
> （West-Burnham 2004：16）

西伯纳姆（West-Burnham）的分析在某些细节上是值得借鉴的，因为它在许多方面是解决多样性和平等问题的一个真正尝试。西伯纳姆从一开始就承认，种族主义和歧视已经渗入英国的公共生活方式，教育也不能例外。他虽然没有反映种族主义和歧视对学生成绩的影响，但是承认学校改进战略有时会扩大成绩差距。他否认这些战略已经不知不觉应用于一些经常遭受歧视和种族主义问题的学生身上，并落入将学生划分成两个二元群体（即社会弱势群体和社会优势群体）的陷阱中，这就意味着"社会弱者"不仅是那些遭受贫困的人，还是那些家庭生活不健全、社会资本贫乏和文化素质低下的人。由此得出的结论是，这些因素可以解释学校改进战略所受到的限制。然而，在现实中，不仅有那些低收入者遭受家庭不稳定的困扰，而且，在谈到一些社区遭受着"文化贫乏"时，西伯纳姆指的是谁也不清楚。

西伯纳姆没有反思他所提倡的学校改进战略，在现实中是否需要寻求建立学生的社会资本和属于他们的社区，以及是否应该包括能适应和建立学生不同文化经验的课程。学校改进战略可能导致学生成绩差距扩大的原因之一，是它们往往对文化视而不见。事实上，如果他认为一些社区遭受着文化贫乏，不正意味着这些人的文化和生活方式不能被学校课程所承认或体现吗？

最后，尽管已经认识到种族主义和歧视，西伯纳姆没有依靠学校自身的道德和法律义务来挑战这些种族主义和歧视。他所指的学校改进战略可能根本无法解决种族主义。

一些评论员，特别是那些关注特殊教育需求儿童教育的评论员，提请注意政府的标准议程和学校包容性的承诺之间的紧张关系（例见Loxley and Thomas 2001）。关注这种紧张关系是重要的，因为从理论上讲，为所有人提高标准的目标与确保公平对待少数族裔学生的目标之间应该是互补的。但在实践中，标准议程涉及一项规模很大的测试制度。从学校教育开始，儿童（和他们的老师）就要做长期的准备并参加考试。考试的功能是告诉我们学校应该如何成功地满足不同群体学生的需要，提供可以反复使用的资源信息以满足那些需要更多支持的人。然而，考试是有问题的，它仍然是衡量学校成败的一个手段。由于学生的学业成绩必须公布在年度排名表上，学校"提高标准"的压力必然导致它们为争夺学生而进行竞争。学校不是通过满足那些差生（和因此教育成本相对昂贵的学生）的需要来提高标准，而是竞相争取那些用较少资源就能取得好成绩的学生。在此背景之下，公平的目标可能要让位于压力而居于第二位，以确保最多数目的学生在公开考试中考到好成绩。

在课堂上，许多教师对应试的教学感到厌烦，因此限制了课程的开发。学习者也感到考试的压力：学习成绩差的学生和那些有特殊学习需求的学生，不得不顺从一定的教学方案而无法满足其个人需要。对于这类学生，不稳定、不理想的成绩可能增强其失败感。标准议程应该做到能让所有学生实现他们的最大潜力。然而，教育工作者只能在一个有限的立法框架内努力，该框架期待学校在准市场中争夺有潜力、成绩好的学生。虽然认识到，要确保学校有能力转化学困生，立法改革是必要的，但我们坚持认为，提高标准要符合公平的原则。直接将教学资源用于成绩最差的学生，用于拉近成绩差距从而提高平均标准的所谓公平做法，势必影响整体的学业成绩。正如美国学校中研究公平问题的评论所观察到的：

> 在实现平等目标和实现高学术标准之间存在一种内在和关键的联系，而不是冲突。在许多方面，这两种活动寻求同一目标：不取决于性别、种族、阶级的教育结果。课程标准希望所有学生都能够取得成功，不管他们现在的成绩多么差或学习多么困难。
>
> （AAUW 1999：7 – 8）

新研究议程？

海氏管理集团（Hay Group Management）开展了一个研究项目，试图确定学校有效文化的价值观和信仰的构成（Hobby 2004）。研究人员给教师30个"价值观项目"，要求他们按照先后顺序进行排列。该报告将自己定位于学校改进运动的领导地位，借鉴了学校领导权及其有效性的研究。然而，这30个项目只有一个涉及公正和平等问题，即"为每一个人创造机会—拓宽视野—对抗不公正"，也没有邀请教师们来讨论公平问题或更广泛的社会公正和种族公正问题，而这些是一所成功学校价值观念的组成部分。这样看来，要真正实现种族平等，我们还有很长的路要走。

新的领导权话语将学校改进和多样性艺术性地联系在一起，但是它并不借鉴20世纪70年代以来地方教育局和学术研究人员为发展教育中的种族平等问题所做的大量工作。目前，从事教育领导、管理和政策（传统上赫赫有名的工作领域）的研究人员，和那些多年来关注学校种族正义问题（通常处在边缘上）的人之间很少合作。而如果研究有助于学校领导者，这些群体之间的合作将是至关重要的。

国立学校领导权研究院（National College of School Leadership, NCSL）已经受委托开展关于不同族裔学生群体的学校领导权研究，同时，也进行了关于少数族裔教师（例如那些来自非洲加勒比社区的教师）领导经验的研究。然而，目前尚不清楚这两个研究是否能够联系在一起。现有的模式有一个假设：领导权是白人（且大部分是男性）和不同背景的委托人（即学生和家长）的。新的领导权话语似乎正在借鉴曾经在国际（后殖民）背景下（例如香港和新加坡）工作过的学校领导权专家的工作，但是却没有借鉴在英国的黑人校长的经验。领导权专家从强调文化差异的跨文化角度探讨了多样性。由那些试图探索社会和体制文化的学校领导权专家提出的跨文化分析模式（Dimmock and Walker 2002），并没有解决平等和不平等问题。虽然国际性和相对性的框架也许提供了有价值的新见解，但是如果委托国立学校领导权研究院开展的新研究不注重文化差异，并且忽视体制和结构上的不平等，那将是不幸的（例如：Wright 1992；Osler 1997a；1997c；Gillborn and Mirza 2000；Wright *et al.* 2000；Tikly *et al.* 2004）。

对学校来说，要解决目前的不平等问题，并依据《2000 年种族关系法（修正案）》履行其促进种族平等的义务，领导者（和检查员）必须对教育系统中的结构性不平等有所了解，同时还必须具备一些技能和信心，这样他们不仅能够就体制性种族主义问题进行辩论，而且能够介绍政策和做法，让他们的同事能够营造更加公平的课堂环境。目前所用办法的危险之处在于，它假定学校是中立的地方，学校领导者都必须"处理"或"管理"多样性问题。承认了这些不平等，那么，这些文化（不）理解现象就可以被解释了。这一框架可能生成研究成果（和培训材料），在其中文化相互理解而非公平是关注重点。强调差异可能会以牺牲公平为代价。

学校领导和种族公正

如果学校计划发展为包容性社区，那就必须承认平等和多样化这一对原则。继斯蒂芬·劳伦斯对校长进行调查之后（Macpherson 1999），我们的研究（Osler and Morrison 2000，2002）表明，校长们已经开始认识到教育体制中的种族主义，并且有意尽快开展工作解决这一问题。不幸的是，他们并不十分清楚通过他们的领导，个人如何发挥作用。有些人认为根据种族和性别监测学生的表现是必要的；但也有一些人认为，学校要有所作为，重视个别学生就已经足够了，"机会平等的前提是要非常了解孩子需要什么，要实现什么目标并能够进行追踪"（中学校长，引自 Osler and Morrison 2000：133）。这位校长已经被斯蒂芬·劳伦斯的调查结果和剧本《公正的颜色》（*The Colour of Justice*）所打动。她吐露说："我们的一些工作人员确实存在种族主义方式。"她的解决办法是："当学生们想要举行开斋节聚会时，要表示非常支持，或者，假如大多学生要做些什么，你要非常明确地尊重他们而且重视他们的行为……你应该给予他们领导权然后让其渗透下去。"（Osler and Morrison 2000：133）

这位校长认识到她的员工中存在种族主义做法，但她的反应不是为教师提供培训或采取纪律行动，而是将重点放在文化活动方面。相比之下，同一个教育局管辖之下的另一位校长，则相当重视小组监测以识别结构性不平等，同时，相当重视确保年轻人离开学校时拥有毕业证书，因为这将使他们在未来有更多的选择。

　　我们学校正面临的最大挑战之一是成绩。广大青年如何可以看到教育指向。有越来越多的学生用他们的行为提出挑战。年轻人在这里应该能够拓展经验，以使他们在外面的世界中有一个选择。我希望年轻人能够受益于他们在这里的教育。他们必须通过考试，这是目前要进行选择所必需的。所以，是的，对于不同青少年群体，我们有指标来确定所有群体都受益——由于种族和性别受到监测。

（中学校长，引自 Osler and Morrison 2000：134）

这位校长知道社会和学校结构上的不平等，使某些特定种族群体的学生处于不利地位，他的分析和实践，扩大了对学校在处理某些特定种族社区学生时不平等做法的关注。他知道在地方教育局范围内，加勒比黑人男孩和巴基斯坦裔男孩比同龄白人孩子更容易受到纪律性惩戒。他还意识到，这些学生群体的平均成绩要低于同龄白人学生的平均成绩。明确了这个问题，他直接雇用社区工作者，帮助那些他相信成绩不佳和/或容易受到开除的学生来解决这个问题。他预期教育标准局检查员将上调他的学校开除率，而当事实被证明并非如此时他们会有点吃惊。在这所学校，监测不是一个单纯的统计工作，而是为实现更大公平，重新分配资源过程中的一个部分。

尽管校长们领导作用发挥的程度各不相同，但是他们都认识到处理学生种族主义行为的必要性。他们还认为应该在更广泛的社区中开展这项工作。

实际上，我认为当学校中少数族裔学生比例较小时，你必须做出具体的决定来包容……课程内容必须包括其他文化，这就将少数族裔的学生也带进来……我曾经在城区工作……那里的学校少数族裔学生的比例较高，而且，我觉得白人学生接受他们并不困难。而这里，我觉得情况比较特殊，学生家长很明显持有种族偏见，而且这种看法也影响了他们的子女。学校少数族裔学生所占比例并不高，为此，他们更容易受到欺负，成为受害者。显然，如果我们听到这类事件，必须确保我们对这些群体采取非常果断的行动。

（小学校长，引自 Osler and Morrison 2000：134）

这位校长认识到了学校可以在挑战种族主义和不平等方面发挥更广泛的作用。仅仅解决学生成绩问题是不够的，学校还应该有保护所有成员安全的作用。与上述受到教育专职委员会成员批评的教育标准局检查员不同，这位校长认识到，在多样性不太明显的地区教育青年学生时，了解种族公正的任务是很重要的。

作为公民的学校领导

我们研究黑人校长和教育局高级管理人员生活经历所取得的材料（Osler 1997c），反映了基于生活经验的种族平等承诺和领导权。职业社会责任和其他社会责任之间的界限很模糊。在这个意义上，黑人校长和地方教育局高级人员是在职业生涯中行使着他们自己的公民权。

> 当地方教育局受到腐蚀时，如何产生实质性效果？我认为答案是鼓励更多的黑人参加到管理机构之中，公开举行会议并鼓励他们旁听，就家长关心的问题提出建议。我是一个资源提供者，社会上的任何一个人都可以咨询我。我通过互联网为黑人妇女提供了大量的就业辅导，这是在体制下同时也是在体制上我能尽力做的事情。作为一个孤立的黑人，这是我们能够做到的唯一事情。我宁可在学校当一个校长。这就是你的影响和力量。

> （伊冯娜 [Yvonne]，地方教育局顾问，引自 Osler 1997c：134）

西伯纳姆把某些社区里缺乏社会资本看成一种破坏学校改进战略的"强大的力量"，而且是一种教育工作者无法战胜的力量；与西伯纳姆不同（West-Burnham 2004），伊冯娜将在家长与她的黑人同事中建立社会资本看成一个教育工作者的责任，她相信能够有所作为：她的职业活动与公民活动重叠和混淆了。

黑人、少数族裔领导人和当地社区之间的关系往往是复杂的，因为领导权的角色往往超越了学校并融入了社会。

> 一开始，有些家长，特别是你自己的家长，即亚裔家长，因为不习惯看到有人比如亚洲人当权，会感到疑惑：这个人是不是合适的人选？你想向他们证明的是，你不单单和他们使用同一种语言。是的，你虽然也是他们中的一员，但拥有作为一所学校负责人的资格和能力。所幸这种情况已经有所改善。与学生父母沟通现在更加流畅了，他们已经建立了信任。因此，你与学生父母的关系已经朝着良好方向发展了。这被视为学校良好做法的一个典范。我已经获得了他们的尊敬。
>
> （安住［Anju］，特殊学校校长，引自 Osler 1997c：137）

> 我所处的地位是极难的。黑人社区期待你是绝对完美的，期待你必须能够解决他们所有的问题，期待你回应他们所有的祈祷。与此同时，外面的白人睁大眼睛看着你，他们会因一个小小错误就将你击倒并取而代之。因此，我处在一个无法双赢的局面之中；没有最好，我只能努力做到更好。
>
> （弗兰克［Frank］，中学校长，引自 Osler 1997c：136）

这些校长认识到与社区一起奋斗的重要性和对社区的高度责任感，但是他们的种族、社会关系和身份可能使这个任务不太容易完成，而这个任务对他们的白人同事来说要更容易完成一些。

国家和地方有一系列举措来挖掘有潜力的学校领导人。布朗（Brown 2004）注意到了国立学校领导权研究院和当地人们的工作，并肯定了在学校改进过程、自我审查和评价中学校领导提供的培训与支持。然而，他的结论是：

许多学校领导仍不清楚这在促进学校真正的种族平等实践中意味着什么。尽管事实是有适当的评估工具提供给学校，例如，综合招聘考试中心的"为了所有人的学习"……很多人对日常领域中的领导权和管理很有信心，但是对他们就读学校中的平等问题却感到没有信心。

（Brown 2004：37）

伯明翰提高加勒比黑人学生成绩（Raising African Caribbean Achievement, RACA）的项目与一些小学密切合作，这些小学的加勒比黑人学习者的学习成绩符合或高于国家的期望。这些学校促使这些学生成功的最重要因素有：

- 领导权；
- 与父母合作；
- 有条不紊、能提供帮助和建议的学校体制；
- 教师对学生的高期望；
- 相关的文化课程规定；
- 有效地利用种族分析的数据。

（Brown 2004：38）

我们建议，国立学校领导权研究院、其他培训人员和学校领导权专家，应该从少数族裔学校领导身上以及从提高加勒比黑人学生成绩的项目中学到更多东西。他们尤其要认识到，在促进领导权方面，一般能力是不够的，他们也应该认识到，在发挥领导能力与家长、社区共同奋斗方面，在支持教职员工开发文化相关课程方面，在发展超出数据收集的种族监测以解释资源配置需求方面，校长需要得到支持。

领导权必然包括承诺实现种族正义和真正的改变。正如一位黑人校长所表达的：

我承认该体制并不是为我而建立的，我只是正好在这里。如果该体制能够为我做一些事情，我将努力使之实现。我必须进入其内部并从根本上改变它。我一直与一些更为激进的朋友辩论，因为他们不能接受这个体制的任何部分，并将会在许多方面抵制这个体制：他们想要从外部来攻击它。我认为这是混乱的，如果你要攻击它，就意味着你必须理解它并且有力量去改变它。所以，更合理的做法是：积极和有建设性地使用这些资源，我的意思是要进入该体制，并在可能的情况下获得一些权力，然后从内部改变它。

（克利夫顿［Clifton］，小学校长，引自 Osler 1997c：135）

最重要的是，一些黑人领导对教育有一个革命性的观点：

我认为教学是一个真正的使命，教育确实在乎曼彻斯特市内、伯明翰市内、伦敦市内的所有年轻黑人和白人的孩子。我还记得我工作过的第一个学校，上课时有些孩子完全愣住了，因为他们以前从来没有见过黑人老师……当我走进教室，我说的第一件事是："我来这里不是为了玩，我来这里是为了工作；而你在这里是为了学习，所以，如果你要玩的话你可以站在外面。你们的父母为了让你们能来这里上学，正在恶劣的环境下努力赚钱，他们没日没夜地工作，而你却准备在这里瞎混。"我认为我对教育潜力有某种程度的了解，这是最重要的。我了解父母们想要什么，我理解教育是潜在的解放，教育是有益的。

（莱斯利［Lesley］，中学校长，引自 Osler 1997c：136 - 137）

我们对教育标准局的学校评估框架的研究（Osler and Morrison 2000）表明，一些主流学校的校长也承认种族平等是一个关键问题，一个需要政治领导权的问题。

如果种族平等是这个国家一个重要的道德问题，那么我认为教育标准局的学校评估框架就可以明确这一点。在新框架中它是不明确的。不能总是通过数据以冷冰冰的方式来衡量它，但如果这是一个社会问题，那么应该征询学校如何应对社会议程。

（小学校长，引自 Osler and Morrison 2000：127）

校长常常将学校的多元性看成是优势而不是缺陷。与此相反，一种"应付"或"管理"多样性的学校领导权模式，总被当成个别或特殊行为。这些领导采用没有任何殖民色彩的模式，这种模式聘请校外人士来管理不同的学校社区，并且抵消不利因素。

我认为以白人为主的学校的状况，是一个人有时不受到足够重视的重要问题。我认为这所学校有一个结构上的优势：处在一个多种族社区之中，一个长期以来都是多种族的社区之中。因此，有这样一种感觉：住在这里的人一直以来相处得非常和谐，而且社区的多种族性还会长期存在。这是它的自然状态。我想说的是伦敦区南部有一所学校，一所白人学校，学校里黑人学生较少。这是一所白人学校，一个白人工人阶层地区，民族阵线，所有这些东西都已经存在。因为进入这些学校不用提前申请，现在大批的难民正涌向那里，因此，他们的问题比我们的问题更加难以应付。他们正从一个非常不同的观点开始，我认为，任何形式的检查进程都必须认识到这一点，认识到某种类型的种族主义早已存在。

（中学校长，引自 Osler and Morrison 2000：139）

学校改进和领导权：年轻人的观点

正如我们在第 3 章所讨论的，最近的研究突出了年轻学生在改善学校方面所做的贡献（Osler 2000a；Rudduck and Flutter 2004）。学校领导可以利用学生们的经验，影响他们对平等和多样化的理解。我们对女孩和学生被开除的研究（Osler and Vincent 2003：90）表明，年轻人往往能够确定不平等和不公正："假设我们有一大群人，比如五个黑人孩子和六个白人孩子，他们在谈到白人孩子之前必然先把黑人孩子剔除掉。他们一直认为黑人孩子不好……他们一直认为黑人孩子在白人孩子做之前已经做了某事。"（卡特里娜，白人学生，主流学校，定期被开除）

年轻人不仅可以让我们深入了解师生关系，而且也可能了解更广泛的运行进程。下面引用的是对三名学生的一组采访，展示的是他们如何知道学校为了提高其声誉而（不）选择学生的方式。

学生1：邻近学校……开除了这些学生，而我们学校接纳他们。

学生2：是的，我们拥有这些学生……邻近学校拥有所有那些不会进行任何捣乱的聪明学生。

学生3：他们可能希望有一个良好的声誉。

学生4：这所学校尝试去帮助学生。比如那些坏学生，学校老师会带他们出去并坐下来和他们交谈，想让他们去尝试并让他们做得更好，而不是直接就把他们开除。

（Osler and Vincent 2003：116）

这些引用学生的话阐明了学生们对学校的包容性实践和在开除学生问题上所做的努力的理解。学生的讨论显示出他们对邻近学校的怨恨，也显示了他们如何理解学校的表现和声誉在争取获得最有才能学生方面的重要性。这种理解表明，让学生参与有关纪律、学习成绩和包容性的决策过程，对学校领导来说是有益的。除了理解开除情况以及体制如何运作，我们采访的年轻女孩还能够提出切实可行的办法来解决复杂的领导权挑战问题。

前进的道路

公民教育需要有效的管理和坚定的领导。但是，仅仅依靠学校领导对公民教育、多样性和平等的决心是不够的。学校领导和教育管理人员需要有力的支持，这意味着需要政治领导权和适当的培训。不幸的是，教育领导权和管理话语并不总是强调平等和多样性这对原则，或者不能在学校公民教育中对其作用给予足够或明确的强调。

在英国和整个欧洲，新的法规要求校长发展更具包容性的学校，使所有人的权利得到维护。无论社区是否是多样的，这都是事实。证据表明，在履行其法律义务时，校长需要支持。此外，当他们努力拉近不同群体学生之间的差距时，他们可能需要培训和支持。学校更多地关注人权、平等和多样性的研究，对于那些负责研究和培训学校领导权的人来说是有益的。

传统模式的学校领导权使那些不是白人和/或男性领导者的个人和专业经验边缘化了，这就需要借鉴那些一直处于边缘的人的经验，来发展具有新的包容性的学校领导权模式。在变革中为了取得平等、多样性和公民身份的领导权，需要听取那些已经努力建设更加公正和民主的学校校长的声音。变革中的领导权也必须对学生的经验予以应有的重视，学生的见解可以影响更具包容性的教育模式。

附录 1

世界人权宣言①

序　言

　　鉴于对人类家庭所有成员的固有尊严及其平等的和不移的权利的承认，乃是世界自由、正义与和平的基础，鉴于对人权的无视和侮蔑已发展为野蛮暴行，这些暴行玷污了人类的良心，而一个人人享有言论和信仰自由并免予恐惧和匮乏的世界的来临，已被宣布为普通人民的最高愿望，鉴于为使人类不致迫不得已铤而走险对暴政和压迫进行反叛，有必要使人权受法治的保护，鉴于有必要促进各国间友好关系的发展，鉴于各联合国国家的人民已在联合国宪章中重申他们对基本人权、人格尊严和价值以及男女平等权利的信念，并决心促成较大自由中的社会进步和生活水平的改善，鉴于各会员国业已誓愿同联合国合作以促进对人权和基本自由的普遍尊重和遵行，鉴于对这些权利和自由的普遍了解对于这个誓愿的充分实现具有很大的重要性，因此现在，大会发布这一《世界人权宣言》作为所有人民和所有国家努力实现的共同标准，以期每一个人和社会机构经常铭念本宣言，努力通过教诲和教育促进对权利和自由的尊重，并通过国家的和国际的渐进措施，使这些权利和自由在各会员国本身人民及在其管辖下领土的人民中得到普遍和有效的承认和遵行；

---

　　①　参见联合国网站：http：//www. un. org/zh/documents/udhr/。

第一条

人人生而自由，在尊严和权利上一律平等。他们赋有理性和良心，并应以兄弟关系的精神相对待。

第二条

人人有资格享有本宣言所载的一切权利和自由，不分种族、肤色、性别、语言、宗教、政治或其他见解、国籍或社会出身、财产、出生或其他身份等任何区别。

并且不得因一人所属的国家或领土的政治的、行政的或者国际的地位之不同而有所区别，无论该领土是独立领土、托管领土、非自治领土或者处于其他任何主权受限制的情况之下。

第三条

人人有权享有生命、自由和人身安全。

第四条

任何人不得使为奴隶或奴役；一切形式的奴隶制度和奴隶买卖均应予以禁止。

第五条

任何人不得加以酷刑，或施以残忍的、不人道的或侮辱性的待遇或刑罚。

第六条

人人在任何地方有权被承认在法律前的人格。

第七条

法律之前人人平等，并有权享受法律的平等保护，不受任何歧视。人人有权享受平等保护，以免受违反本宣言的任何歧视行为以及煽动这种歧视的任何行为之害。

第八条

任何人当宪法或法律所赋予他的基本权利遭受侵害时，有权由合格的国家法庭对这种侵害行为作有效的补救。

第九条

任何人不得加以任意逮捕、拘禁或放逐。

第十条

人人完全平等地有权由一个独立而无偏倚的法庭进行公正的和公开的审讯，以确定他的权利和义务并判定对他提出的任何刑事指控。

第十一条

1. 凡受刑事控告者，在未经获得辩护上所需的一切保证的公开审判而依法证实有罪以前，有权被视为无罪。

2. 任何人的任何行为或不行为，在其发生时依国家法或国际法均不构成刑事罪者，不得被判为犯有刑事罪。刑罚不得重于犯罪时适用的法律规定。

第十二条

任何人的私生活、家庭、住宅和通信不得任意干涉，他的荣誉和名誉不得加以攻击。人人有权享受法律保护，以免受这种干涉或攻击。

第十三条

1. 人人在各国境内有权自由迁徙和居住。

2. 人人有权离开任何国家，包括其本国在内，并有权返回他的国家。

第十四条

1. 人人有权在其他国家寻求和享受庇护以避免迫害。

2. 在真正由于非政治性的罪行或违背联合国的宗旨和原则的行为而被起诉的情况下，不得援用此种权利。

第十五条

1. 人人有权享有国籍。

2. 任何人的国籍不得任意剥夺，亦不得否认其改变国籍的权利。

第十六条

1. 成年男女，不受种族、国籍或宗教的任何限制有权婚嫁和成立家庭。他们在婚姻方面，在结婚期间和在解除婚约时，应有平等的权利。

2. 只有经男女双方的自由和完全的同意，才能缔婚。

3. 家庭是天然的和基本的社会单元，并应受社会和国家的保护。

第十七条

1. 人人得有单独的财产所有权以及同他人合有的所有权。

2. 任何人的财产不得任意剥夺。

第十八条

人人有思想、良心和宗教自由的权利；此项权利包括改变他的宗教或信仰的自由，以及单独或集体、公开或秘密地以教义、实践、礼拜和戒律表示他的宗教或信仰的自由。

第十九条

人人有权享有主张和发表意见的自由；此项权利包括持有主张而不受干涉的自由，和通过任何媒介和不论国界寻求、接受和传递消息和思想的自由。

第二十条

1. 人人有权享有和平集会和结社的自由。

2. 任何人不得迫使隶属于某一团体。

第二十一条

1. 人人有直接或通过自由选择的代表参与治理本国的权利。

2. 人人有平等机会参加本国公务的权利。

3. 人民的意志是政府权力的基础；这一意志应以定期的和真正的选举予以表现，而选举应依据普遍和平等的投票权，并以不记名投票或相当的自由投票程序进行。

第二十二条

每个人，作为社会的一员，有权享受社会保障，并有权享受他的个人尊严和人格的自由发展所必需的经济、社会和文化方面各种权利的实现，这种实现是通过国家努力和国际合作并依照各国的组织和资源情况。

第二十三条

1. 人人有权工作、自由选择职业、享受公正和合适的工作条件并享受免于失业的保障。

2. 人人有同工同酬的权利，不受任何歧视。

3. 每一个工作的人，有权享受公正和合适的报酬，保证使他本人和家属有一个符合人的生活条件，必要时并辅以其他方式的社会保障。

4. 人人有为维护其利益而组织和参加工会的权利。

第二十四条

人人有享有休息和闲暇的权利，包括工作时间有合理限制和定期给薪休假的权利。

第二十五条

1. 人人有权享受为维持他本人和家属的健康和福利所需的生活水准，包括食物、衣着、住房、医疗和必要的社会服务；在遭到失业、疾病、残废、守寡、衰老或在其他不能控制的情况下丧失谋生能力时，有权享受保障。

2. 母亲和儿童有权享受特别照顾和协助。一切儿童，无论婚生或非婚生，都应享受同样的社会保护。

第二十六条

1. 人人都有受教育的权利，教育应当免费，至少在初级和基本阶段应如此。初级教育应属义务性质。技术和职业教育应普遍设立。高等教育应根据成绩而对一切人平等开放。

2. 教育的目的在于充分发展人的个性并加强对人权和基本自由的尊重。教育应促进各国、各种族或各宗教集团间的了解、容忍和友谊，并应促进联合国维护和平的各项活动。

3. 父母对其子女所应受的教育的种类，有优先选择的权利。

第二十七条

1. 人人有权自由参加社会的文化生活，享受艺术，并分享科学进步及其产生的福利。

2. 人人对由于他所创作的任何科学、文学或美术作品而产生的精神的和物质的利益，有享受保护的权利。

第二十八条

人人有权要求一种社会的和国际的秩序，在这种秩序中，本宣言所载的权利和自由能获得充分实现。

第二十九条

1. 人人对社会负有义务，因为只有在社会中他的个性才可能得到自由和充分的发展。

2. 人人在行使他的权利和自由时，只受法律所确定的限制，确定此种限制的唯一目的在于保证对旁人的权利和自由给予应有的承认和尊重，并在一个民主的社会中适应道德、公共秩序和普遍福利的正当需要。

3. 这些权利和自由的行使，无论在任何情形下均不得违背联合国的宗旨和原则。

第三十条

本宣言的任何条文，不得解释为默许任何国家、集团或个人有权进行任何旨在破坏本宣言所载的任何权利和自由的活动或行为。

附录 2

联合国儿童基金会（UNICEF）
英国办事处关于联合国
《儿童权利公约》的非官方摘要

第一条

18 岁以下的任何人均享有本公约所载列的权利。

第二条

本公约所载列的权利适用于每个儿童，不因他们的种族、宗教、能力，不因他们的见解或所表达的观点，不因他们的社会出身而有任何差别。

第三条

所有涉及儿童的机构，一切工作均应以每个儿童的最大利益为一种首要考虑。

第四条

缔约国应努力将这些权利提供给儿童。

第五条

缔约国应尊重家庭一切成员的权利和责任，以此来指导和引导儿童在成长过程中如何正确地使用他们自身的权利。

第六条

每个儿童均有固有的生命权。缔约国应最大限度地确保儿童的存活与发展。

第七条

儿童出生后应立即登记，并有自出生起获得姓名的权利，有获得国籍的权利，以及尽可能知道谁是其父母并受其父母照料的权利。

第八条

缔约国承担尊重儿童维护其身份包括法律所承认的国籍、姓名及家庭关系而不受非法干扰的权利。

第九条

缔约国应确保不使儿童和父母分离，除非这样的分离符合儿童的最大利益而确有必要，诸如由于父母的虐待或忽视等情况下，这种裁决可能有必要。与父母一方或双方分离的儿童同父母经常保持个人关系及直接联系的权利，但违反儿童最大利益者除外。

第十条

应允许居住在不同国家的家庭有进入或离开一国以便与家人团聚的权利。

第十一条

缔约国应采取措施制止非法将儿童转移国外和不使返回本国的行为。

第十二条

缔约国应确保有主见能力的儿童有权对影响到其本人的一切事项自由发表自己的意见，对儿童的意见应按照其年龄和成熟程度给以适当的看待。

第十三条

儿童应有得到和分享信息的权利，只要这种信息不损害他们和其他人。

第十四条

儿童享有思想、信仰和宗教自由的权利，只要他们不妨碍其他人享有这项权利。父母应指导子女行使这项权利。

第十五条

儿童享有结社自由及和平集会自由的权利，只要他们不妨碍其他人享有这项权利。

第十六条

儿童享有隐私权。法律应该保护儿童的生活方式、荣誉和名誉、家庭、住宅不受到攻击。

第十七条

缔约国应确保儿童能够从大众传播媒体获得可靠的信息和资料。电视、电台和报纸应提供儿童能够理解信息和资料，不能提供有害于儿童的材料。

第十八条

父母双方都有责任养育子女，也必须经常考虑儿童利益最大化原则。缔约国应尽其最大努力发展育儿机构、设施和服务，以对父母和法定监护人履行其抚养儿童的责任方面给予适当协助，尤其父母双方都必须工作时。

第十九条

缔约国应确保儿童得到适当照料，并保护儿童不受到父母或其他任何负责照管的人的任何形式的暴力伤害、虐待、忽视或照料不周。

第二十条

无法得到自己家人照顾的儿童，应该被尊重儿童的宗教、文化和语言的人的适当照顾。

第二十一条

收养儿童时应以儿童的最大利益为首要考虑。无论是在儿童原籍国还是跨国收养这一规定都应适用。

第二十二条

难民儿童应与其所在国国家的儿童享有相同的权利。

第二十三条

身心有残疾的儿童有接受特别照顾的权利以确保其有充实而适当的生活。

第二十四条

儿童有权享有最高标准的医疗保健服务，有权得到清洁饮水、营养食品和确保其健康的卫生环境。富裕的国家应该帮助贫穷落后的国家充分实现本条所确认的权利。

第二十五条

由地方当局而不是由其父母照料的儿童有权获得定期审查其安置情况的权利。

第二十六条

缔约国应为有需要家庭的儿童提供额外的经济援助。

第二十七条

儿童有权享有足以满足其生理、心理需要的生活水平。缔约国应该帮助无力负担的家庭为儿童提供这样的生活水平。

第二十八条

儿童有受教育的权利。学校规章制度应该尊重儿童的人格尊严。应实现全面的免费义务小学教育。富裕的缔约国应帮助贫穷落后的国家实现这个目标。

第二十九条

教育应最充分地发展儿童的个性、才智和身心能力。应该鼓励儿童尊重他们的父母、尊重原籍国和不同于本国的文明。

第三十条

儿童享有学习和使用本国语言的权利，也享有学习和举行自己的家庭习俗的权利，无论这些语言和习俗是否应与他们所在国家的大多数人所共享。

第三十一条

儿童有权享有休息和闲暇，以及享有从事与其年龄相宜的一系列活动的权利。

第三十二条

缔约国应保护儿童免受经济剥削和免受任何可能妨碍或影响儿童教育工作的伤害。

第三十三条

缔约国应保护儿童免受毒品的伤害。

第三十四条

缔约国应保护儿童免遭性侵犯的伤害。

第三十五条

缔约国应防止儿童受诱拐或买卖。

第三十六条

缔约国应保护儿童免受任何一切有损儿童发展的行为的伤害。

第三十七条

违反法律的儿童不应被残忍对待。所有被剥夺自由的儿童不应同成人一起关押，而且应允许他们同家人保持联系。

第三十八条

缔约国应避免招募任何未满 15 岁的人加入武装部队。受武装冲突影响的儿童应得到特殊保护。

第三十九条

受忽视或虐待的儿童应得到特殊帮助使之能重拾自尊。

第四十条

被指控触犯法律的儿童有权得到法律援助。判处儿童进监狱服刑应该只在最严重的罪行中使用。

第四十一条

假如缔约国的法律能比本公约的任何规定更有利于保护儿童权利的

话，那些法律应该得到保留。

第四十二条

缔约国应该使成人和儿童都能普遍知晓本公约的原则和规定。

第四十三到五十四条

是关于成人和缔约国如何一起努力来确保所有的儿童都能得到应得的权利。

附录 3

联合国《儿童权利公约》中与
教育特别相关的条款节选^①

第十二条

1. 缔约国应确保有主见能力的儿童有权对影响到其本人的一切事项自由发表自己的意见，对儿童的意见应按照其年龄和成熟程度给以适当的看待。

2. 为此目的，儿童特别应有机会在影响到儿童的任何司法和行政诉讼中，以符合国家法律的诉讼规则的方式，直接或通过代表或适当机构陈述意见。

第二十八条

1. 缔约国确认儿童有受教育的权利，为在机会均等的基础上逐步实现此项权利，缔约国尤应：

（a）实现全面的免费义务小学教育；

（b）鼓励发展不同形式的中学教育、包括普通和职业教育，使所有儿童均能享有和接受这种教育，并采取适当措施，诸如实行免费教育和对有需要的人提供津贴；

（c）根据能力以一切适当方式使所有人均有受高等教育的机会；

（d）使所有儿童均能得到教育和职业方面的资料和指导；

（e）采取措施鼓励学生按时出勤和降低辍学率。

---

① 参见联合国网站：http：//www. un. org/chinese/children/issue/crc. shtml。

2. 缔约国应采取一切适当措施，确保学校执行纪律的方式符合儿童的人格尊严及本公约的规定。

3. 缔约国应促进和鼓励有关教育事项方面的国际合作，特别着眼于在全世界消灭愚昧与文盲，并便利获得科技知识和现代教学方法。在这方面，应特别考虑到发展中国家的需要。

第二十九条

1. 缔约国一致认为教育儿童的目的应是：

（a）最充分地发展儿童的个性、才智和身心能力；

（b）培养对人权和基本自由以及《联合国宪章》所载各项原则的尊重；

（c）培养对儿童的父母、儿童自身的文化认同、语言和价值观、儿童所居住国家的民族价值观、其原籍国以及不同于其本国的文明的尊重；

（d）培养儿童本着各国人民、族裔、民族和宗教群体以及原为土著居民的人之间谅解、和平、宽容、男女平等和友好的精神，在自由社会里过有责任感的生活；

（e）培养对自然环境的尊重。

2. 对本条或第二十八条任何部分的解释均不得干涉个人和团体建立和指导教育机构的自由，但须始终遵守本条第一款载列的原则，并遵守在这类机构中实行的教育应符合国家可能规定的最低限度标准的要求。

附录 4

您所在的学校给每个学生享受权利的机会了吗？

这份调查问卷是奥斯勒和斯塔基（Osler and Starkey）1998 年使用版本的修订版。

青年人和成年人都可能会经历自己的权利和自由被剥夺的情况。通过下面的列表，您可以方便快捷地判断《儿童权利公约》的精神是否在您所在学校的各种情况中得到贯彻落实。

	总是	偶尔	从不
保　　障			
1. 学生和老师都有学习《儿童权利公约》和考虑其对于学校影响的机会（第 29 条）。			
2. 女孩和男孩都能平等地享有所有科目和课程（第 2、第 28、第 29 条）。			
3. 所有测试都考虑到学校学生的文化差异（第 2、第 13、第 28、第 29.1c、第 30 条）。			
4. 关于国家历史的教学给予妇女和少数族裔应有的重视并重视他们对于历史的看法（第 2、第 13、第 28、第 29.1c 和 d、第 30 条）。			
5. 女孩和男孩都能同样获得体育资源（包括设备、活动、使用次数）（第 2、第 28、第 31 条）。			
6. 学校所组织的课外活动都能提供给所有学生，不论支付能力如何（第 2、第 28、第 31 条）。			

	总是	偶尔	从不
7. 学校接纳残疾学生（第2、第23、第28条）。			
8. 安排好课程以使学生可以选择不参加宗教性教育，而且这种可能性是已知的（第14条）。			
9. 小心记录和准确读出学生的姓名（第7条）。			
10. 努力确保学生能正常上学（第28条）。			
11. 学校为学生提供机会使他们能通过艺术、音乐和戏剧表达自己的意见（第13、第14、第29、第31条）。			
保　护			
12. 人们要小心不要造成人身伤害（第19、第28.2条）。例如：			
a) 不允许成年人伤害年轻人；			
b) 不允许年轻人伤害成年人；			
c) 不允许年轻人互相伤害。			
13. 学生的储物柜被视为私有财产（第16条）。			
14. 在适当情况下，学生和家长可以随时检查由学校保管的属于该学生的任何个人档案。学生的文件档案可以被检查，如果有必要还可以被更正（第5、第16、第17、第18条）。			
15. 除非必要，在学生或其父母不许可的情况下，任何文件的内容，不论是个人的还是职业的，不得对第三方透露（第15、第16、第18条）。			
16. 任何从学校文件档案中得到资料的人都承认这些资料是保密的（第16条）。			

续表

	总是	偶尔	从不
17. 学校中任何地方都没有陈列种族主义、性别歧视或歧视性的海报、图片或图画（第 2、第 17 以及第 29. 1b、c、d 条）。			
18. 人们相互鼓励要宽容，特别是对那些显得不同的人（第 29 条）。			
19. 当一个事件可能导致学生受到排斥或纪律处分时，应该组织公正的听证会。换句话说，所有卷入事件的人都要有听证会（第 28. 2、第 40 条）。			
20. 受违反纪律指控的学生在被证明有罪之前应该推定其无罪，并能参加课程学习（第 28. 2、第 40 条）。			
21. 凡学生侵犯了别人的权利——学生或成年人——都要做出赔偿（第 2、第 19 条）。			
22. 成年人侵犯学生的权利也要做出赔偿（第 2、第 19 条）。			
参　　与			
23. 在学校工作中，学生可以自由地表达自己的政治、宗教或其他意见，不论教师的意见是什么（第 12、第 13、第 14、第 17 条）。			
24. 与对待任何其他出版物一样对待学生出版的报纸，要受到法律的约束，但不用受到额外检查（第 13 条）。			
25. 年轻人建立或可以建立独立的学生会，而且学校当局认同这个组织代表学校的所有学生（第 15 条）。			
26. 为学习者提供正式和非正式的机构，使他们能为改善学校生活提出申诉或建议（第 12、第 13 条）。			

	总是	偶尔	从不
27. 年轻人和成年人一样享有受尊重的权利（第12、第19、第29.1c 条）。			
28. 学生和成年人（包括家长、教师和行政人员）可以咨询学校的教学质量（第5、第12、第18 条）。			
29. 有学生选举委员会（第12、第13、第15、第17 条）。			
30. 学校管理机构中有学生代表（第12 条）。			

参考文献

Adler, S. , Laney, J. and Packer, M. (1993) *Managing Women: Feminism and Power in Educational Management.* Buckingham: Open University Press.

Alderson, P. (1999) Human rights and democracy in schools: do they mean more than 'picking up litter and not killing whales'? *International Journal of Children's Rights*, 7 (2): 185 – 205.

Alibhai-Brown, Y. (1999) True Colours: *Public Attitudes to Multiculturalism and the Role of the Government.* London: Institute of Public Policy Research.

Alliance Israélite Universelle (1961) *Les Droits de l 'Homme et l' Education.* Paris: Presses Universitaires de France.

Alton-Lee, A. and Praat, A. (2001) Questioning Gender: *Snapshots from Explaining and Addressing Gender Differences in the New Zealand Compulsory School Sector.* Wellington: Ministry of Education, Research and Evaluation (Internal) Unit.

American Association of University Women (AAUW) (1999) *Gender Gaps: Where Schools Still Fail our Children.* New York: Marlowe & Company.

Amnesty International (2004) Annual Report. http: //web. amnesty. org/ report 2004/index-eng (accessed 24 July 2004) .

Anderson, B. (1991) *Imagined Communities.* London: Verso.

Anderson-Gold, S. (2001) *Cosmopolitanism and Human Rights.* Cardiff: University of Wales Press.

Annan, K. (2000) '*We the Peoples*': *The Role of the United Nations in the 21st Century.* New York: United Nations.

Anwar, M. (1998) *Between Cultures: Continuity and Change in the Lives of young Asians.* London: Routledge.

Archard, D. (1993) *Children, Rights and Childhood.* London: Routledge.

Archard, D. (2003) Citizenship education and multiculturalism, in A. Lockyer, B. Crick and J. Annette (eds) *Education for Democratic Citizenship: Issues of Theory and Practice.* Aldershot: Ashgate.

Armstrong, D. (2004) *Experiences of Special Education: Re-evaluating Policy and Practice through Life Stories.* London: RoutledgeFalmer.

Arnot, M. and Dillabough, J-A. (eds) (2000) *Challenging Democracy: International Perspectives on Gender, Education and Citizenship.* London: RoutledgeFalmer.

Arnot, M., David, M. and Weiner, G. (1996) *Educational Reforms and Gender Equality in Schools.* Manchester: Equal Opportunities Commission.

Arnot, M. Gray, J., James, M. and Rudduck, J. (1998) *Recent Research on Gender and Educational Performance.* London: The Stationery Office/Ofsted.

Banks, J. (1997) *Educating Citizens in a Multicultural Society.* New York: Teachers College Press.

Banks, J. (2004) Democratic citizenship education in multicultural societies, in J. Banks (ed.) *Diversity and Citizenship Education: Global Perspectives.* San Francisco: Jossey-Bass.

Banton, M. (1997) *Ethnic and Racial Consciousness*, 2nd edn. London: Longman.

Bauman, Z. (2001) *Community: Seeking Safety in an Insecure World.* Cambridge: Polity Press.

Baumann, G. (1996) *Contesting Culture: Discourses of Identity in Multi-ethnic London.* Cambridge: Cambridge University Press.

Beck, U. (2000) *What is Globalization?* Cambridge: Polity Press.

Beiner, R. (ed.) (1995) *Theorizing Citizenship.* Albany: State University of New York Press.

Bernstein, R. (2003) *Edward Said, Leading advocate of Palestinians, dies at 67, The New York Times*, 25 September., http://www.nytimes.com/ 2003/09/25/CND-

SAID. html (accessed 21 July 2004).

Blackstone, T., Parekh, B. and Sanders, P. (eds) (1998) *Race Relations in Britain: A Developing Agenda.* London: Routledge.

Blunkett, D. (2004) Strength in diversity, speech given at seminar 'Challenges for Race Equality and Community Cohesion in the 21st Century', Institute for Public Policy Research, London, 7 July, http://www.homeoffice.gov.uk/docs3/race-speech.pdf (accessed 16 July 2004).

Bradley, H. (2003) *Fractured Identities: Changing Patterns of Inequality.* Cambridge: Polity Press.

British National Party (BNP) (2004) *Election Communication England South East Region June 10 2004.* Welshpool: BNP.

Brown, G. (2004) Leadership, race equality and school improvement, *Race Equality Teaching*, 22 (3): 37 – 9.

Bush, T., Bell, L., Bolam, R. and Ribbins, P. (1999) *Educational Management: Redefining Theory, Policy and Practice.* London: Paul Chapman.

Cantle, T. (2001) *Community Cohesion: A Report of the Independent Review Team.* London: Home Office.

Cantwell, N. (1992) The origins, development and significance of the United Nations Convention on the Rights of the Child, in S. Detrick (ed.) *The United Nations Convention on the Rights of the Child: A Guide to the 'Travaux préparatoires'.* Dordrecht: Martinus Nijhoff.

Carter, C. and Osler, A. (2000) Human rights, identities and conflict management: a study of school culture as experienced through classroom relationships, *Cambridge Journal of Education*, 30 (3): 335 – 56.

Cassin, R. (1969) *From the Ten Commandments to the Rights of Man* (original source unknown) published at www.udhr50/org/history/ tencomms. htm.

Castles, S. and Davidson, A. (2000) *Immigration and Citizenship: Globalisation and the Politics of Belonging.* Basingstoke: Palgrave (Macmillan).

Children's Rights Alliance for England (CRAE) (2002) *Report to the Pre-Sessional*

Working Group of the Committee on the Rights of the Child, *Preparing for the Examination of the UK's Second Report under the CRC*, *March*. London: CRAE.

Chua, A. (2003) *World on Fire: How Exporting Free-market Democracy Breeds Ethnic Hatred and Global Instability*. London: William Heineman.

Cohen, A. (1985) *The Symbolic Construction of Community*. Manchester: Manchester University Press.

Commission for Racial Equality (CRE) (1997) *Exclusion from School and Racial Equality: A Good Practice Guide*. London: Commission for Racial Equality.

Commission for Racial Equality (CRE) (2002) *Statutory Code of Practice on the Duty to Promote Race Equality: A Guide for Schools*. London: CRE.

Commission of British Muslims and Islamophobia (1997) *Islamophobia: A Challenge for us All*. London: Runnymede Trust.

Commission on British Muslims and Islamophobia (2004) *Islamophobia: Issues, Challenges and Action*. Stoke-on-Trent: Trentham.

Commission on Global Governance (CGG) (1995) *Our Global Neighbourhood*. Oxford: Oxford University Press.

Connell, R. (1989) Cool guys, swots and wimps: the interplay of masculinity and education, *Oxford Review of Education*, 15 (3): 291 – 303.

Connolly, P. (1998) *Racism, Gender Identities and Young Children: Social Relations in a Multi-ethnic Inner City Primary School*. London: Routledge.

Council of Europe (1950) *European Convention on Human Rights and Fundamental Freedoms*. Strasbourg: Council of Europe.

Council of Europe (1961) *European Social Charter*. Strasbourg: Council of Europe.

Council of Europe (1985) *Recommendation No R (85) 7 of the Committee of Ministers to Member States on Teaching and Learning about Human Rights in Schools*. Strasbourg: Council of Europe.

Council of Europe (1995) *Framework Convention for the protection of National Minorities*. Strasbourg: Council of Europe.

Council of Europe (1996) *European Convention on the Exercise of Children's Rights*.

Strasbourg: Council of Europe.

Council of Europe (1999a) Committee of Ministers of Education *Declaration and Programme on Education for Democratic Citizenship, Based on the Rights and Responsibilities of Citizens*, CM (99) 76. Strasbourg: Council of Europe, www. coe. int (accessed 30 July 2004).

Council of Europe (1999b) Recommendation (1401) of the Parliamentary *Assembly Education in the Responsibilities of the Individual*, Strasbourg: Council of Europe, www. coe. int (accessed 30 July 2004).

Council of Europe (2000a) *Political Declaration adopted by Ministers of Council of Europe Member States on Friday 13 October 2000 at the Concluding Session of the European Conference against Racism*, Euroconf (2000) 1 final. Strasbourg: Council of Europe, http: //www. coe. int/T/E/human_ rights/Ecri/2-European_ Conference/1-Documents_ adopted/01-Political% 20Declaration. asp (accessed 23 July 2004).

Council of Europe (2000b) *Project on ' Education for Democratic Citizenship' : Resolution adopted by the Council of Europe Ministers of Education at their 20th Session, Cracow, Poland, 15 – 17 October 2000*, DGIV / EDU / CIT (2000) 40. Strasbourg: Council of Europe.

Covell, K. and Howe, R. B. (1995) Variations in support for children's rights among Canadian youth, *International Journal of Children's Rights*, 3 (2): 189 –96.

Crick, B. (2000) *Essays on Citizenship*. London: Continuum.

Cuccioletta, D. (2002) *Multiculturalism or transculturalism: towards a cosmopolitan citizenship*, *London Journal of Canadian Studies* 17: 9.

Dadzie, S. (2000) *Toolkit for Tackling Racism in Schools*. Stoke-on-Trent: Trentham.

Davies, L. (1998) *School Councils and Pupil Exclusion*. London: School Council UK.

Davies, L. and Kirkpatrick, G. (2000) *The Eurodem Project: A Review of Pupil Democracy in Europe*. London: Children's Rights Alliance.

Delanty, G. (2000) *Citizenship in a Global Age: Society, Culture, Politics*. Buckingham: Open University Press.

Department for Education and Employment (DfEE) (1999a) *Social Inclusion: The LEA Role in Pupil Support*, Circular 10/99. London: DfEE.

Department for Education and Employment (DfEE) (1999b) *Social Inclusion: Pupil Support*, Circular 11/19. London: DfEE.

Department for Education and Employment (DfEE) /Qualifications and Curriculum Authority (QCA) (1999a) *The National Curriculum for England: Handbook for Secondary Teachers in England, Key Stages 3 and 4*. London: The Stationery Office.

Department for Education and Employment (DfEE) /Qualifications and Curriculum Authority (QCA) (1999b) *The National Curriculum for England: Citizenship Key Stages 3 - 4*. London: The Stationery Office.

Department for Education and Skill (DfES) (2001a) *Code of Practice on the Identification and Assessment of Special Education Needs*. London: The Stationery Office.

Department for Education and Skill (DfES) (2001b) *Schools: Achieving Success*, Cm 5230. London: The Stationery Office.

Department for Education and Skill (DfES) (2002) *Statistics of Education: Pupil Progress by Characteristics*. London: DfES.

Department for Education and Skill (DfES) (2003) *Learning to Listen*. London: The Stationery Office, http://www.cypu.gov.uk/corporate/participation/docs/19005LearngtoListen. pdf (accessed 27 July 2004).

Department for International Development (DFID) (2000) *Strategies for Achieving the International Development Targets: Education for All-The Challenge of Universal Primary Education*, March consultation document. London: DFID.

Department of Education and Science (DES) (1985) *Education for All: The Report of the Committee of Enquiry into the Education of the Children from Ethnic Minority Groups* (*The Swann Report, Cmnd 9453*) . London: Her Majesty's Stationery Office.

Dewey, J. ([1916] 2002) Democracy and education: an introduction to the philosophy of education, in S. J. Maxcy (ed.) *John Dewey and American Education*, Vol. 3. Bristol: Thoemmes.

Diamantopoulou, A. (2001) Address of European Commissioner responsible for

Employment and Social Affairs to Plenary Session of the World Conference against Racism, Durban, 2 September, http: //www. migrantsingreece. org/files/RESOURCE _ 18. pdf (accessed 15 July 2004).

Dimmock, C. and Walker, A. (2002) School leadership in context: societal and organizational cultures, in T. Bush and L. Bell (eds) *The Principles and Practice of Educational Management.* London: Paul Chapman.

Ekholm, M. (2004) Learning democracy by sharing power, in J. Macbeath and L. Moos (eds) *Democratic Learning: The Challenge to School Effectiveness.* London: RoutledgeFalmer.

Essed, P. (1991) *Understanding Everyday Racism: An Interdisciplinary Theory.* London: Sage.

Etzioni, A. (1995) *The Spirit of Community.* London: Fontana.

European Commission (EC) (1998) *Action Plan Against Racism.* Brussels: Communication from the Commission (COM) 183, 25 March.

European Commission (EC) (1999) Mainstreaming the Fight Against Racism: Commission Report on Implementation of the Action Plan against Racism, http: // europa. eu. int/comm/employment _ social/ fundamental _ rights/pdf/origin/implem _ en. pdf (accessed 19 July 2004).

European Commission (EC) (2000) SOCRATES: *Guidelines for Applicants.* Luxembourg: Office for Official Publications of the European Communities.

European Union (EU) (2000) *Charter of Fundamental Rights of the European Union*, www. eruopeat. eu. int/charter/default_ en. htm, (Accessed 13 October 2004).

Felouzis, G. (2003) *La ségérgation ethnique au collège et ses conséquences*, Revue Francaise de Sociologie, 44 (3) -47.

Figueroa, P. (2000) Citizenship education for plural society, in A. Osler (ed.) *Citizenship and Democracy in Schools: Diversity, Identity, Equality.* Stoke-on-Trent: Trentham.

Flekkøy, M. and Kaufman, N. (1997) *The Participation Rights of the Child: Rights and Responsibilities in Family and Society.* London: Jessica Kingsley.

Freeman, M. (1988) Taking children's rights seriously, *Children and Society*, 4: 299 – 319.

Freeman, M. (1992) Introduction: rights, ideology and children, in M. Freeman and P. Veerman (eds) *The Ideologies of Children's Rights*. Dordrecht: Martinus Nijhoff.

FRYER, P. (1984) *Staying Power: The History of Black People in Britain*. London: Pluto.

Gallagher, C. and Cross, C. (1990) Children Act 1989: an introduction, *Malajustment and Therapeutic Education*, 8 (3): 122 – 9.

Giddens, A. (1991) *Modernity and Self-identity*. London: Polity Press.

Gillborn, D. and Gipps, C. (1996) *Recent Research on the Achievement of Ethnic Minority Pupils*. London: The Stationery Office.

Gillborn, D. and Mirza, H. S. (2000) *Educational Inequality: Mapping Race, Class and Gender, a Synthesis of Research Evidence*, HMI 232, London: Office for Standards in Education.

Gillborn, D. and Youdell, D. (2000) *Rationing Education: Policy, Practice, Reform and Equity*. Buckingham: Open University Press.

Government of Sweden (2001) *National Action Plan to Combat Racism, Xenophobia, Homophobia and Discrimination*. Stockholm: Written Government Communication 2000/2001: 59.

Gray, J. (2001) The era of globalisation is over, *The New Statesman*, 24, September.

Greenfield, N. (2004) Pump it up, *Times Educational Supplement Friday Magazine*, 27 February (see also www. ryanswell. ca accessed 30 July 2004) .

Griffin, C. (1993) *Representations of Youth: The Study of Youth and Adolescence in Britain and America*. Cambridge: Polity Press.

Gutmann, A. (2003) *Identity in Democracy*. Princeton, NJ: Princeton University Press.

Gutmann, A. (2004) Unity and diversity in democratic multicultural education: creative and destructive tensions, in J. A. Banks (ed.) *Diversity and Citizenship*

Education. San Francisco: Jossey Bass.

Hahn, C. (2005) Diversity and human rights learning in England and the United States, in A. Osler (ed.) *Teachers, Human Rights and Diversity: Educating Citizens in Multicultural Societies.* Stoke-on-Trent: Trentham.

Hall, S. (2000) Multicultural citizens, monoculture citizenship? In M. Pearce and J. Hallgarten (eds) *Tomorrow's Citizens: Critical Debates in Citizenship and Education.* London: Institute for Public Policy Research.

Hall, S. and Held, D. (1989) Citizens and Citizenship, in S. Hall and M. Jacques (eds) *New Times: The Changing Face of Politics in the 1990s.* London: Lawrence & Wishart.

Hansard (House of Commons) (1999) *Debates 24 February.* vol. 326, col. 393, Jack Straw. London: The Stationery Office.

Hansard (House of Commons) (2000) *Debates 9 March*, vol. 345, col. 1281, Mike O'Brien. London: The Stationery Office.

Hansard (House of Lords) (2000a) *Debates 10 January*, vol. 608, cols 481 – 2, 638 and 639, Baroness Blackstone. London: The Stationery Office.

Hansard (House of Lords) (2000b) *Debates 19 December*, vol. 620, cols 636, 638 and 639, Baroness Blackstone. London: The Stationery Office.

Hansard, C. (1995) Democratic education and the international agenda, in C. Harber (ed.) *Developing Democratic Education.* Ticknall: Education Now.

Hart, S. N. (1991) From property to person status: historical perspective on children's rights, *American Psychologist*, 46 (1): 53 – 9.

Held, D. (1995a) *Democracy and the Global Order: From the Modern State to Cosmopolitan Governance.* Cambridge: Polity Press.

Held, D. (1995b) Democracy and the new international order, in D. Archibugi and D. Held (eds) Cosmopolitan Democracy: *An Agenda for a New World Order.* Cambridge: Polity Press.

Held, D. (2001) *Violence and Justice in a Global Age*, http://www. opendemocracy. net/debates/article – 2 – 49 – 144. jsp (accessed 7 July 2003).

Held, D. (2004) *Global Covenant: The Social Democratic Alternative to the Washington Consensus.* Cambridge: Polity Press.

Hirst, P. (2002) *What is Globalisation?* http: //www. opendemocracy. net/ debates/ article − 6 − 28 − 637. jsp#one (accessed 23 July 2004).

HM Treasury (2003) *Every Child Matters, Green Paper, Cm* 5860, September. London: The Stationery Office.

Hobby, R. (2004) *A Culture for Learning: An Investigation into the Values and Beliefs Associated with Effective Schools.* London: Hay Group Management.

Home Office (1999) *Stephen Lawrence Inquiry: Home Secretary's Action Plan.* London: The Stationery Office.

House of Commons Education and Skills Committee (2003) *The Work of Ofsted: Sixth Report of Session 2002 − 03*, HC 531, 23 July. London: The Stationery Office.

Hudson, A. (2005) Citizenship education and students' identities: a school-based action research project, in A. Osler (ed.) *Teachers, Human Rights and Diversity: Educating Citizens in Multicultural Societies.* Stoke-on-Trent: Trentham.

Ignatieff, M. (1995) The myth of citizenship, in R. Beiner (ed.) *Theorizing Citizenship.* Albany: State University of New York Press.

Illich, I. (1971) *Deschooling Society.* Harmondsworth: Penguin.

International Council on Human Rights Policy (ICHRP) (1999) *Taking Duties Seriously: Individual Duties in international Human Rights Law − A Commentary.* Geneva: ICHRP.

Jawad, H. and Benn, T. (eds) (2003) *Muslim Women in the United Kingdom and Beyond: Experiences and Images.* Leiden: Brill.

Jeleff, S. (1996) *The Child as Citizen.* Strasbourg: Council of Europe.

Jenkins, R. (1996) *Social Identity.* London: Routledge.

Kaldor, M. (1995) European institutions, nation states and nationalism, in D. Archibugi and D. Held (eds) *Cosmopolitan Democracy: An Agenda for a New World Order.* Cambridge: Polity Press.

Kaldor, M. (2002) Cosmopolitanism and organized violence, in S. Vertovec and R.

Cohen (eds) *Conceiving Cosmopolitanism*: *Theory*, *Context and Practice*. Oxford: Oxford University Press. Paper originally prepared for Conference on 'Conceiving Cosmopolitanism', Warwick 27 – 9 April 2000, www. theglobalsite. ac. uk (accessed 30, July 2004).

Kaldor, M. (2003) American power: from 'compellance' to cosmopolitanism?, *International Affairs*, 79 (1): 1 – 22.

Keane, J. (2003) *Global Civil Society*? Cambridge: Cambridge University Press.

Kerr, D., Cleaver, E., Ireland, e and Blenkinsop, S. (2003) *Citizenship Education*: *Longitudinal Study First Cross-Sectional Survey 2001 – 2002*, *RR416*. London: Department for Education and Skills.

Klug, F. (2000) *Values for a Godless Age*: *The Story of the UK's New Bill of Rights*. Harmondsworth: Penguin.

Lansdown, G. and Newell, P. (eds) (1994) *UK Agenda for Children*. London: Children's Rights Development Unit.

Le Guide du Routard (2002) *Guide du Citoyen*. Meudon: Hachette.

League of Nations (1924) *Geneva Declaration of the Rights of the Child*. Geneva: League of Nations.

Lindsay, M. (1990) *The Children Act*: *a consideration of the implications for children's rights*, *Malajustment and Therapeutic Education*, 8 (3): 167 – 73.

Lister, I. (1974) *Deschooling*. Cambridge: Cambridge University Press.

Lister, R. (1997) *Citizenship*: *Feminist Perspectives*. London: Macmillan.

Loxley, A. and Thomas, G. (2001) Neo-conservatives, neo-liberals, the new left and inclusion: stirring the pot, *Cambridge Journal of Education*, 31 (3): 291 – 301.

Macpherson, W. (1999) *The Stephen Lawrence Inquiry*. London: The Stationery Office.

Mactaggart, F. (2003) Race equality and accountability, in R. Berkeley (ed.) *Guardians of Race Equality*: *Perspectives on Inspection and Regulation*. London: Runnymede Trust.

Marshall, T. (1950) *Citizenship and Social Class and other Essays*. Cambridge: Cambridge University Press.

Matsuura, K. (2000) Education pour tous contre diversité culturelle? *Le Monde*, 20 April.

McLaughlin, T. (1992) Citizenship, diversity and education: a philosophical perspective, *Journal of Moral Education*, 21 (3): 235 – 50.

Meltzer, H. , Harrington, R. , Goodman, R. and Jenkins, R. (2001) *Children and Adolescents who try to Harm or Kill Themselves.* London: Office for National Statistics.

Newell, P. (1991) *The UN Convention and Children's Rights in the UK.* London: National Children's Bureau.

Norwich, B. (1994) *Segregation and Inclusion: English LEA Statistics 1988 – 1992.* Bristol: Centre for Studies on Inclusive Education.

Nussbaum, M. C. (1996) Patriotism and cosmopolitanism, in M. C. Nussbaum and J. Cohen (eds) *For Love of Country: Debating the Limits of Patriotism.* Boston, MA: Beacon Press.

Ó Cuannacháin, C. (2004) Human rights education in an Irish primary school, Unpublished Ph. D. thesis, University of Leicester.

Ó Cuannacháin, C. (2005) Citizenship education in the Republic of Ireland, in A. Osler (ed.) *Teachers, Human Rights and Diversity: Educating Citizens in Multicultural Societies.* Stoke-on-Trent: Trentham.

Office for Standards in Education (Ofsted) (1996) *Exclusions from Secondary Schools 1995/6.* London: Ofsted.

Office for Standards in Education (1999) *Raising the Attainment of Minority Ethnic Pupils: School and LEA Responses.* London: Ofsted.

Organization of African Unity (1981) African (Banjul) *Charter on Human and People's Rights.* Addis Ababa: OAU.

Organization of African Unity (1990) *African Charter on the Rights and Welfare of the Child.* Addis Ababa: OAU.

Osler, A. (1989) *Speaking Out: Black Girls in Britain.* London: Virago.

Osler, A. (1997a) *Exclusion from School and Racial Equality.* London: Commission for Racial Equality.

Osler, A. (1997b) Exclusions drama turns into a crisis for blacks, *Times Educational Supplement*, 13 October.

Osler, A. (1997c) *The Education and Careers of Black Teachers: Changing Identities, Changing Lives*. Buckingham: Open University Press.

Osler, A. (1999) Citizenship, democracy and political literacy, *Multicultural Teaching*, 8 (1): 12 – 15, 29.

Osler, A. (2000a) Children's rights, responsibilities and understandings of school discipline, *Research Papers in Education*, 15 (1): 49 – 67.

Osler, A. (ed.) (2000b) *Citizenship and Democracy in Schools: Diversity, Identity, Equality*. Stoke-on-Trent: Trentham.

Osler, A. (2000c) The Crick Report: difference, equality and racial justice, *Curriculum Journal*, 11 (1): 25 – 37.

Osler, A. (2002) Citizenship education and the strengthening of democracy: is race on the agenda? In D. Scott and H. Lawson (eds) *Citizenship Education and the Curriculum*. Westport, CT: Greenwood.

Osler, A. and Hill, J. (1999) Exclusion from school and racial equality: an examination of government proposals in the light of recent research evidence, *Cambridge Journal of Education*, 29 (1): 33 – 62.

Osler, A. and Morrison, M. (2000) *Inspecting Schools for Race Equality: Ofsted's Strengths and Weaknesses: A Report for the Commission for Racial Equality*. Stoke-on-Trent: Trentham.

Osler, A. and Morrison, M. (2002) Can race equality be inspected? Challenges for policy and practice raised by the Ofsted school inspection framework, *British Educational Research Journal*, 28 (3): 327 – 38.

Osler, A. and Osler, C. (2002) Inclusion, exclusion and children's rights: a case study of a student with Asperger syndrome, *Emotional and Behavioural Difficulties*, 7 (1): 35 – 54.

Osler, A. and Starkey, H. (1996) *Teacher Education and Human Rights*. London: David Fulton.

Osler, A. and Starkey, H. (1998) Children's rights and citizenship: some implications for the management of schools, *The International Journal of Children's Rights*, 6: 313 – 33.

Osler, A. and Starkey, H. (1999) Rights, identities and inclusion: European action programmes as political education, *Oxford Review of Education*, 25 (1 and 2): 199 – 216.

Osler, A. and Starkey, H. (2000) Citizenship, human rights and cultural diversity, in A. Osler (ed.) *Citizenship and Democracy in Schools: Diversity, Identity, Equality.* Stoke-on-Trent: Trentham.

Osler, A. and Starkey, H. (2001) Citizenship education and national identities in France and England: inclusive or exclusive? *Oxford Review of Education*, 25 (2): 287 – 305.

Osler, A. and Starkey, H. (2003) Learning for cosmopolitan citizenship: theoretical debates and young people's experiences, *Educational Review*, 55 (3): 243 – 54.

Osler, A. and Starkey, H. (2004) Citizenship education and cultural diversity in France and England, in J. Demaine (ed.) *Citizenship and Political Education Today.* Basingstoke: Palgrave Macmillan.

Osler, A. and Vincent, K. (2002) *Citizenship and the Challenge of Global Education.* Stoke-on-Trent: Trentham.

Osler, A. and Vincent, K. (2003) *Girls and Exclusion: Rethinking the Agenda.* London: RoutledgeFalmer.

Osler, A., Watling, R. and Busher, H. (2000) *Reasons for Exclusion from School.* London: Department for Education and Employment.

Osler, A., Street, C., Lall, M. and Vincent, K. (2002) *Not a Problem? Girls and Exclusion from School.* York: Joseph Rowntree Foundation.

Osler, A., Wilkins, C. and Pardinaz-Solis, R. (2003) *Racial Harassment of Teachers: Research Report to the NASUWT.* Leicester: University of Leicester.

Oxfam (1997) A Curriculum for Global Citizenship. Oxford: Oxfam, http://www.oxfam.org.uk/coolplanet/index.htm (accessed 30 July 2004).

Ozga, J. (1993) *Women in Educational Management.* Buckingham: Open University Press.

Parekh, B. (1991a) British citizenship and cultural difference, in G. Andrews (ed.) Citizenship. London: Lawrence & Wishart.

Parekh, B. (1991b) Law torn, *New Statesman and Society*, 14 June.

Parekh, B. (2000) *The Future of Multi-Ethnic Britain: Report of the Commission on the Future of Multi-Ethnic Britain.* London: Runnymede Trust.

Parffrey, V. (1994) Exclusion: failed children or systems failure? *School Organisation*, 14 (2): 107–20.

Plesch, D. (2002) *Sheriff and Outlaws in the Global Village.* London: Menard Press.

Preston, P. W. (1997) *Political / cultural Identity: Citizens and Nations in a Global Era.* London: Sage.

Qualifications and Curriculum Authority (QCA) (1998) *Education for Citizenship and the Teaching of Democracy in Schools, final report of the Advisory Group on Citizenship* (the Crick Report) . London: QCA.

Qualifications and Curriculum Authority (QCA) (2001a) *Citizenship: Key Stage 3 Scheme of Work.* London: QCA.

Qualifications and Curriculum Authority (QCA) (2001b) *Citizenship: A Scheme of Work for Key Stage 3, Teacher's Guide.* London: QCA.

Qualifications and Curriculum Authority (QCA) (2002a) *Citizenship: A Scheme of Work for Key Stage 4, Teacher's Guide.* London: QCA.

Qualifications and Curriculum Authority (QCA) (2002b) *Citizenship: A Scheme of Work for Key Stage 1 and 2, Teacher's Guide.* London: QCA.

Refugee Law Project (2004) *Working Paper No. 11: Behind the Violence: Causes, Consequences and the Search for Solutions to the War in Northern Uganda.* Kampala: Refugee Law Project (2004), http://www. refugeelawproject. org/index. htm (accessed 13 July 2004) .

Richardson, B. (2004) Rhetoric and reality, *Race Equality Teaching*, 22 (3): 40.

Richardson, R. (1996) The terrestrial teacher, in M. Steiner (ed.) *Developing the Global Teacher: Theory and Practice in Initial Teacher Education*. Stoke-on-Trent: Trentham.

Richardson, R., and Mile, B. (2003) *Equality Stories: Recognition, Respect and Raising Achievement*. Stoke-on-Trent: Trentham.

Riley, K. (2004) Reforming for democratic schooling: learning for the future not yearning for the past, in J. Macbeath and L. Moos (eds) *Democratic Learning: The Challenge to School Effectiveness*. London: RoutledgeFalmer.

Robertson, Robbie (2003) *The Three Waves of Globalization: A History of Developing Global Consciousness*. London: Zed Books.

Robertson, Roland (1992) *Globalization: Social Theory and Global Culture*. London: Sage.

Rodham, H. (1973) Children under the law, *Harvard Educational Review*, 43 (4): 487 – 514

Rodway, S. (1993) Children's rights: children's need: is there a conflict? *Therapeutic Care and Education*, 2 (2): 375 – 91.

Roker, D. Player, K. and Coleman, J. (1999) Young people's voluntary and campaigning activities as sources of political action, *Oxford Review of Education*, 25 (1 and 2): 185 – 98.

Roosevelt, F. D. (1994) *The Four Freedoms*, address to the 77th Congress, http://www.libertynet. org/-edcivic/fdr. htm (accessed 26 July 2004).

Rudduck, J. and Flutter, J. (2004) *How to Improve Your School: Giving Pupils a Voice*. London: Continuum.

Rudduck, J., Chaplain, R. and Wallace, G. (1996) *School Improvement: What Can Pupils Tell Us?* London: David Fulton.

Rutter, J. (2005) Understanding the alien in our midst: using citizenship education to challenge popular discourses about refugees, in A. Osler (ed.) *Teachers, Human Right and Diversity: Educating Citizens in Multicultural Societies*. Stoke-on-Trent: Trentham.

Ryan, J. (1999) *Race and Ethnicity in Multi-Ethnic Schools*. Clevedon: Multilingual

Matters.

Sandel, M. (1996) *Democracy's Discontent*. Cambridge, MA: Harvard University Press.

Save the Children (1999) *I've got them! You've got them! We've all got them!* London: Education Unit, Save the Children.

Sen, A. (1999) Democracy as a universal value, *Journal of Democracy*, 10 (3): 3 – 17.

Shaw, M. (2003) Excluded get new right of appeal, *Times Educational Supplement*, 12 December: 13.

Sinclair Taylor, A. (2000) The UN Convention of the Rights of the Child: giving children a voice, in A. Lewis and G. Lindsay (eds) *Researching Children's Perspectives*. Buckingham: Open University Press.

Smith, T. (1997) Preface, in J. Gardner (ed.) *Citizenship: The White Paper*. London: British Institute of International and Comparative Law.

Social Exclusion Unit (SEU) (1998) *Truancy and School Exclusion*. London: Cabinet Office.

Social Exclusion Unit (SEU) (2000) *Minority Ethnic Issues in Social Exclusion and Neighbourhood Renewal*. London: Cabinet Office.

Social Exclusion Unit (SEU) (2001) *Preventing Social Exclusion*. London: Cabinet Office.

Starkey, H. (2000) Citizenship education in France and Britain: evolving theories and practices, *Curriculum Journal*, 11 (1): 39 – 54.

Taylor, M. with Johnson, R. (2002) *School Councils: Their Role in Citizenship and Personal and Social Education*. Slough: National Foundation for Educational Research.

Thorne, S. (1996) Children's rights and the listening school: an approach to counter bullying among primary school pupils, in A. Osler, H-F. Rathenow and H. Starkey (eds) *Teaching for Citizenship in Europe*. Stoke-on-Trent: Trentham.

Tikly, L., Osler, A., Hill, J. and Vincent, K. et al. (2002) *Ethnic Minority Achievement Grant: Analysis of LEA Action Plans*. Research Report 371. London: The

Stationery Office on behalf of the Department for Education and Skills.

Tikly, L., Caballero, C., Haynes, J. and Hill, J. (2004) *Understanding the Educational Needs of Mixed Heritage Pupils*, research report RR549. London: Department for Education and Skills.

Tisdall, G. and Dawson, R. (1994) Listening to children: interviews with children attending a mainstream support facility, *Support for Learning*, 9 (4): 179 - 83.

Tomaševski, K. (1999) *Report on the Right to Education: Addendum Mission to the United Kingdom of Great Britain and Northern Ireland (England) 18 - 22 October*. Geneva: UN Commission on Human Rights.

Troyna, B. and Hatcher, R. (1992) *Racism in Children's Lives*. London: Routledge.

United Nations (UN) (1945) *The Charter of the United Nations*, http://www.un.org/aboutun/charter/ (accessed 30 July 2004).

United Nations (UN) (1948) *Universal Declaration of Human Rights*. New York: General Assembly of the UN.

United Nations (UN) (1959) *Declaration on the Rights of the Child*. New York: United Nations.

United Nations (UN) (1986) *Declaration on the Right to Development*, Resolution 41/128. New York: General Assembly of the UN.

United Nations (UN) (1989) *Convention on the Rights of the Child*. New York: United Nations. www.unicef.org/crc/crc.htm, accessed 11 October 2004.

United Nations (UN) (1998) *Human Rights Today: A United Nations Priority*, UN briefing papers, www.un.org/rights/HRToday/ (accessed 30 July 2004).

United Nations (UN) (2002) *A World Fit for Children: Outcome Document of UN Special Session on Children, 8 - 10 May, 2002*, www.unicef.org (accessed 30 July 2004).

United Nations Development Programme (UNDP) (2002) *Human Development Report 2002: Deepening Democracy in a Fragmented World*. Oxford: Oxford University Press.

United Nations Educational, Scientific and Cultural Organization (UNESCO) (1995) *Integrated Framework of Action on Education for Peace, Human Rights and Democracy*. Paris: UNESCO.

United Nations Educational, Scientific and Cultural Organization (UNESCO) (1997) *Declaration on the Responsibilities of the Present Generations Towards Future Generations.* Paris: UNESCO.

United Nations Commission for Human Rights (UNCHR) (1994) *Human Rights: The New Consensus.* London: Regency Press.

Verhellen, E. (2000) Children's rights and education, in A. Osler (ed.) *Citizenship and Democracy in Schools: Diversity, Identity, Equality.* Stoke-on-Trent: Trentham.

Watts, J. (1977) *The Countesthorpe Experience.* London: Allen & Unwin.

West-Burnham, J. (2004) Leadership to raise standards, leadership for race equality – binary opposites? *Race Equality Teaching*, 22 (3): 16 – 18.

Williams, R. (1983) *Keywords.* London: Fontana.

Wolpe, A. (1988) *Within School Walls: The Role of Discipline, Sexuality and Curriculum.* London: Routledge.

Wright, C. (1986) School processed – an ethnographic study, in J. Eggleston, D. Dunn and M. Anjali (eds) *Education for Some: The Educational and Vocational Experiences of 15-18-year-old Members of Ethnic Minority Groups.* Stoke-on-Trent: Trentham.

Wright, C. (1992) *Race Relations in the Primary School.* London: David Fulton.

Wright, C. Weekes, D. and McGlaughlin, A. (2000) *'Race', Class and Gender in Exclusion from School.* London: Falmer.

出　版　人　　所广一
责任编辑　　何　艺
版式设计　　沈晓萌
责任校对　　贾静芳
责任印制　　曲凤玲

图书在版编目（CIP）数据

变革中的公民身份：教育中的民主与包容／（英）
奥斯勒（Osler, A.），（英）斯塔基（Starkey, H.）著；
王啸，黄玮珊译. —北京：教育科学出版社，2012.12
（当代德育理论译丛／檀传宝主编）
书名原文：Changing Citizenship：Democracy and Inclusion in Education
ISBN 978 - 7 - 5041 - 6300 - 4

Ⅰ.①变…　Ⅱ.①奥…②斯…③王…④黄…　Ⅲ.
①公民教育 – 研究　Ⅳ.①G417

中国版本图书馆 CIP 数据核字（2012）第 008971 号
北京市版权局著作权合同登记 图字：01 - 2009 - 3895 号

当代德育理论译丛
变革中的公民身份：教育中的民主与包容
BIANGE ZHONG DE GONGMIN SHENFEN

出版发行		教育科学出版社		
社　　址	北京·朝阳区安慧北里安园甲 9 号		市场部电话	010 - 64989009
邮　　编	100101		编辑部电话	010 - 64981167
传　　真	010 - 64891796		网　　址	http://www.esph.com.cn
经　　销	各地新华书店			
制　　作	国民灰色图文中心			
印　　刷	保定市中画美凯印刷有限公司		版　　次	2012 年 12 月第 1 版
开　　本	169 毫米×239 毫米　16 开		印　　次	2012 年 12 月第 1 次印刷
印　　张	17.5		印　　数	1—4000 册
字　　数	222 千		定　　价	39.80 元